去學入門

第五版校訂版

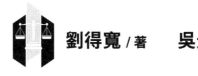

劉得寬 / 著　　吳光明 / 校訂

五南圖書出版公司 印行

校訂再版序

吾等人類必須在社會團體中生活。希臘名哲學家亞里斯多德（Aristotle, 384-322 B. C.）曾云：「人本來就是社會動物」。德國法學家吉爾克（Otto v. Gierke, 1841-1921）亦云：「人之所以爲人乃由自人與人之結合也」。我們要在社會團體中生活，則必須要遵守社會的規範（Rule）。法律即最明顯的社會規範，因此諺云：「有社會之處必有法」（ubi societas ibi ius）。

我國在這幾十年來，隨著經濟的成長、法律方面的發展也日新月異。惟，吾等現行法的理論結構乃採自於西方國家，是以權利義務爲中心之法律觀：法學乃「社會科學」也。本書的目的，主要對有志於專修法學者提供一「指標」，讓讀者藉此「指標」擅加推理、思考，並探究其眞意，以利於讀者的研習。且以登山爲例、對於「學習」（登山）途中迷路者，亦可返回原點，藉此「指標」重新再出發。

本著於1986初版迄今業經35年，其間也曾數度再版，惟時移境遷，以致有法規之變化、疏漏難免。爲此，有緣幸賴高足吳光明教授之不辭辛勞，細心、耐性修正校訂，使得「Up to Date」重新再版，辛勞備至，特此致謝！

本次校訂版之問世，獲五南圖書出版公司楊榮川董事長，以及内人黃素津之鼓勵；並得劉靜芬副總編輯及呂伊眞責任編輯之整理、編排索引，附此致謝！

劉得寬　謹識

2022年立春　於東京

I

著者序

　　現今道德與宗教對於個人的約束日趨衰微，故加強法治建設乃當前之急務；而建設法治社會必得先普及法學教育。

　　本「法學入門」乃以初學「法學」或「法律」者為對象，並就「法學概論」及「法學指標」之性質，對「法學」作「素描」（sketch）性的論述，以便讓初學者以此作為解惑之工具。使其法學「迷津」得獲指引。但要提醒各位讀者即，因為是「素描」所以寫得較為簡要，但簡要未必即簡單，蓋以好的「素描」，除必須以簡要的筆調及線條充分地描繪出物體的形象之外，同時還須將物體的特性充分地表達於畫面上；例如要描繪絲綢的形象時必須要用柔和的線條，反之要描出石頭的形象則必須要用堅硬的筆調是。成功的風景素描自然會引人入勝，喚人欲至斯境一遊之念頭。此為本著之最大目的，亦即本著之特點所在。

　　法學（Rechtswissenschaft）乃屬於「社會科學」，應重推理與思考，無限的探究其所以然《（即探求「Warum」（德）或「Why」（英）》；故法律家必須要有纖細精密的「幾何學的精神」，暨培養自己的價值判斷能力。而且，法津與社會諸事實亦有極密切的關係，因此，研究法律必須還要與社會上之諸事實—如政治、經濟、道德、宗教、習慣及歷史等，相配合探討。

　　本著按其「階梯」共分為三編；第一編為法學緒論；第二編為主要法律概述；第三編為法學原理。期盼讀者能藉此「素描」，對法學發生興趣，並習得法學素養，以便提高生活品質；對於有志於專修法學者亦能藉此「指標」（Einführung（德）或Guiding（英），為「橋樑」，早日身入其境，共同為法學之發展而砌磋努力。惟筆者學殖未深，疏漏難免，尚祈海內外賢達，不吝指正，無任感幸！

　　本書之問世，得五南圖書出版公司楊榮川先生及内子黃素津之鼓勵；

並承學棣戴國石、許慧明、金延華及陳世寬等法律研究所同學之整理校稿，暨編排索引，辛勞備至，附此誌謝！

劉得寬　謹識

中華民國75年（1986）立春

校訂者序

1969年9月起，我有幸受業於劉得寬老師，當時老師是政治大學法律學系的教授，而光明還是大學二年級的學生。回顧前塵，猶記老師不但認真傳道、授業、解惑，讓我們在課堂中獲益良多，與學生相處，則總是親切風趣，又有著絕佳的涵養；對我而言，無疑就是學者的最佳典範。數年後，老師受日本東海大學之聘請赴日授課，雖仍偶有聯絡，然畢竟相隔遙遠，而不易再親聆教言，實甚可惜！

劉老師學識淵博，教學研究之餘，歷來著作頗豐，其中《法學入門》一書，自1986年起陸續初版、再版，嗣後長達約二十年間，被眾多初學法律者視為必讀之著作。即使時代日新月異，許多法律和觀念亦已與時俱進，但於今拜讀，對於其中之論述及見解，仍然甚覺認同欽敬。據悉出版社即係因為深感本書實有再次發行的價值，故主動商請再版。老師桃李滿天下，學生輩中人才濟濟，自不待言。幸因光明一方面執業律師，一方面亦任臺北大學法律系教職多年，獲老師肯定，故承囑協助校訂本書，深感榮幸。

本書內容分三編，一為法學緒論，二為主要法律概述，三為法學原理。依劉老師所敘，其係以初學法學或法律者為對象，並具「法學概論」及「法學指標」之性質，對法學作「素描」（sketch）性的論述（詳見老師初版序）。其特色之一，除就法學做系統性、概念性的介紹外，對法學發展的歷史和早期法律學者的理論，亦頗多著墨，尤值詳讀；因為對於法律人而言，真正需要用以奠立法學基礎的，並不是法律的條文，而是淵遠流長的法學思維和法治的理念。

本書雖經重新校訂，但幾乎仍維持原版的架構和內容，其間不同之處，主要係因應時代差異與法律變革所進行的調整。例如我國立法委員選舉與行政院長任命之規定，已頗有更迭：「大法官會議」、「公務員懲戒

委員會」之組織均已變更；勞動法體系之法規內容也屢經修正；「動員戡亂時期臨時條款」及「國民大會」已經刪除；刑法已無「連續犯」的適用；家族法諸多規定業經修正，又增訂家事事件法；票據刑罰已取消……等等，爲此文中乃配合酌予增刪或修正。

　　校訂本書的過程，對光明而言，也是再次學習的機會，但學海無涯，自知仍有不足之處。在此除感謝劉老師長久的策勵與厚愛外，亦期待因爲我的參與，讓老師的大作更能歷久彌新，使更多年輕學子如同老師所盼，能藉此書而對法學發生興趣，進而習得法學素養，俾能共爲法學的發展而努力！

吳光明　於國立臺北大學法律學系

2022年立春

現任：國立臺北大學法律學系教授（1995年至2013年專任；1978年至1992年；2013年兼任迄今）；律師（1995年至1993年；2013年迄今）；日本凸版株式會社轉投資上市公司凌巨科技股份有限公司獨立董事（2013年迄今）

學歷：臺灣大學法學博士（1992）

主授：民法總則、民法物權、證券交易法、仲裁法

contents 目錄

第一編

法學概論

第一章　法之性格

「法」文字之內涵

　　法之古字為「灋」，說文解字一書中，有云：「灋，刑也，平之如水，廌所以觸不直者去之，從廌從去。」說文又云：「廌，解廌獸也，似牛一角，古者決訟，令觸不直者。」法字在漢朝以前大概被讀成「何佛」，「何佛」者指梵語「達魯嘛」（dharma）而言。在佛教學上「達魯嘛」者，乃宇宙一切事物或萬物共通的事理之意也。日月之運行，春夏秋冬之循環等，皆屬於「達魯嘛」之表現。

　　德語稱「法」為「Recht」、法語稱之為「droit」、拉丁文則稱為「ius'」，乃「正」的意思，為正義的表現，又可意之為「右」（故人們往往會將邪派的思想稱為「左派」思想）。英美稱「法」時用「Law」一字，而與德語的「Recht」同語根的「Right」則專用在權利之意義上。然，「Right」一字與德語之「Recht」或法語之「droit」同樣，本為「右」字，又有「正」或權利之義也。

　　如此由東西方所適用「法」之文字相較之，可見，東方人將法認為是萬物之條理；西方人則將法認為是正義之表現。法與權利使用同一個文字者，除德國、法國之外，還有義大利、西班牙、葡萄牙、瑞典、挪威、丹麥等。英、美、日本則與我國一樣，法是法（Law）、權利是權利（Recht）。德國大法學家耶林（Rudolf von Jhering, 1818-1892）[1]之名著《Kampf ums Recht》，應譯之為《為法之鬥爭》；亦可譯為《為權利之鬥爭》，二者在語感上頗有微妙之相異點。該書日文譯本稱之曰《權利鬥

1　耶林，為德國法學泰斗之一，曾任Basel、Kiel、Giessen等大學的教授，他最初立於歷史法學之立場研究羅馬法；接著強調法之目的性（Der Zweck im Recht），主張「目的為法全體之創造者」；最後還提倡探究法的利益與目的，認為法的利益與目的方為能夠動搖法的根本者。在同著裡，耶林還強調法與道德之相異，乃法之具有強制力，並謂：「無強制力之法，如不燃之火、無照之燈。」他還主張，權利者乃受法律保護之利益；對占有論，認為無須要有占有之意思；並排斥概念法學。其立論對現代法學的影響很大。其主著有《羅馬法的精神》四卷（1852-1865）。

爭論》，而英國譯本則定名爲《Struggle for Law》。筆者則認爲英國譯法較能表現出原著之趣旨，而寧取《爲法之鬥爭》之譯名。

《爲法之鬥爭》一書乃耶林於1872年所著，此時彼年55歲，該著中有一名言曰：「法之目的是和平，然致此之手段乃鬥爭也。」即實現和平之手段乃是鬥爭之意也。例如在公車站等候公共汽車，候車的人很多，待公車入站，大家一湧至狹窄的車門口，於是一時呈現出混亂無序、弱肉強食的暴力支配狀態。此時，群眾中有人提出「排隊上車」之議，於是大家就靜靜的依序排隊上車。此即是所謂法的產生，而該法的目的與效果，亦正是爲得和平。但是隊伍中如果有人插隊，則情形就會有所不同。當大家都靜靜的依序排隊上車時，若有人自前方插隊，則依序排隊上車的人就會覺得自己吃了虧。若插隊的人太多，則自己排隊排多久也上不了車，於是大家往前擠，如此隊伍則亂七八糟，「排隊上車」就無法做到了。所以要使「排隊上車」能有實效，則大家都須維護法律，而要維護法律，就得與破壞該法律者鬥爭。隊伍中，若有人插隊，則大家就要對此抗議，否則就無法「排隊上車」。此即是鬥爭，即是「爲法之鬥爭」。「排隊上車」這一法則的目標是和平的，而實現此和平目標之手段乃鬥爭也，也正是耶林所謂的「Kampf ums Recht」。

在德國，「法」與「權利」乃使用同一個字「Recht」。爲區別二者起見，學者將雷西特（Recht）分爲「主觀之雷西特」或「主觀意義上之雷西特」（Subjektives Recht od. Recht im subjektiven Sinne），及「客觀之雷西特」或「客觀意義上之雷西特」（Objektives Recht od. Recht im objektiven Sinne）；前者指「權利」，後者指「法律」而言。即「雷西特」在個人主觀的立場視之，爲「權利」，但在社會客觀立場言之，則爲「法律」矣。例如乙向甲借錢，則甲對乙享有債權，此就甲方觀之，乃爲享有債權的權利，然甲之享有債權，係有一般債權法之規定與保障，才能夠實現，因此債權人甲之地位，在客觀上視之乃是債權法，就甲個人主觀上視之，則爲享有債權之權利矣。在法國，亦同樣把droit分爲droit subjectif與droit objectif。再舉一例，我國《民法》第6條規定：「人之權利能力，始於出生，終於死亡。」斯乃對於全國的百姓客觀一律平等的規

定之法。例如茲有某A出生，從出生那一刻，某A就依照《民法》第6條的規定取得權利能力，享有權利能力；斯乃某A因依照客觀的法律而取得之具體上（個別）的「資格」，故又可稱前者為客觀之法，後者為主觀之權利（嚴格言為主觀的資格）。

再者，「法」與「法律」二者之區別未必明確，常有被混用之情形。嚴格以言，「法律」乃專指與命令相對立，經過議會立法程序（三讀會通過）而成立之規範而言，德文稱之為「Gesetz」。例如：《戶籍法》、《國家賠償法》或《公職人員選舉罷免法》者為法律也；然為實施上述法律之各種程序規定，例如：《戶籍法施行細則》、《國家賠償法施行細則》或《公職人員選舉罷免法施行細則》，則屬於行政命令。廣義的「法」，包括法律、命令、習慣法等，一般抽象性的規範而言。故我們通常稱「法學」，而不稱「法律學」；稱「法哲學」而不稱「法律哲學」；稱「法制史」，而不稱「法律制度史」者，此之故也。

貳 法則與規範

一、自然法則

法為規範，而非法則也。法則乃自然法則（natural law）之意也。亦可稱之為物理法則（physical law）。再進而言之，亦可稱之為因果法則。例如，水在正常狀態下，攝氏0°時結冰，100°時沸騰，此為必然的自然法則。反之，規範則不然。例如，法律規定「勿盜」、「勿傷人」、「盜者或傷人者須受處罰」等，此屬規範。法律雖然規定「勿盜」，但照樣有行盜者，規定「盜者須受處罰」，但行盜而未被發覺，或雖被發覺但未被逮捕而逍遙於法外者，亦常有之，故規範者，非絕對必然，此為其與法則主要不同之處。易言之，法則以必然不許有例外，為其特質。

二、規範之性質

規範與自然法則不同者，前者以某特定的目的或價值為其前提。例如，為幸福、為身體的健康、為舒適的生活等預定目的為前提，為達成

其目的則應如何如何等。為此而創出各種積極性（當為‧應該）或消極性（不當為‧不應該）之規範；這種積極性（命令）或消極性（禁止）之規範，在哲學上稱之為「當為」（sollen）的命題；本來此乃仿照德國哲學上之（sollen）一字（此字等於英文之「ought」），「Ich soll es tun」即「I ought to do it」之意（斯與「it must be frozen」不同），我們應該非如此作不可，此即屬於規範的世界，而稱之為「sollen」之世界或「sollen」之命題。

與「sollen」之世界相對立者，為「sein」（to be）之世界。因此「sein」之世界為事實之世界或存在之世界。此亦支配自然法則的世界。因而自然法則乃「sein」世界之命題；反之，規範乃「sollen」世界之命題矣。「火可禦寒」、「食可充飢」乃屬於自然法則，利用自然法則將它顛倒為用，則成為規範；例如，「為禦寒則非焚火不可」，「為充飢則非取食不可」，以及為維持和平共同生活，則有定立「勿盜」、「勿傷人」、「勿殺人」、「勿欺人」等法規之必要，此即當為「sollen」之命題，似此積極性或消極性之規則，吾等可總稱之為規範（Norm）。易言之，自然法則乃「sein」之命題；反之，**規範乃「sollen」之命題矣。**

參 規範之種類——技術規範與社會規範

一、技術規範之性質

規範者如上所述，「非行使……不可」之命令（積極規範），或「不得行使……」之禁止規定（消極規範）；因此規範者常以命令或禁止（應或不應）之型態出現。反之，自然法則則以「……則一定會……」（必定）之形式出現，例如，「焚火就會暖和」、「食物即可充飢」等便是。由此足見，「欲禦寒則須焚火」之規範，乃將「焚火就會暖和」之法則顛倒為用而成，吾等活在世上，須藉人類的智慧，將各種自然法則逆轉為用。如斯為達成某一定的目的而利用自然法則，利用自然法則以達成某一定目的之手段，可稱之為「技術」，故此種規範吾等可稱之為技術規範。自然法則並不具備任何目的，且與價值無關；規範則對人生、社會、文化

而各具有其一定之目的或價值。利用與價值無關之法則，而達成某一目的者，即，為求價值實現之技術規範也。技術規範欲實現的價值，難免有大小貴賤之別，有時還會有害於人類，例如因火藥或原子能之發明，而用之於戰爭上，背棄人生、殺傷人類、危害社會、破壞人類文化等之技術規範是。

二、社會規範之性質

兩個以上之人，欲集合而為共同行動時，必須要有某種規範之存在；數人要共同維持社會關係時，更需要有規範之存在，故無規範則社會亦無從成立矣。例如，兩個人約定每天早晨要一起散步或跑步，此種共同關係亦即最小最簡單之社會。為共同維持該二人間之社會關係，幾時幾分要在何處相會、幾時幾分應走到哪裡、風雨時應該如何……等等，均屬於該二人間之共同規範。同樣是兩人的小社會，若要共同登山時，規範會變為更嚴格；兩人要共同經營事業時，規範會較複雜；再進而兩人要每日維持共同生活而締結夫妻關係時，維持該關係規範之必要程度，亦會多面性的增加。多數人組織部落、鄉鎮及國家而營共同生活時，也必須有維持其組織之規範，這種規範與自然法則毫無關係，故並非屬於技術規範，而是為組織社會所必要之社會規範矣。童話中，在孤島上生活的魯賓遜雖然不需要有社會規範，但仍然需要有技術規範。然而，如有一日再有人漂流到同島，開始兩人以上之共同生活，則從此需要有社會規範。

球類比賽或田徑上之各種技巧的運用，乃屬於技術規範，斯乃分析各種自然法則（尤其是力學），將其顛倒為用之各種技術規範之累積。如斯「技術」之基本為自然法則，為達成某一目的，必先探求其「因」；應用自然法則、應如何……便屬於技術規範。然球員比賽中相互各種球賽規則，便為社會規範之一種。

因此，適用自然法則之處，必須有技術規範之支配；有社會之處就有社會規範之存在。古人云：「有社會則必有法」（ubi societas ibi jus）此之謂也。「法」者為社會規範，無社會規範則社會關係無從成立。

三、社會規範之諸型態

社會規範者爲概括性的抽象概念；乃是從無數具體的規範中抽出其社會性之概念。現世中的社會規範，除法以外還有道德、宗教、習慣與禮儀等。宗教就其功能面視之亦屬於社會規範。在未開化的社會中，有各形各色的社會規範渾然爲一。隨著社會文化的進步，社會規範逐漸地被分化。衣服要整潔、朝起夜眠、一日三餐、中午爲午餐時間、深夜裡不得打擾他人、拜訪他人前最好打個電話等習俗，均爲得滋潤人際間的社會關係，由人類無意中、自然意識決定下產生。違之則違反社會性，會受到輿論界的制裁。習俗因係自然生成，故亦會時移境遷，同時亦未必合理，以迷信爲基礎之習俗亦常有之。禮儀者存在於人類的心底，而具有增強及滋潤身邊社會關係之效果，故仍不失爲社會規範之一。宗教本爲救人心，此屬個人規範，但就社會意義言，敬神畏神而淨己，亦會收到愛友睦鄰、榮耀家庭之效，故仍不失爲社會規範之一種。然宗教之主要目的，在於爲死後之「得救」或「永生」，爲此在世時必須要遵守教規，因此，宗教之具有社會規範功能，乃是次元的。

四、法與道德

道德亦爲一種社會規範。有人謂：道德者，由各人人性發出之社會以前的東西。由是而言，道德乃先於社會而存在，「人之所在，道之所存」，是寄宿於人類心目中的東西。人類對於道德規範雖非絕對服從不可，但道德卻是深植於人類心目中之至上命令。易言之，道德並非爲使社會生活良好爲目的之手段，道德本身有其目的，但並非爲某目的而守道德，而是非守道德不可而守道德。然魯賓遜在孤島裡生活，是否需要有道德觀念？因魯賓遜先有社會生活經驗以後才漂流到孤島，故道德教條對他不過是一種追憶而已。魯賓遜在孤島上，吾認爲只需要有爲維持自己生活之技術規範就可以，無須有道德規範。故道德者還是屬於社會生活上的東西——社會規範。

（一）法與道德之異同

　　法與道德同屬於社會規範，然二者之性格並非完全相同。有人謂：法與道德之區別，前者爲外部規範而後者爲內部規範。即，法乃對於人類外部之言行爲規律對象；道德則以規律人類的內心爲其重點，即不得有盜淫之心（此即，法之外部性與道德之內部性）。然本原則未必盡然，例如《刑法》第12條第1項規定：「行爲非出於故意或過失者，不罰」，故即使有犯行而無犯意時，《刑法》還是不加予干涉。《民法》又規定，欠缺法效意思之行爲，原則上不發生法律上效果，例如《民法》第75條規定，無意識或精神錯亂中所爲之行爲無效。同法第98條規定：「解釋意思表示，應探求當事人之眞意，不得拘泥於所用之辭句。」同法第184條規定，無故意過失者不負損害賠償責任。此即，法亦對人類內部拘束之例。因而有人就改變方向而主張，法者具有強制力（例如：犯罪之科刑及債務之強制履行等），而道德則否，即以強制實施之有無作爲二者之特徵。然此又未必盡然，蓋以道德雖無實力上強制力，但有內心上強制力，例如違反道德者內心總是不安，也會遭受到輿論界之制裁；反之，法律亦有未具備強制力者，例如《民法》第144條第1項：「時效完成後，債務人得拒絕給付。」《民法》第205條：「約定利率，超過週年百分之十六者，超過部分之約定，無效。」（斯乃無強制力之自然債務），《民法》第1001條關於夫妻同居義務之規定，亦無強制履行之效力（強制執行法第128條第2項）。

　　因此，如上所述，人們往往以外部性與內部性之對照，以及強制力之有無，作爲區別法律與道德之標準；然對此，與其說爲法與道德之差別，毋寧說爲法與道德之存在方法或表現方法之差異而已。故法與道德之本質上的差異，諸說紛紜，爲自希臘羅馬時代以來之一難題矣。然大致以言，法主要是外部性，而伴有實力之強制力；反之，道德即使有心理上壓力強制，但並無明顯的實力上強制力。

（二）法者是否為最小限度之道德

　　人云：道德爲人生之一次規範，法者乃立於道德基礎上之二次規範。本來唯有道德才是可貴的，蓋以道德未具有實質上強制力，對於無論如何

非強行實施不可之道德規範，則依賴法律規範來求其強行性。故法者乃道德規範中，非絕對遵守不可之最小限度的道德，乃藉法的強制力來實施。這種說法亦有相當的眞理在，但未必盡然。蓋以法律中亦有與道德規範無直接關聯者，例如，我國《民法》第6條規定：「人之權利能力，始於出生，終於死亡。」第68條第2項規定：「主物之處分，及於從物。」第114條第1項規定：「法律行爲經撤銷者，視爲自始無效。」《刑法》第32條規定：「刑分爲主刑及從刑」等等。在這些條文中，看不出其爲最小限度道德規範性質。又如「靠右邊走」之交通法規，亦不具有道德性質之規範。故法大都具有起碼的道德性質，但不得謂所有的法均爲最起碼之道德。易言之，最小限度之道德亦可能會成爲法，但亦有未具備最小限度道德性質之法。

（三）道德之理想性與法之現實性

道德者，乃樹立「理想偶像」，希望人人之心皆能達到理想人（Idealmensch）之境界爲其最高目標，以資維持人類共同生活關係之安定、和平與幸福。釋迦牟尼、孔子、耶穌、穆罕默德等聖賢，均係在道德上被理想化之最高偶像；即以彼等爲道德之理想人（ideals mensch）。例如耶穌基督云：「不要羨慕鄰人之財富、背財富升天國比駱駝穿線還難」；中國聖人云：「富貴榮華如浮雲」等；如世人皆持此恬淡之心，則社會之財產秩序必可維持。

法者不是對著理想人，而是爲著現實的人類而規定。易言之，法者注意現實的人類，因人各有缺點，故現實的人類在道德上視之，乃是極爲不完全，道德上不完全的人類，其所不完全的程度亦因人而各有不同，千差萬別，應以何者爲標準？法規範乃爲得規律現實的人類。因此，法乃想像出一個「平均人」（Durchschnittsmensch）的偶像。「平均人」的偶像乃觀念上問題，實際上並無這種人類之存在，此乃一種理念型（Idealtypus），以世上一般的普通人的想法爲標準。社會上偶會出現低於「平均人」之人，將人類的缺點，惡的一面付諸實行，這就犯法了。法就把這種人予以處罰，這種人的行爲會受到「平均人」的非難，同時亦會受到法的非難。

五、社會乃依法運行

　　我們可以把社會比喻爲構造複雜之機械。在整個機械之運轉中，構成機械之金屬，有時難免會因日久磨損而喪失其正常性，有時亦會因機械金屬之過熱放出火花燒燬金屬以外的部分，有時亦會因熱脹原理引起故障，甚至於生鏽。對於不磨損、不生熱、不熱脹、不生鏽金屬之發明，而且以該種金屬製造機械，乃當前亟待研究之理想。

　　要使金屬品質完全無瑕疵者，誠似道德規範。道德要求從人的心底裡爲善，以提高社會關係之和平、安全與幸幅，此即如同理想金屬之研究與發明。與此不同者，即預見人類內心之不完全，而以「平均人」爲標準，爲使社會能夠達到最和平、最安全、最幸福，對此等人的共同關係，應如何加予規律，此即如同預想著金屬之不完全，而對由不完全金屬製成之機械，如何啓動、如何運轉等技術問題加以規定者一樣。美國已故名法學家龐德（Roscoe Pound, 1870-1964）[2]，曾經把法之機能比喻爲社會工程學（Social Engineering）。法者，乃得以正確推動由不完全的人類所組成的社會機械之技術；法學家就如同社會工程師；法學則正如同該工程學。

---

[2]　龐德，美國人。曾於1946年受聘我國司法行政部顧問，繼又兼教育部顧問，協助我國從事司法及法律教育的革新，爲當代社會法學（又稱：法社會學）的巨擘，以心理學、社會學爲基礎，貫徹其社會福利的主張。曾任西北大學、芝加哥大學及哈佛大學教授，並擔任哈佛法學院院長20年（1916-1936）。富正義感，他的學說要點，是注重法律對於社會的實際效果，故特別注意法律是否適合現在社會實際生活。他主張法律之任務，惟在衡量各種利益，以求其相互間的調整，個人利益與國家利益均須求其平衡調解，以顧全大多數人所共同的社會利益。法律能作如此的平衡以營其社會調解的技能，即可不斷的進步，而造成活的法律。其主著有《法與道德》（Law and Morals）、《法的任務》（The Task of Law）、《社會學的法學》（Sociological Jurisprudence）、《契約自由》（Liberty of Contract）等。

第二章　法之形式

壹　法源

　　法源（Source of Laws; Sources du droit; Rechtsquelle）。法者乃人類社會生活之行爲規範，我國之法源（法律之淵源）有制定法、判例法、習慣法及法理等。四種當中，制定法與判例法爲成文法；習慣法與法理爲不成文法。法爲人類社會生活中之行爲規範；同時亦爲法官裁判時之裁判規範。

貳　法之型態

一、制定法

（一）憲法

　　憲法內所規定者，不外爲國家構成之主要因素，包括國家各部門之組織、職權及其相互關係，以及人民之基本權利與義務等事項。我國憲法更將基本國策也規定於其中，較具特色，故國父曰：「憲法者，國家之構成法，亦即人民權利之保障書也。」憲法爲國家之根本大法，其效力也高於其他法律，堪稱爲首要之法源。

（二）法律

　　法律有廣狹二義，狹義之法律則專指由立法機關經過立法程序三讀會通過所制定之法律而言。按《中央法規標準法》第2條規定：「法律得定名爲法、律、條例或通則。」

（三）命令

　　命令者，由國家權力強制實行之一種公的意思表示也。就形式上觀察，凡帶有「令」以及「規程、規則、細則、辦法、綱要、標準、準則」等字樣者（《中央法規標準法》第3條），均屬於命令也。命令與法律之區別有三：1.效力不同：除國家元首根據憲法所頒布之緊急命令外，命令不得與法律牴觸，與法律牴觸者無效；2.制定程序不同：命令由各機關制

 法學入門

定或公布，無一定程序，法律之制定須由立法院經立法程序；3.規定範圍不同：《中央法規標準法》第6條規定：「應以法律規定之事項，不得以命令定之。」至於何者應以法律定之？同法第5條各款所列即：(1)憲法或法律有明文規定，應以法律定之者（例如憲法第23條）；(2)有關人民之權利、義務者；(3)關於國家各機關之組織者；(4)其他重要事項而應以法律定之者。

　　命令雖與法律不同，但仍有密切關係，例如：1.立法機關所制定之法律，須經國家元首以命令公布，始能生效；2.法律之施行，常委賴有關機關以命令訂定施行細則，或賴執行機關以命令訂定執行細則或辦法以便執行，前者稱為委任命令；後者則稱為執行命令。蓋以社會政治經濟情況如白雲蒼狗，變化多端，極為複雜，倘仍專賴立法機關之立法，實不足以應付，於是委由有關機關發布委任命令或執行命令之情形，應運而生。

（四）自治法規

　　我國憲法上所列之自治法規有四種：1.省自治法，由省民代表大會制定；2.省法規，由省議會立法；3.縣自治法，由縣民代表大會制定；4.縣規章，由縣議會立法[1]。四種均不得牴觸憲法，省法規與縣法規也不得牴觸法律。但省自治法與縣自治法是否得與法律牴觸，解釋猶歧，似無定論。

（五）條約

　　條約乃國家與國家間所締結之契約也。關於條約之國內效力如何，議論不一，有謂條約係國家與國家間之契約，則只能拘束其當事之國家，而不能直接拘束其國民；有謂條約雖一面為國際間之契約，但同時亦為國家之意思決定，因此其公布當然有拘束國民之效力者。然條約經批准之後是否即生國內法之效力，或另須制定國內法始生效力，各國採取之方式，可

---

[1] 省自治法，規定於《憲法》第112條至第115條；省法規，規定於《憲法》第116條、第117條；縣自治法，規定於《憲法》第122條；縣規章，規定於《憲法》第125條。嗣隨時代變遷，1994年7月立法院制定公布有《省縣自治法》，1999年4月，該法又被《地方制度法》取代。內容主要為明定地方政府組織及規範地方政府之自治事項。

分爲二種：1.憲法中明文規定條約批准後即生國內法之效力者，如義、法等國是；2.對於締結之條約須另行制定法律公布始生國內法之效力者，如英國是。

二、習慣法

習慣（Custom）者，乃是從人類未記憶之過去，在人類無意識中，被反覆慣行之行爲形式；風俗、禮貌等亦爲一種習慣；習慣中，人類以法意識或法感情慣行者便爲習慣法（Customary Law; Legal Custom）。

習慣與習慣法之區別，說法亦不一致，有謂：習慣是事實，習慣法是法律；前者爲社會所通行，後者爲國家所承認。我國《民法》第1條中，雖稱習慣，而不稱習慣法，但此之所謂習慣，乃專指具法律效果之習慣法而言。

德國法學家耶林所著《小費論》（Das Trinkgeld）一書，在書中對於習慣法有所敘述。例如，吾等在國內外旅行，在旅館或餐廳裡，受到服務生之親切招待而內心感到非常愉快或舒適，在臨走前或付帳時給一點小費亦常有之；反之，因服務不周，只付帳單上應付之金額而悄然離去亦無不可，對方亦不得要求，在這種情形下，小費則單屬於習慣而非習慣法矣。但世風逐漸轉變，任憑個人意思付小費，則服務生們之收入無法預算，因而最近在歐美或本國之許多旅館或餐廳，大都會在帳單上多加一成小費，例如，本來爲100元者多加一成小費（又稱爲服務費），而變爲110元。如此，有時對旅客亦比較方便，不用操心到底給多少小費。如此一來，旅客一方亦有給付義務，因此本屬於事實上習慣之小費，無形中已提升爲具有法律效力之習慣法，而旅客對於多加一成之小費不履行時，旅館或餐廳亦得訴請法院強制履行，法院亦會讓其爲依習慣法之規定予旅館或餐廳一方爲勝訴之判決。

習慣法與憑立法者之頭腦想出制定之法律有異，習慣法乃社會大眾生活實踐中，無意識地做出或產生。制定法則偶會因參雜立法者之私欲或喜怒而失其客觀上「正」的內容。然習慣法者乃在民眾續行生活當中，無意識地自然產生的自然性的法，某一方面而言，其亦爲眞正的法也。

19世紀初葉，德國法學家薩維尼（Friedrich Karl v. Saigny, 1779-1861）[2]爲始祖之歷史法學派（Historische Schule; Hisorical School），對習慣法極爲重視。薩維尼主張，法者非被制定（Nicht Gemachtes），而是被生成或自然形成（Gewordense）。法常爲民族精神（Volkgeist）之表現，同時亦爲民族法確信（Rechfsüberzeugung des Volkes）之具體化。此說乃記載於薩維尼1814年所著《立法與法學之現代使命》（Beruf unserer Zeit für Gesetzgebung und Rechtswissenschaft）小冊中。1814年正是席捲歐洲的拿破崙，在德國萊比錫（Leipzig）的郊外，被德意志諸邦的聯合軍打垮，所謂諸國民之戰（Völkerschlacht）勝利之年。因民族意識之統一而打勝戰，故趁此戰勝產生德國諸邦聯合之機運。當時有德國海德堡教授提保特（Anton Friedrich J. Thibaut, 1772-1840）在其所著《德國一般民法典之必要》（über die Notwendigkit eines allgemeinen bürgerlichen Gesetzbuches für Deutschland）小冊中主張，非藉法的統一無法達成民族之統一。對此薩維尼反駁曰：民族之統一並非須依賴法的統一；反之，民族之生活及民族意識被統一時，統一法典亦會因此而自然的產生；易言之，統一法典乃由民族生活及民族意識之統一而生，法者乃自然形成（變成）而非被作成。例如，能統一一國語言則能編出統一之國語字典；相反地，先有統一的字典，國語亦無法統一，國語乃由社會自然生成，而非由人類任意制定。由社會生活自然產生法，乃是今日法學上，尤其爲法社會學（社會法學）之共通命題。

由此足見，歷史學派重視習慣法。惟習慣法與法令在法源上何者爲上位？不得一言以蔽之。《民法》第1條規定：「民事，法律所未規定者，依習慣；無習慣者，依法理。」[3]法律有強行法規與任意法規。一般有關

---

2 薩維尼被譽爲歷史法學派之鼻祖，曾任柏林大學教授及普魯士立法大臣。他一方面與德國遺留下來的封建勢力相妥協，另一方面還逐漸的將它帶入近代化，他認爲法與言語一樣由民族共同確信自然形成；故單憑腦筋的思考制定法典，乃並不妥當。與他相對立者即海德堡大學教授提保特，提氏認爲，爲使德國急速的近代化，強調就一民法典之制定。薩維尼之主著爲《立法與法學之現代使命》（1814年）、《中世羅馬法史》六卷（1834-1851）、《現代羅馬法體系》八卷等。

3 瑞士《民法》第1條第2項：「本法未規定者審判官依習慣。」及《日本法例》第2條：「習慣僅限於法令規定所肯認，及關於法令無規定之事項爲有效。」

公序良俗者均爲強行法規；若屬任意規定，亦即雖有法律之規定，但另有習慣時，則該習慣往往優於制定法而具有法源之效力；如《民法》第372條及第378條之規定是。

三、判例法

　　判例者，裁判之先例也。易言之，即成爲先例之裁判。上級審之裁判，尤其是最高法院之裁判，歷來常成爲先例而左右以後之類似案件。裁判往往有成爲先例之通性，然上級審之裁判先例是否必定拘束下級審，斯又未必盡然；《憲法》第80條規定：「法官須超出黨派以外，依據法律獨立審判，不受任何干涉。」惟法院（尤其是最高法院）在下判決時，必細加思索愼重而爲，故一下判決後，對其判例必不輕易變更。當事人不服下級審法院判決時，得上訴於上級審法院，最後還很可能上訴最高法院。如最高法院不輕易變更自己的判例時，與最高法院之判決例相牴觸之下級審判決，在最高法院裡很可能會被廢棄而白費心血，因此下級審法官除非有相當之把握，否則自然多會遵從最高法院之先例而爲裁判。故，判例雖非立法，但現實上具有與立法同等之作用[4]。然判例乃對各個具體的案件（對具體的人及具體事件）所作的判斷，其與爲規定一般抽象法規而訂之立法，本質上顯然有異。

　　在英美以各個事件之判例爲法之基本型態，因屬於各個案件之法，故又可稱之爲個案法（Case Law），況且其由法官所制定，故又可稱之爲法官制定法或法官造法（Judge made Law）。如斯以判例爲法之基本型態者，稱爲判例法主義，反之以制定法爲基礎者爲制定法主義，英美法系國家乃屬於前者，大陸法系（德、法、日、中）國家則屬於後者；前者乃從各種具體的判例探求其共同的原理，採取歸納法的方法，後者乃由抽象的

---

[4] 我國過去統一法律見解的方式，主要有判例與決議兩種；惟自2019年7月4日大法庭制度正式實施後，僅有要旨而無全文的判例將停用，未停用的判例已無通案拘束力。且不再以決議制度統一法律見解，現有見解仍可當參考。判例與決議效力，不再凌駕其他裁判之上。參閱司法院網站，網址：https://www.judicial.gov.tw/tw/cp-1664-79741-13c92-1.html，最後瀏覽日期：2021年8月20日。

法規，藉解釋適用於各別之案例，採取演繹法的方法。

四、法理

　　法理一語雖平時不太被適用，但在法學上常被提起；法規乃指物之道理，事之理路而言。在德、法二國之中，亦有與法理類似性質者，稱之爲「Nature der Sache; Nature des Choses」。法理爲物之道理，故法理爲所有法源之基礎，成爲制定法、習慣法、判例法等法源之最根底之物，故有些人主張法規爲法之理念，而不應列入於法源中。

　　然在實際之裁判裡，有時在制定法、習慣法、判例法這三種法源裡無法找出適當的裁判規範時，法官則非依據法規來裁決不可。故我國《民法》第1條規定：「民事，法律所未規定者，依習慣；無習慣者，依法理。」然又有人謂，依法理裁判非依法裁判，斯乃依照法的理念作成裁判。惟在私法之領域內，裁判非必依據制定法，依據法理裁判時，該法理亦不失爲「法」之一種存在形式。法理本來存在於制定法、判例法根底之法的基本理念，這時之法理則不得謂爲法源。然在制定法、習慣法、判例法等均無規定時，本來潛在於一般法源基礎中之「理念上之法規」，方始以裁判規範之型態顯現出來，這時之法理便成爲「裁判上之法理」，可與制定法等同列爲法源之一。

　　法規與自然法有何不同？不無有疑。自然法者，除人類所制定之現實法（實定法）以外，存在於自然界之自然法規，此與自然法則一樣，具有超越時地萬古不變之普遍妥當性。此由人眼所看不見，而是須憑人類理性之領悟方得察覺之理想法，立法者應探求自然法以資制定現實之實定法。究竟是否存有如斯永世不變之法秩序，此乃自然法學者們所爭論之對象。1181年制定之奧國《民法》第7條規定：「無法依法律明文或類推解釋時，應依自然法原則裁判。」總之，自然法者爲法之理念，爲現實實證法之基礎或指標，偶遇實證法全然不存在時，自然法乃從理念的世界降至現實之世界，而對未預期之「眞空」部分注入「空氣」，以資避免事件之被捲入無法解決之狀態。此乃將理念上法理，成爲法源上法理，此與對現實裁判授予規範情形毫無區別。

第三章　法之種類

壹　法之分類

　　法可從各種角度做種種的區別。前述之制定法與習慣法之區別，乃從法的存在形式所做分類。法就法源形式之分類以外，還有各樣的分類方法，如：一、公法與私法；二、市民法與社會法；三、強行法與任意法；四、普通法與特別法；五、實體法與程序法；六、實證法與自然法。

　　在此須附帶說明者，何謂「六法」？「六法」者指憲法、刑法、民法、行政法、刑事訴訟法、民事訴訟法等六種法律而言，彙集這些條文而成卷者，吾等稱之為六法全書。然為解決法律問題，單憑六法還是極感不足，因此在今日的六法全書裡，除列有該主要的六法以外，還列有各種的法（例如：法院組織法、土地法、公職人員選舉罷免法、少年事件處理法……等等），而仍稱之為六法。今日通用之六法全書，最普通的亦蒐集1,000種以上之法令。同時六法全書之形式，亦為我國及日本所特有，在歐美可說是沒有。在法國有稱為立法全書之法令集，然多數情形均與德國一樣，民法就是民法、商法就是商法的各自獨立成冊，各冊裡又收容很多附屬法令；而我國採民商合一，將商事法規視為民法之特別法。

貳　公法與私法

　　公法與私法之分類常被使用，例如：憲法、國民大會組織法、行政院組織法、法院組織法、警察法、戶籍法、地方自治法規、刑法、民刑事訴訟法等為典型的公法；稱私法者如民法、商事法規……等等。

　　公法與私法之區別標準，自古議論紛紜，乃是一複雜問題。現今除劃分民事審判權與行政審判權行使之界線外，其區別並無多大實益。大體言之，公法與私法之區別標準有四說：一、目的說：即以公益為目的者為公法；以私益為目的者為私法；二、關係說：即規定權力服從關係者為公法；規定平等對立關係者為私法；三、主體說：即以國家或公共團體為雙方或一方之權利義務主體者為公法；規定私人相互間之關係，即雙方主體

為私人者為私法；四、生活說：即規定國家生活關係者為公法；規定社會個人生活關係者為私法。晚近之社會法學派，多採生活說。但筆者認為主體說亦頗有道理[1]。

　　在昔日的封建社會裡，個人的生活關係，被併入於封建式的身分制度裡，故在當時並無私法與公法之區分。然在市民革命以後，一方面宣示人類的自由平等，承認自由所有權，另方面對於國家權力之行使，只限定於市民社會的保護，從此才有公法與私法之區別。在此情形下，私法以平等自由之私法自治為其原理，公法則以上下服從關係為其指導原理。但隨著資本主義的高度發展，國家對於私法關係，逐漸放棄以往之自由放任態度，採取積極干涉之方式，而支配個人生活關係之私法自治的原則，自然也受到廣泛的限制，是為「私法公法化」之傾向。如社會法（勞工法）、經濟法，皆含有此種性質。然任何法律均以維持社會生活之秩序為共同目的，故對於其生活關係適用法規時，不應拘泥於公法或私法之區別，而應以能對所生問題發見最適當的法規為必要[2]。

參 市民法與社會法

　　市民者，簡單以言，乃法國革命所以之為理想型之個人，即指實現自由平等博愛之市民（citoyen）而言，這些市民乃從出生而自由平等。同時又指近世資本主義成長期裡，在自由主義經濟放任主義（laissez faire）下之經濟人（homo ecommicus）而言。亦即資本主義社會裡，各自依照自己的欲望追求自己利益；為追求利益，即使損害於他人，若自己無過失時仍可不負責任之理想人。而對此市民社會生活為規律對象之法，便為市民法。私法即一般性之市民法。故學者所稱近世私法之三原則，實際上即為市民法之三原則。私法之三原則為：一、所有權之絕對性；二、契約自由；三、過失責任主義。斯三原則充分地表現出市民法的性質，此乃基於

1　參閱劉得寬，民法總則，頁3，五南圖書，2004年8月1日。

2　參閱何孝元，民法總則，頁2，1960年；星野英一，公法と上私法の區別を含めて，收錄於同人著，民法概論I，良書普及會版，1993年6月1日。

人生而自由平等之風靡於世界的天賦人權說之上。

但具自由之人類，在現實的社會裡未必完全自由平等，該種自由與平等，只不過是屬於形式上抽象的自由平等。故隨著資本主義之高度成長，衍生出生產手段所有人（即資方）與勞動者間，或有產階級與無產階級間的溝壑。社會上因而產生貧富不均的現象。基於國家保障人民生存權之原理（憲法第15條），為緩和社會貧富之不均與階級之對峙，而制定了《勞動基準法》、《勞資爭議處理法》、《耕地三七五減租條例》，以及各種消費者保護立法等政策性的社會立法，此便為社會法矣。普遍地制定「慈惠性」的勞工保護立法，為今日世界各國之趨向。

勞工契約，本為以「勞力」為商品之買賣，但與一般商品買賣的支配原則有所不同，蓋以勞資間並不能立於平等交換立場交涉，抑且勞力又不能待價而估，又有失業之危險，基此勞方的弱點往往導致勞力的廉價供應。因此，市民法之基本原則，運用於勞工契約上，往往會產生現實的不自由或不平等。鑑於勞工之從屬性，而制定提高勞工之實質上自由平等之法律，便為勞工法[3]。承認勞工之團結權、團體交涉權以及爭議權，此便為勞工法上之「勞工三權」[4]。

肆 強行法與任意法

簡言之，法之規定內容得由個人恣意變更者與不許由個人變更者，前者為任意法，後者屬強行法。公法，例如：憲法、刑法、訴訟法等，凡以規定國家社會關係為直接目的，基於公益上之理由，國家必須強制實現其內容，故除極少數規定（例如，刑法上「告訴乃論」、民事訴訟法上「合意管轄」之規定）外，可謂均屬於強行法。就私法性質的民法而言，債權法多屬於任意法，物權法及身分法則多屬於強行法；有關「公序良俗」規

---

3 所謂勞工法，泛指與勞工事宜有關的法律條文。我國勞動基準法係規定勞動條件最低標準，為保障勞工權益，加強勞資關係，促進經濟發展，適用勞動基準法之勞工權益將獲得最基本之保障。

4 勞動者經濟上基本權，即「勞動三權」，指團結權、團體交涉權及爭議權之保障。參閱劉得寬，法與勞動—勞動關係之歷史觀察（中），律師通訊，第79期，頁15-16，1986年3月30日。

定者，大多爲強行法，反之直接與公序良俗之規定無關者，則多屬於任意法。

　　要在理論上劃分二者之界線實非易事，其可依具體的事例判斷之。大致言，關於各法條爲強行規定或任意規定，可先於法文上辨別之，凡帶有「應……」、「不得……」及「非……不得……」等字樣者，均係強行法，而帶有「契約另有訂定者不在此限」、「契約另有訂定者，從其訂定」、「除契約另有訂定外……」及「得」等字樣者，均屬任意法。

伍 普通法與特別法

　　普通法又稱爲一般法。凡對於一般的人、地、事適用者，謂之普通法；凡對於特殊的人、地、事適用之者，謂之特別法。茲分別說明如下：

　　一、以「人」爲標準言之。普通法者適用於一般人，例如：《民法》、《刑法》是；特別法則專門適用於一定身分或特殊身分者，例如《公務員服務法》及《陸海空軍刑法》是。

　　二、以「地」爲標準言之。普通法者適用於領土內各區之法，例如：《民法》、《刑法》是；特別法乃適用於一部特別地區之法，例如：《臺灣省諮議會組織規程》、《臺灣省政府組織規程》是。

　　三、以「事」爲標準言之。普通法乃適用於一般事項者；特別法乃適用於特殊事項者，例如：《民法》爲普通法，而《公司法》、《票據法》、《土地法》等則適用於特別民事爲特別法。又如《刑法》爲普通法，而《貪污治罪條例》，則屬適用於特殊犯罪之特別法也。

　　普通法與特別法並存時，特別法優於普通法；雖然適用特別法，但特別法中無規定部分，則仍應以普通法補充適用。

陸 實證法（實定法）與自然法

　　實證法（Positive Law; Positives Recht; droit positif）者，得以現實力強制執行之法；現雖未再被實施，然過去曾被強制實施者亦不失爲實證法，此乃過去的實證法（如我國古代的唐律、清律是）。具有強制力之法，當然亦包括習慣法與判例法等，但大都是指制定法而言。

　　諺云：「有社會之處必有法」（ubi societas, ibi ius），社會無社會規範則無能成立。社會規範當中法所擔任之角色亦最重要；然社會不斷的在變遷，規律社會之法律，亦當然非隨之變遷不可，因此「變」者為實證法的本質之一，但真正的學問與科學並非要研究那「變」的東西（此如車長之背誦價目表，電話104查號台之背誦電話號碼一樣，並無所學之價值）。問題在研究實證法之變化與社會構造之變化是否相一致，以及應如何解釋實證法，而使之對現實的社會關係予以最適切之規定，此乃法律研究者之任務。故法學者們亦不應認為現行法為最完備且永久不變的東西，而應對現行法之條文做廣義或狹義的解釋，必要時甚至應促其進行修正或廢止，以謀求現行法與變化性之社會相吻合。因此，好的實證法學者們，非但要認識法的內容，同時對社會現實之動向，亦非熟悉不可。

　　實證法，尤其制定法均是人為，乃會因人或事實之因素而變化無常。在此流轉狀態之實證法根底裡，必定存有永久不變之基礎者，故僅追求人類恣意之所產亦沒有什麼意思。此種思想乃產自古代希臘的哲學大師柏拉圖或蘇格拉底，他們認為法之本體乃是超越時、地而存在，具永久不變妥當性，此乃古代的宇宙的自然法。中世紀的學者則把它認為是神法，謂人法是會變的，而神法才是永恆的，此乃中世紀的神學的自然法。進入近代以後，隨著個人主義、人道主義、人格主義等思想之增強，而認為任何實證法之基礎裡，都存有其普遍妥當性法，此即自然法（ius naturale; Law of Nature; Naturrecht; droit nature），與其說為神法，毋寧說為潛在於人心或理性之法，此乃理性之自然法也；格羅秀斯（Grotius）、霍布斯（Hobbes）、普凡道夫（Pufandorf）、孟德斯鳩（Montesquieu）、康德（Kant）等皆被稱為自然法學者。由上足見，自然法的思想歷史，很明顯地分成三階段，即：一、古代的自然法，此乃宇宙的自然法；二、中世紀的自然法，此乃神學的自然法；三、近代的自然法，此乃理性的自然法。

　　依近代自然法學家之見解認為，法（實證法）在不同的時代或國度裡會產生變化之原因，乃未充分採取自然法之緣故。如各國均忠實地將自然法完全表達出來，則自會產生萬國同一永久不變的實證法。法學之任務，在於發現此凡人所不易發現之自然法，其方法非依賴各人之理性不可。因

此，法學家並非應對會因時因地變遷之浮動法為研究對象，而是應以千古不變之自然法為研究對象。

所謂自然，應指天然的存在，或自然而然。此種天然的存在，無論是時序推移，景物變換，均有其規律性，故應遵循自然之理或自然的法則。如老子云：「人法地，地法天，天法道，道法自然。」然國家在執行實際裁判時（即為解決社會上實際的紛爭時），是否唯賴自然法即能解決？根據某甲的理性所認為之自然法，由他人思之非必亦為自然法，因人各有其不同聰明才智與相異的出身背景，故是否能夠發現買賣、勞工、租賃、婚姻等問題之具體明確之自然法，不無有疑，故自然法者豈非法之理念乎！昔人云：「約法三章」，此乃以此三條規定為基礎，就具體事件想出具體之規範（基督教之「十誡」亦然）。此乃一個理想，但難免會受到法官主觀意識之支配，而與現代法治主義相違背。惟僅憑今日之實證法，又不足以解決一切的裁判。因此，還需要有存於所有法規基礎之「約法三章」，此乃法之理念也。奧國1811年的《民法》規定：「法官無法依照法律之直接規定，或依類推行使裁判時，應依自然法。」瑞士《民法》第1條規定：「文字上或解釋上有法律規定之法律問題，須適用法律。」又規定：「法律無規定時，法官須依照習慣法，也無習慣法時則依照若自己為立法者時，可能制定之法規來裁判。」我國《民法》第1條規定：「民事，法律所未規定者，依習慣；無習慣者，依法理。」法理者自然法也。

維納格拉多夫（Paul Vinogradoff, 1854-1925）在其名著《法的常識》（Common Sense in Law, 1913）裡記述：自然法對於定立法律發展之方向，仍有很大的影響。雖然曾經有人譏笑過，自然法論為無實益之「空中法學」（jurisprudence in the air）；但維氏對此以警告口氣云：支持自然法的人，也不必否認這個定義，蓋世上沒有比空氣（air）對人類生活更重要的東西，不管其好壞，畢竟是構成生命最重要的要素之一[5]。一言道破，此意深遠。

---

5 參閱維納格拉多夫著，陳柏齡譯，法的常識，頁151，協志工業叢書出版公司，1980年8月。

🔆 實體法與程序法

實體法者，規定權利義務之發生變更消滅之法；反之程序法者，規定如何實現既已發生、變更、消滅權利義務效果之手續法。因此，只有程序法而無實體法，程序法即無用處。相反地，無程序法的實體法，則如同端出客飯而不給筷子，在西餐廳裡端出牛排而不給刀叉等餐具；牛排雖然可以用手拿起來塞進口裡咬或用手撕來吃，但此如用實力行使（自力救濟），為文明社會（即如法治社會）所不許。因此，實體法與程序法的關係，則如同車之兩輪，鳥之雙翅，缺一不可，但兩者並非處於主從上下之關係。民法、刑法、商法者為典型的實體法；民事訴訟法與刑事訴訟法則為最主要的程序法，其他如強制執行法、破產法等，亦屬於程序法。

第四章　法與國家

壹　國家之要素

通常，國家乃以一定之地域（領土）為基礎，在固有的支配權（主權）之下，由一定範圍人民（國民）來組織而成的統治團體；因此，領土、國民與主權則成為國家之三要素。因此，法律形式上國家有三要素：第一為主權，即具有最高絕對支配權力；第二為領土，以示主權所支配空間界線；第三為國民，即置於主權下之領民。該三要素中，以主權為最重要；主權乃最高絕對之權力，不許受任何外國權力之侵犯。駐外使節具有外交官之特權，原則上不受駐在國法律之拘束，非特殊原因海關不得檢查其行李，此即一國主權之延長；有關主權不可侵，表現得最露骨者為聯合國五強之否決權[1]。

國家的領域為國家獨立存在之基本條件，在和平五原則[2]中，亦提出領土主權的尊重與相互不可侵，近年來，領海與領空，在國際法上成為很重要的問題之一。

一、領土與領海

領土為主權所及之空間界線，其包括一定區域之陸地（領陸）。近接海面（領海）及彼等之上空（領空）等，對其範圍，領陸（駐外使領館則視為駐在國領土之延長）與領空比較不成問題，對領海則諸說紛紜。自18世紀末葉以來，領海3浬[3]（以昔日大砲射程距離為標準）被諸國所承認，亦被多數國家所慣行及確信為世界各國所行使之信條；其乃以海圖上之低潮線為起算點。但從第二次世界大戰前後，出現6浬說及12浬說，其後甚

---

[1] 聯合國五個安全理事會中的常任成員，為美國、英國、法國、俄羅斯、中國（俗稱五強或五常），各自擁有對聯合國安全理事會決議草案的否決權；即使安理會決議獲大部分成員國支持，常任理事國仍可投反對票（即行使否決權），使任何安理會決議無效。
[2] 和平五原則，指互相尊重主權和領土完整、互不侵犯、互不干涉內政、平等互利、和平共處。
[3] 浬，讀海里。1浬＝1,852公尺。

法學入門

至出現大陸架領陸說，久被行使之信條因而開始動搖。

拉丁美洲諸國以及很多的亞非諸國，要求領海之擴大，其主要原因為：（一）揚棄先進諸國之艦隊及砲艇政策；（二）確保沿岸漁業。但在1930年由國際聯盟主導之國際法典編纂會議中，各國對於領海之意見並不一致；在1958年及1960年聯合國召開的海洋法學會議上，對於領海的處置問題，與會諸國之意見已漸趨一致，但對領海之幅度則未設規定，惟3浬領海之定說，並未動搖。3浬以上應增至何幅度則議論紛紜，會議決定，至3浬止為絕對領海，自3浬至12浬止則屬於主張它的國家及承認它的國家間之領海。迄1982年4月，聯合國召開的第三次海洋會議中所決議的《海洋法公約》中，規定簽約國可以主張不超過12浬的領海。目前美國、英國、法國、俄羅斯、中國、德國、日本、新加坡、澳大利亞等多數國家，均主張其領海為12浬。茲依《中華民國領海及鄰接區法》第3條規定意旨，自台灣領海基線起至其外側12浬間之海域為台灣之領海。領海與領土一樣，為沿岸國之主權所能及，然外國商船平時得在領海內無害通行為原則，即無害沿岸國之和平、安全及財政利益下，承讓領海內之自由通航，公海與公海相連接之海峽，則連軍艦亦有無害航行權。

二、領海鄰接區

聯合國於1958年召開第一次海洋法會議時，首次將鄰接區制度列入《領海及毗連區公約》中。鄰接區即指沿海之國家根據其國內法律，在領海之外鄰接領海的一定範圍內設立的特殊海域，以行使必要的管制權。

鄰接區的寬度，從測算領海基線算起（連同領海在內），不得超過24浬，是為了保護國家特定利益而設置的特殊區域，沿海國在此區域內對關稅、財政、衛生及移民等特定事項，享有必要的管制權，並對上述的違法行為進行懲戒。惟鄰接區的管制範圍僅限於特定水面，而不及於海底和領空，這與國家在領海內的整體行使國家主權有顯著區別。

三、公海自由原則

領海之外洋則為公海。公海自由之原則乃根據格羅秀斯（Hugo Grotius, 1583-1645）[4]之「自由海論」（1609年）而發，亦為久被確立之國際法上之原則。斯乃，任何國家均不得領有公海，（一）公海使用之自由：即任何國家均得在公海自由航行、漁業及其他收益之自由、海底電線鋪設自由、公海上空飛行自由、戰時戰鬥行動自由。但公海並非為無法無秩序之區域，公海上之航行收益之自由，在一定之情形下仍被限制，例如：1.受國際條約之限制；2.禁止海盜行為；3.承認沿岸國之海上警察權，如臨檢及追跡權（從領海被繼續追跡到公海）等。（二）公海上船舶之地位：公海上之軍艦或商船，以及其乘員皆須服從船旗國的法律。

四、大陸架（大陸礁層）問題[5]

大陸架（continental shelf）乃指大陸沿岸土地在海面下向海洋的延

---

4 格羅秀斯，荷蘭法學家。學識淵博，14歲畢業於萊登大學，15歲出版註釋書，16歲當律師，為天才兒童，亨利四世稱其為「荷蘭之奇蹟」。他認為法與國家應從人類的社會性產生。而且目擊三十年戰爭的慘禍教訓，強調超越於國家宗教，並與之對立的自然法之存在，而主張法學應從神舉、宗教及教會之手解放，故被稱為「自然法之父」。同時因在巴黎亡命當中著《戰爭與和平法》（1625），而又被譽為「國際法之父」。

5 由於海底採油技術的進步，引起舉世沿海國家對「大陸礁層」的重視。晚近各國紛紛宣布了200浬經濟海域。各種跡象顯示，大家對海洋資源的態度是愈來愈積極，在經濟海域內，各國擁有開採海域及海床上所有生物及其他自然資源的主權。人類利用海洋由來已久，早期的利用主要在航行與漁捕，但近年來已漸到開採海洋資源的地步，在消極方面，近年來又常將廢物棄置海中。二次大戰後，人類的海洋活動大為增加，自經濟方面來看，每年海洋運輸運費收入達400億美金，漁獲收入達100億美金、海底石油開採收入達400億美金。現在全世界所需的石油，有20%來自海底油礦，到了1980年據估計將有33%來自海底油礦。在漁獲方面，自1948年至1970年間世界上的漁獲量增加了2.5倍，現在每年約有7,000萬噸漁產，到了1980年可能達到1億噸。由於海洋對人類的重要性，因此海洋法一直是國際法中最古老與最重要的一個部門，早在1930年當時的國際聯盟召開的國際法編纂會議中，就想制定有關領海的法規，不過沒有成功。自聯合國成立以來，就已注意到海洋法的立法工作（即將習慣法編製成條約），因此海洋法自始就是聯合國大會設立的國際法委員會主要工作之一。經過將近十年的努力，國際法委員會編製的海洋法條款草案終於完成，由聯合國於1958年在日內瓦召開第一次海洋法會議，我國也派代表參加，結果制定了四個海洋法的公約：1.《領海及鄰接區公約》（Contiguous Zone現聯合國改譯為毗連區）；2.《公海公約》；3.《捕魚及養護公海生物資源公約》；4.《大陸礁層公約》（Continental Shelf一詞聯合國的文件

法學入門

伸，被海水所覆蓋的大陸，亦即是指陸地外環的淺海地帶。此地帶自海岸低潮線開始，向外海緩慢沉降，一般又稱「大陸礁層」，或稱「大陸棚」。至平均水深133公尺處，則急遽下降傾斜而成大陸坡[6]。

大陸架之資源問題，普遍受到各國的矚目，最初發生於海底石油問題；始於1945年9月6日美國總統杜魯門宣布大陸架之地下及海床資源，其沿岸國具有管轄權，此即為「杜魯門宣言」。惟此僅限於地下及海床之資源，而非對領土權之主張。有關大陸架資源開發之管轄權問題，世界各國受到《杜魯門宣言》之影響，也紛紛對此有所主張，如斯大陸架沿岸國之權利，有時被稱為主權（sovereigny）或主權的權利（sovereign rights），或緩和其語氣而稱之為排他之權利（exclusive rights），總之，世界各國有承認該特殊權益之傾向。這種趨勢於1958年（第一次）及1960年（第二次）在日內瓦召開之國際海洋法會議中，也並未受到動搖。1964年之《大陸礁層公約》經美、英、蘇、澳、波蘭等24個國家簽署。

中已改譯為「大陸架」，不再譯為「大陸礁層」）。我國只批准了最後一個公約。上述會議雖然制定了四個公約，但對最重要的領海寬度問題卻沒有獲得協議，當時美國集團堅持3浬，蘇聯集團及某些發展中國家則堅持領海可以擴展到12浬，不過美國集團認為領海之外可以有鄰接區，這個區域仍是公海的一部分，但沿海國可以「行使必要的管制以……防止在其領土或領海內有違反其海關、財政、移民或衛生規章之行為」，鄰接區與領海一律不得超過12浬，這點為會議接受，編入《領海及鄰接區公約》第24條。1960年聯合國在日內瓦召開第二次海洋法會議，討論領海寬度及漁捕限制，當時美國集團已讓步願意接受6浬寬度領海，另加6浬鄰接區，但此次會議未能獲致任何結果。自1960年代以來，逐漸發現1958年的公約不能符合海洋利用方面的新發展之需要，現略舉幾個較重要者為例：第一，漁權問題——由於新式捕漁設備的出現，魚獲量大增，有不少工業國家到他國領海外地區大量捕魚，其中最惡名昭彰的是蘇聯和日本，引起沿海國對其本國漁源日益枯竭的關切，紛紛擴大領海或設立專屬漁區。例如，美國在1966年也宣布在3浬領海外另設9浬的漁區，不准他國在區內捕魚。第二，污染問題——由於大型油輪的出現，一旦發生事故將使附近廣大海域或沿岸國發生嚴重的污染問題，另外許多國家又將廢物傾入海中，嚴重影響到海中生物資源的維護。第三，海底礦產開發問題——1958年的《大陸礁層公約》中規定沿岸200公尺水深的海底資源屬沿海國所有，但又規定：「或雖逾此限度而其上海水深度仍使該區域天然資源有開發的可能性者」也歸沿岸國。由於其後科技發展，美蘇二國可以開發深到數千公尺海底資源，如此一來，世界上的海底資源幾乎要被這兩大國獨占，這當然不是其他國家所能接受的，因此如何對沿岸國對附近海底的權利，做一合理限制成為國際上的一個重大問題（錄自丘宏達「聯合國第三次海洋法會議述評」）。

6　參閱黃異，國際海洋資源法，頁5-6，新學林，2016年12月。

030

　　我國係1958年聯合國海洋法會議通過之《大陸礁層公約》之簽署國，為探測及開發天然資源之目的，特照該公約所規定之原則，早經聲明政府對於鄰接中華民國海岸，在領海之外之海床及底土，均得行使主權上之權利。1970年8月，立法院同意了該條約，並對該約第6條提出了兩點保留。同年10月14日，我國將批准書寄存於聯合國秘書處，而成為第43個會員國[7]，且迄今仍遵行該公約。

五、深海海底開發

　　在1958年第一次國際海洋法會議裡，對於水深200公尺以上深海海底的開發問題，並未被認真地考慮過，惟在1966年12月，聯合國總會對「海的資源」作決議後，深海海底問題被重新檢討。其重點大致為：（一）禁止任何國家在深海海底領有主權；（二）限於和平利用而禁止軍事利用（但1969年3月，在日內瓦召開的裁軍委員會裡有蘇聯的全面禁止與美國之部分禁止案）；（三）深海海底之開發以保護人類的利益為目的，其經濟利益首先利用在低開發國之發展目的上；（四）設置國際機關，專司深海海底開發之管理業務。

　　二次大戰後，因科學技術之發達，人類的活動擴張上至宇宙下至海底，故產生太空法、大陸架以及深海海底開發之問題。再者，聯合國於1982年4月亦通過實施，沿岸200浬經濟海域問題，沿岸國對經濟海域有經濟上的管轄權。即排他性經濟水域（可稱之為「經濟主權」）。

六、國民（領民）資格之要件

　　關於國民（領民）之資格要件，各國多訂於國籍法中。然國籍法者屬於各國之國內法，故無法求其原理上統一，例如我國《國籍法》第2條第1項第1款規定，出生時父或母為中華民國國民者，屬中華民國國籍，此為血統主義，惟美國則採取出生地主義，即在美國領域內誕生者，原則上取

7　參閱我國外交部網站，網址：https://www.mofa.gov.tw/News_Content.aspx?n=80&s=62449，最後瀏覽日期：2021年8月26日。

得美國國籍。故我國國民如在美國領域內分娩，所誕生之嬰兒則會產生雙重國籍問題。

貳 統治型態

憲法乃規定國家的基本組織，凡國家皆有其憲法。在絕對專制的君主政體裡，君意便為法的體制，如斯單純基本構造便為其憲法。但近代意義之憲法，主要乃在於限制君主的權利，以自由民主主義原理為其基礎，藉著憲法之規定以求其實現者，便為立憲主義（Constitutionalism）。近代憲法之基本特徵有三：一、國民之參與國家之政治；二、權力分立制度；三、基本人權的保護。

國家統治的型態，大致有專制制（Autocracy）與民主制（Democracy）。專制制為治者與被治者相對立之政治，其最典型者為君主制（Monarchy）[8]。反之，民主制為治者與被治者歸於同一之政治，即治者得為被治者，被治者亦得為治者之政治型態；林肯之不朽名言「民有、民治、民享之政治」（government of the people, by the people, for the people）便是民主政治的象徵。專制制在近代所見之政治型態為獨裁制（Dictatorship），例如納粹德國、法西斯義大利、解體前之蘇俄等國，皆屬之。隨著民主主義思想之抬頭，近代的君主國家，為對君主統治權之行使加以法的規制而制定憲法，君主亦須依照憲法來行使其統治權，此便為立憲君主制矣。在此立憲君主制裡，國會、內閣、司法才是實際統治權之行使者，成為君主「君臨之，但不統治」（king reigns, but not governs）之形式。這種典型之國家為英國，日本仿之。

---

[8] 君主制下之君主為：1.世襲的；2.單一人的；3.伴有傳統的威嚴；4.視之為國家之象徵；5.代表國家；6.無答責（即，無對百姓或議會答覆之責任）；7.統治權人。

第五章　法與個人

壹　古代國家與個人

　　古代國家中，東方的國家一般多屬專制制（Autocracy）之君主國家（Monarchy）。在封建時代或溯及至古代的國家裡，人民深受唯有依賴於治者之恩惠始能生存之思想所支配，社會上根本沒有類似於「個人權利」之思維。在此時期，國民個人權利之思想，幾乎難以產生及存在。直到我國民國初年及日本明治初年，歐美的自由民權思想剛流入之際，人民對於民權一詞多未瞭解，普遍仍懷疑自己對國家到底具有何種權利。

　　西方世界的希臘、羅馬，則在很早以前就有民主之性格，並具主權在民之觀念；羅馬帝政時期之皇帝，亦由人民在人民中選出。在此民主制之下，他們之間並不存有與個人相對立觀念之國家；他們之觀念為個人即國家，個人之外並無國家，因此，個人對國家到底有何需求，亦未曾考慮到，此正如昔日由農民集合而成之部落，在此部落裡，農民之觀念為，除農民個人之集合外，別無部落體之存在，社會之結合本為「Gemeinschaft」（協合體），故個人之集合，到任何地方亦為個人之集合，個人之外並無任何集合體之存在。在這種社會下，人民根本不會想像出個人對國家之權利，或國家對個人自由權利之侵犯等問題。

　　古代的國家為個人之集合，然組織國家之個人，常常係治者或貴族階級，一般之平民不被認為有此參政之資格，故當時之個人即國家之個人者，僅限於指少數特種階級者而言；一般的平民或奴隸則幾乎不存有個人之權利。由此可見在古代的希臘羅馬裡，國民個人與國家本身被視為一體，然在此之國民個人，非指所有的國民個人而言，乃是指極少數的貴族等統治階級者而言，該個人亦非與國家相對立之個人，所以在古代的國家裡猶無個人意識。無個人意識即無個人的尊嚴及個人之權利自由等可言。

　　日耳曼之國家觀與希臘羅馬者不同。日耳曼人把國家認為是由國王與國民所組織而成之二元構造物。因此，國民對國王、國王對國民都可互相要求，藉此二者之協調以維持國家之存在。國王之要求過大時，國民會請

求其減輕，如果國王之要求苛酷至不能妥協時，國民亦具有抵抗權（ius resistendi）。如斯日耳曼之二元國家觀，成為後世基本人權觀念上的基礎。

貳 大憲章與個人權

視國家為國王對國民之二元構造的日耳曼思想，於13世紀初葉在英國已有顯著的表現，英國之僧侶貴族與市民團結，對抗當時之國王約翰（John of Plantagenet）之非政，終於迫使國王訂立城下之盟。其內容為要求國王尊重英國傳統之習慣，徵稅須經過國民會議之認承，禁止非法的逮捕與監禁，以及確認國民對國王具有抵抗權。此即著名的1215年之《大憲章》（Magna Carta），而《大憲章》裡所稱的個人，即指英國國民而言，此為國民與國王間所成立之協約，給國王確認英國自古以來之對國民個人權利之尊重。

然自17世紀以後，英國與西班牙及法國持續長久戰爭之故，國民之自由權利亦常常受到侵害，行使抵抗權者常因而入獄，因此國會對當時的國王查理一世，以請願式請求其改正非政，並擁護國民之權利。而於1628年6月7日被接受，此乃有名之《權利請願書》（Petition of Right）。權利請願書與大憲章一樣，為英國國王對國民確認，依約法來保護國民權利之協定。協約後半世紀間，英國國民度過權利不受侵害之生活。

至17世紀末葉，詹姆斯一世為回復舊教徒之勢力而壓迫新教徒，以致國民的權利逐漸受到威脅。結果國會擁護國王之長女瑪麗與其夫威廉，藉1688年之光榮革命（Glorious Revolution）把詹姆斯二世打倒，威廉與瑪麗在尊重國民固有權利之約束下，就任英國共同的王位；旋將尊重國民權利之協約，以法案來制定並公布，此即1689年12月16日之《權利法案》（Bill of Rights）。

由上述的過程足見，英國的權利法案亦與大憲章或權利請願書一樣，均為要求英國國王尊重臣民們所既已持續之權利與自由的協約，而非新權利之創設。此與後述美國之為創建新國家而特地設計出來的《人權宣言》思想形式完全相異。

參　美國獨立與個人

1620年9月間，不堪受英國本土壓制之清教徒們，滿懷著創造完美新社會之期望，搭乘「五月花號」橫渡大西洋前往美國。在登陸前，他們在船上訂立了《五月花號公約》，公約載明他們願意在新大陸建立社區，服從其公約，此屬英國殖民地之新社會建設，然該社會之協定非即法律，因其還須經過英國國王之承認。

英國《大憲章》的各種權利宣言，乃以對國民既得權利及自由之保護為基礎。然在美國新大陸，並無既得之權利亦無對其侵犯之問題。故《五月花號公約》係以今後在新大陸應具有何種之權利及自由為問題的核心，蓋以在船上為訂立殖民契約而集合之人們，尚未進入新社會，他們所思考者為結成社會以前之東西。

帶著殖民契約共同建造理想社會之美夢而登上美國新大陸之人們，立即與英國本土之榨取政策發生衝突，雖然經過請願再請願，然本國之壓制政策只有加重而無減輕。殖民者們遂起而反抗，以流血的代價與本國爭取獨立而終於獲勝，於1776年7月4日發布美國《獨立宣言》（Declaration of Independence），主張人生而自由平等，人之生命、自由及追求幸福之權利，為不被侵奪或讓與之自然權。應注意者，在此宣言中之主體，不稱呼為美國人或美國國民，而使用「人」（man）或「所有人」（all men）之字樣，此即認為凡人類皆具有該種人權，其非授自國家而是天賦的，因而國家對此亦不得侵犯，此即「天賦人權」說。在美國「人權宣言」下，人類方始體會出國家初創以前之個人權利。

在《獨立宣言》公布前，美國維吉尼亞州即在1776年6月12日公布州憲法，在該憲法中含有權利宣言，斯乃美國獨立宣言之先驅及範本。此後繼續公布之各州的憲法，如1776年之賓州、馬里蘭州、北卡羅萊納州，1777年的佛蒙特州，1780年的麻州、1783年的新罕布夏州等之州憲法，均模仿維吉尼亞州的憲法，而使用類似的文字。均共通地主張天賦人權，視人權為天所賦予的自然權。因此，維吉尼亞憲法上之權利宣言，可謂為天賦人權說之最初表現。

肆 法國革命與人權宣言

美國獨立宣言後13年之1789年8月26日，法國發布《人權宣言》，正確而言應爲《人類與市民之權利宣言》（Déclaration des droits de Léhomme et du citoyen）。本宣言的開宗明義第1條記載：「人類在其出生上生活上以及法律上皆爲自由及平等」。其廣泛地稱呼「人類」者，與美國獨立宣言之「all men」相通。宣言第2條規定：「所有政治團體之目的乃在於保護人類所具有的數種不滅之權利，此權利乃是對著自由、財產、安全及壓制之反抗而言。」

法國人權宣言之思想固然是受到18世紀的思想家孟德斯鳩、盧梭（Jean Jaques Rousseau, 1712-1778）[1]以及洛克的影響；但其主要的直接來源乃來自美國的《獨立宣言》。美國《獨立宣言》中記載：

「所有的人類乃平等地被創造，而且他們還從神（創造者）處授受如生命、自由、幸福追求等不可讓與之數種權利，斯乃自明之眞理也。」
"We hold these truth to be self evident, that all men are created equal, that they are endowed by their Creator with certain unalienable Rights, that among these are Life, Liberty and the pursuit of Happiness."

前述美國《獨立宣言》乃倡導，人類自出生，在國家以前，就已具備數種基本權利。故獨立宣言爲天賦人權說下之最初的國家宣言，法國革命之《人權宣言》亦爲天賦人權說之宣言，而屬於在歐洲最初的宣言。

然這種天賦人權宣言，以1795年（法國共和曆3年）之憲法爲最後的記載者；易言之，此種國家以前之人權思想，隨著18世紀而終焉。

---

1 盧梭，法國思想家，社會契約論的提倡者，比洛克、孟德斯鳩更澈底地主張對於人民意思的尊重。他並不問在歷史事實上，是否有組織國家之個人契約。但他以法律非遵守不可之理由，而主張契約論。人類天賦的自由及平等權利，與受到法律及國家的拘束，能夠兩立的原因，必須法與國家的根基裡存有人民之總意，且以此爲前提方可能。主著《人類不平等起源論》（1762）、《民約論》（1752）、《懺悔錄》（1781-1788）等。

伍 19世紀以後之人權思想

　　法國王政復活，國王路易十八在1814年6月4日欽定新憲法，此乃所謂欽定憲法（charte constitutionnelle）。在該憲法裡，不用「人之權利」（droits de L'bomme）一語，而使用「法國人之公權」（droit public des Français）一語；不說：「凡人類乃……」而說：「憲法下之法國國民乃……」這種欽定憲法乃以法國人民之權利，係由國王賜給之觀念作為基礎。一方面規定「法國人在法律之前平等」（第1條），他方面對於言論出版之自由，規定非遵從「抑制自由濫用之法律」不可（第8條），以此來減弱自由之保障。因其有限制言論出版自由之規定，故造成嗣後常有濫用限制權的情形，於是引發1830年之七月革命。革命後即位之路易菲利普，於1830年4月14日所公布之新憲法，亦屬欽定憲法之性質，此亦非一般的人權宣言，而是表現法國國民之公的權利，經由1848年之二月革命以後，法國再成為共和國，而在1848年11月4日制定公布「於法國人民之名義下」之新的共和國憲法。該憲法之前文記載「法國共和國承認，先行且優越於實證法之權利與義務」（前文第3條），又「法國共和國，以自由平等博愛為其原理」（前文第4條第1項），此與天賦人權說係基於同一論調。

　　受法國《人權宣言》影響最大者，為1831年2月7日之比利時憲法。其對個人權利之保障，並不認為是國家也無法限制之天賦權利，而認之為是比利時憲法所授予之比利時人之權利。具同樣之思想與表現者，為1849年3月28日公布之德意志帝國憲法，規定保障個人權利之第六章標題為「德國國民之基本權」（Die Grundrechte des deutschen Volkes）。該憲法一般稱之為《法蘭克福憲法》，於1851年8月23日被廢止。

陸 人權思想之變遷

　　回顧由《大憲章》為嚆矢之基本人權的歷史，其在思想上經過很大的變遷。

　　一、最初的《大憲章》、《權利請願書》及《權利法案》等，均以由

日耳曼所傳來，國家為國王與國民之對立組合體之二元構造論為其基礎，而認為人們所確保之權利為國民的既得權，國民因國王之剝取其權利受到侵害，因此與國王訂立協定請求回復其固有權。該權利並非人類一般之自然權，而是針對英國國王而產生之英國人的權利，藉協定方式而取得者，國民從國王處所受之各種權利，國王對之亦不得隨便加以侵犯。

二、滿懷自由思想之人民，意圖在大西洋之彼岸（美國新大陸）建設新的社會，於是產生以前所未有的協定，即所謂國家以前的自然狀態。因此，他們相信自由與權利既非由國家亦非由國王，而是授自於天。同時，權利與自由之享受者，乃不分國籍，而對所有的人皆適用。

美國《獨立宣言》乃是由新國家之創造者們的手所創造出來。當然，其中亦受了洛克、霍布斯、孟德斯鳩、盧梭、湯瑪斯阿奎那等思想的影響；惟也可說，當時的時代思潮決定彼等的思考方向；同時在當時創造新國家之特殊情形，亦成為誘導殖民者們主張天賦人權說之最大的契機。

這種嶄新的天賦人權思想，對於正想打破當時的封建體制，且擬把國王及貴族送上斷頭臺之革命法國人民而言，自然大大的受到歡迎。天賦人權說雖倡自西歐，在美生根成長，但卻又回歸到歐洲，在法國大開其花朵。人們高喊，人生而自由平等。

三、時入19世紀，社會革命之熱情逐漸冷卻下來以後，人們進而以冷靜的頭腦思考，國家以前的人權，究竟對現實社會具有何種意義。天賦人權在無任何憲法規定之現實社會上，是否會受到保障？自由豈非須經憲法的保障，方始能成為現實之自由。因此稱之為人類一般的權利，還不如稱之為比利時憲法下之比利時人的權利，或法蘭克福憲法下之德國人的權利，方能成為受憲法保障下之自由權利。

四、即使憲法上未規定人民生命權之不可侵，然吾等人類之生命權仍常須受到國家的保護。惟無憲法之規定時，或不易發現具體的保障方法。但生命尊嚴本身，雖無憲法明文規定亦應嚴存。如斯一來，未受憲法規定之權利與自由，非屬於實體法上之規定，而是屬於自然法上之權利，亦即法之理念。凡實體法之規定有欠缺時，補救它的東西便為法之理念，亦即我們所謂之法理。天賦人權說乃具有此種法理上意義。基本人權乃因時代

之由18世紀進入19世紀，而由自然法世界向著實定法界邁進一步。

𝟝 我國憲法上之基本人權

孫中山先生說：「憲法者，政府之構成法，人民權利之保障書也。」故保障人權實為憲法之主要目的，所以近代各國憲法除了規定政府的組織及權限之外，大都規定有人民權利之保障。而我國《憲法》第二章第7條至第24條，亦詳細規定人民之權利義務。

各國憲法對於人民權利保障規定之方式，有採單純之列舉式者，如德國《威瑪憲法》（Weimarer Verfassung），採列舉方式，未列舉者則無補充規定。亦有採列舉與概括之混合方式者，例如美國《憲法》第九修正案規定：「不得因本憲法列舉某種權利，而認為人民所保留之其他權利，得被取消或忽視。」採用混合方式既可避免列舉之遺漏，亦可適應時代之需要。故我國憲法除列舉人民應享之權利外，復於第22條概括規定：「凡人民之其他自由及權利，不妨害社會秩序公共利益者，均受憲法之保障。」係採列舉與概括之混合方式。

19世紀的各國憲法，多數僅列舉人民的權利，因為當時想法，只要國民的權利不受政府的侵犯，就可以實現理想的國家。實則，沒有義務之權利，乃是不負責任的行為，第一次世界大戰後，德國《威瑪憲法》首先糾正其弊，各國的新憲法亦仿效其例。我國憲法在規定人民之權利之外，亦有關於義務之規定（即第19條之納稅義務、第20條之服兵役義務，及第21條受國民教育之義務等）。

憲法規定人民的權利可分為三種：即自由權、受益權及參政權。惟以自由權為最根本的基本人權，而且均以人民的平等權為前提要件，因此以下專就我國憲法上平等權及自由權說明如後：

一、平等權

所謂不平等有二種：一為自然的不平等，即天賦才能之差異；二為人為的不平等，即法律上之差別待遇。憲法上的所謂平等，就是不承認人為的不平等，而使人人在法律上一律平等。法國《憲法》第6條及德國《威

瑪憲法》第109條,亦均有此平等權之規定。

　　我國《憲法》第7條規定:「中華民國人民,無分男女、宗教、種族、階級、黨派,在法律上一律平等。」第5條又規定:「中華民國各民族一律平等。」惟現代各國憲法,均一方面宣示平等主義,另一方面又對於勞工、婦女、兒童等經濟上或生理上之弱者,設立各種特別的保護,以助其社會地位之向上,經濟生活之安和。我國《憲法》第十三章第四節社會安全,對勞工、婦女、兒童均有特別保護之規定。例如《憲法》第153條、第156條對婦女勞工的特別保護;又《憲法》第134條規定:「各種選舉,應規定婦女當選名額」等是。又,關於階級之平等而言,我國自推翻滿清以後,貴族制度亦隨之廢除,所以《憲法》第7條所謂「階級」乃指不同職業及身分而言。我國憲法不僅規定人民無分階級在法律上一律平等之外,更進一步促進這二階級在經濟上的平等,此可由《憲法》第142條關於國民經濟的規定,及第153條關於勞工及農民保護的規定中看出。

　　由上可知,我國憲法在原則上採取平等主義,但對於婦女、少數民族、勞工及農民階級,則採取特別保護的措施。

二、自由權

　　因為自由係個人發展其人格所必需,社會全體的進化,端賴於個人人格的發展,國家為促進社會全體之進化,自不能不給予一切人民以各種自由。因此,所謂個人自由,並非是天賦的權利,而是國家所創設而賦予人民在法律上的權利;易言之,即在憲法保障下的基本人權。我國憲法關於人民之自由權,就性質而言有人身自由、居住及遷徙自由、意見自由、秘密通訊自由、宗教自由、集會結社自由等。

　　(一)人身自由,亦稱人身不可侵犯,我國《憲法》第8條第1項規定:「人民身體之自由,應予保障。除現行犯之逮捕,由法律另定外,非經司法或警察機關依法定程式,不得逮捕拘禁。非由法院依法定程式,不得審問處罰。非依法定程式之逮捕、拘禁、審問、處罰、得拒絕之。」所謂現行犯,依《刑事訴訟法》第88條之規定,乃指犯罪在實施中或實施後即時發覺者。現行犯不問何人得逕行逮捕之。若有下列情形之一者,以現

行犯論：1.被追呼為犯罪人者；2.因持有兇器、贓物或其他物件，或於身體、衣服等處露有犯罪痕跡，顯可疑為犯罪人者。《刑法》第1條規定：「行為之處罰，以行為時之法律有明文規定者為限。」（此即罪刑法定主義）。《憲法》第9條規定：「人民除現役軍人外，不受軍事審判。」我國《憲法》第8條第2項、第3項、第4項規定，人民因犯罪嫌疑被逮捕拘禁時，其逮捕拘禁機關，應將逮捕拘禁原因，以書面告知本人及其本人指定之親友，並至遲於24小時內，移送該管法院審問。本人或他人亦得聲請該管法院於24小時內，向逮捕之機關提審。法院不得拒絕，並應於24小時內向逮捕拘禁之機關追究提審。

（二）居住遷徙自由，我國《憲法》第10條規定：「人民有居住之自由。」其涵義有三：一為居住處所不得無故侵入，二為居住處所不得無故搜索，三為居住處所不得無故封錮。居住自由的觀念，早為英國普通法所承認。所謂「住宅為各人的城廓」，我國漢律有「無故入人家宅，格殺勿論。」再者，我國《憲法》第10條規定：「人民有遷徙之自由。」意謂人民得自由旅行，自由選擇其居住處所。惟，人民的遷徙自由，受有二種限制：一為國內遷徙之限制，即軍事設防區，宣布戒嚴區域，及時疫流行區域，人民不得自由遷徙；保釋假釋之人犯及破產人其遷徙自由亦受限制，二為國外遷徙之限制，依《護照條例》規定，人民必須領得護照才可出國。

（三）意見自由，我國《憲法》第11條規定：「人民有言論、講學、著作及出版之自由。」即不問其表達方式如何，人民均得自由發表其意見。惟意見自由亦非絕對不受限制，如言論著作足以破壞善良風俗、煽動犯罪、妨害治安或損害他人名譽等，國家亦得限制之。

（四）信教自由，我國《憲法》第13條規定：「人民有信仰宗教之自由。」其涵義有二：一為宗教自由，二為政教分離。前者又分為：1.信仰自由；2.禮拜自由；3.傳教自由等。但宗教儀式或傳教言行不能違反善良風俗或擾亂公共秩序，否則應受法律的限制。後者又分為：1.國家不得設立國教；2.國家不得由國庫資助任何一種宗教或全部宗教；3.國家不得因人民信仰或不信仰宗教而予以優待或歧視。

（五）集會結社自由，我國《憲法》第14條規定：「人民有集會及結社之自由。」惟早期對於集會結社，仍有諸多限制[2]，現代則大幅放寬，依我國現行法規，集會自由也受到如下之限制：1.不得公然聚眾，意圖為強暴脅迫之行為（刑法第149條）；2.不得參加非法之集會遊行（集會遊行法第28條至第32條）。此外，結社亦受到下列限制：1.須向主管機關申請許可登記（人民團體法第8條）；2.不得以犯罪為宗旨（刑法第154條）。

捌 自由權之限制

自由權應受保障，惟這些基本人權固然不容被侵害，然人類不能離群而孤立，必須與他人共同生存，而為社會之一員，故本質上自由權仍然會受到群體立場之限制，此乃無可否認之事實。在天賦人權說最風行的時代裡成立之法國《人權宣言》，即使以自由為最高指標，仍曰：「自由為在不侵害他人之限度內，任何事皆可為之。」此亦即對自由加以一定的界線。這種限制在日本稱為「公共福祉」上之限制，日本《憲法》第12條規定：「本憲法所保障國民的自由權利，國民常負有為公共福祉而利用之責任。」以此為母法而適用到民法的領域，日本《民法》第1條規定：「私法應遵重公共福祉。」如斯以「公共福祉」作為對基本人權之唯一限制者，在法理上言之乃理所當然。然「公共福祉」並無明確的界線，故應提防假借「公共福祉」之名，來限制基本人權之情形。

我國現行憲法所列舉之自由權，均無「依法律」之字句，故在原則上亦採取直接保障主義。然《憲法》第23條規定：「以上各條列舉之自由權利，除為防止妨礙他人自由、避免緊急危難、維持社會秩序，或增進公共利益所必要者外，不得以法律限制之。」即在，一、防止妨礙他人自由；二、避免緊急危難；三、維持社會秩序；以及四、增進公共利益等四種情形下，始得依法限制之。我國《憲法》第23條的立法用意，一方面固然在

---

2 早期《懲治叛亂條例》、《戒嚴法》、《違警罰法》，均有限制人民集會之相關規定，惟該法律均已廢止。

限制立法機關制定限制人民自由權利之法律；而另一方面，亦在表明人民的自由權利，雖受憲法的保障，但亦非漫無限制。申言之，即一方面，立法機關如欲制定限制人民自由權利的法律，自須以上述四種情形為限。若有超越此範圍，即為對人民自由權利的侵害，則為違憲，法律亦屬無效。但另一方面，上述的人民各種自由權利，仍得因維持社會秩序，或增進公共利益之必要，而加以限制。

玖　自由權之保障

人民的自由權利若受一般公務員的侵害，應如何救濟，我國《憲法》第24條規定：「凡公務員違法侵害人民之自由或權利者，除依法律受懲戒外，應負刑事及民事責任。被害人就其所受損害，並得依法律向國家請求賠償。」關於公務員違法侵害人民的自由權利，究應由誰來負損害賠償責任？有英美制與大陸制之不同。在英、美兩國，公務員行使職權，侵害人民的權利，受害人只能控告該公務員，要求賠償損害；即視公務員的違法為個人的違法。反之，在歐洲大陸國家，公務員行使職權，侵害人民的權利，受害人得向國家要求賠償。國家的賠償能力因較私人為大，所以人民的權利往往更有保障。例如西德《憲法》第34條規定：「公務員當執行其公務時，苟違反其對第三者應負之職務上義務，原則上由該公務員所服務之國家或公共團體負責。但有故意或重大過失時，國家或公共團體對該公務員得保留求償權。」日本《憲法》第17條規定：「任何人因公務員之違法行為受損害時，得依法律規定，向國家或公共團體請求賠償。」此即所謂國家賠償制度。

依上開我國《憲法》第24條的規定，原則上亦採國家賠償制度，以對人民有更確切的保障。茲依該條規定分析如次：一、必須公務員因執行職務違法侵害人民之自由或權利；二、公務員除依法受懲戒外，應負刑事及民事責任；所謂懲戒，是指公務員依公務員服務法之規定，受撤職、休職、降級、減俸、申誡等處分[3]是；三、所謂刑事責任，即公務員執行

3　依公務員懲戒法第9條第1項規定：「公務員之懲戒處分如下：一、免除職務。二、撤職。三、

職務時，觸犯刑法或其他特別法，如犯瀆職罪是；至於四、民事責任，即《民法》第186條第1項規定：「公務員因故意違背對於第三人應執行之職務，致第三人之權利受損害者，負賠償責任。其因過失者，以被害人不能依他項方法受賠償時爲限，負其責任……。」

上開《憲法》第24條後段規定：「……被害人就其所受損害，並得依法律向國家請求賠償。」在此所謂「依法律」，乃指依《國家賠償法》及《刑事補償法》等法律而言。

拾 生存權

基本人權本係包括保護生命的權利、享受自由的權利，及追求幸福的權利。然18世紀以來的人權意識，主要係集中於自由權。又在某種意義上，生命權及幸福追求權，亦均以自由權之問題來解釋。因此，多數國家的憲法在規範上有以下情形：一、把思想良心自由、集會結社自由、言論出版自由、學問自由，以及信教自由等，綜稱爲精神上的自由；二、將住居不可侵入、拷問酷刑之禁止等，稱爲身體的自由；三、將職業自由，及財產不可侵害等歸納爲經濟的自由，予以列舉規定並加以保障。

由上開憲法之規範，可見近代憲法對自由權之保障極爲重視。惟在19世紀至20世紀資本主義高潮期裡，人類究竟是否得藉憲法自由權之保障，而可眞正地享有自由？又生疑慮。因爲資本主義之高度化，致使貧富差距懸殊，對一部分的人而言，日常生活需求都感到匱乏，連生存都受到威脅，又如何奢談自由乎？故對這些人而言，首要解決者爲生存問題，而非自由問題。亦即必先解決生存問題，方能產生自由欲望。古代羅馬人所倡「給予自由，否則給予死」，即所謂「不自由，毋寧死」。在20世紀的人則進化爲「給予自由前先給予麵包」，因爲人們已知道自由還是不能充飢的。

本來自由權之保障，乃就對自由不加以干涉之消極面而言，即國家對個人的自由須尊重，此乃屬對個人自由不得加以干涉之不作爲性質。但單

剝奪、減少退休（職、伍）金。四、休職。五、降級。六、減俸。七、罰款。八、記過。九、申誡。」

憑不作爲，還是無法治癒人類之飢餓，故在19世紀末葉以後，一般將生存權與自由權並列作爲人類基本人權之一。

　　生存權乃是人民對於國家，有要求生活上所需，以維持其生存之權利。生存權可以說是一切權利的基礎，蓋人民若不能生存，則其他一切權利皆將成爲空談。20世紀西方民主國家倡導「免於匱乏之自由」[4]，亦足見各國對於生存權之重視。按生存權原來的涵義，乃指人民有生存之權利，此即17、18世紀自然法學者所謂的生命權。現代所謂生存權，乃是受益權意義下的生存權，係指人民得要求國家保障、維持，並促進人民的生存。首開其端者爲1919年德國之《威瑪憲法》，該憲法特設經濟生活一章，以保障並促進人民的生存權。其第151條規定：「經濟生活者，非依照保障任何人皆能像人生存般之正義諸原則來規律不可。」這種思想在《人權宣言》上從未出現。以往皆以自由權爲基本人權之主要部分，然該憲法將自由權視同生存權，即除對自由之保障外，尚顧及生存之保障。自由之保障以生存之保障爲其前提要件，基本人權除自由權之外，還多加了生存權，國民對國家具有要求保障其生存之權利。故國家除須保障國民之自由外，還負有保障其生存之義務。何謂生存？《威瑪憲法》稱之爲：「像人之生存」或「相當於人之生存」（menschenwürdiges Dasein）。其後，如捷克、波蘭，以及第二次世界大戰時法國第四共和憲法、日本憲法、德國憲法等，對此皆有明確的規定。國父提倡民生史觀，重視民生主義，以爲民生是歷史的重心，而國家的責任，不僅在於保民，尤應教民養民。子曰：「衣食足而知榮辱」。

　　生存權之保障與自由權之保障不同，前者爲作爲的、積極性的；反之，後者則爲不作爲的、消極性的。爲保障生存權，國家對國民非給予「相當於人之生存」之某程度之保障不可。其方法非但要授予麵包，同時也要授予如何能獲得麵包之方法。因此就生存權而產生勞動權，對有勞動

4　美國總統羅斯福於1941年1月在其國情咨文演講中，提出：世界各地的人們應該享有的四項基本自由：言論自由（freedom of speech）、宗教自由（freedom of worship）、免於匱乏的自由（freedom from want）、免於恐懼的自由（freedom from fear）。

能力者授予勞動的機會，在勞動權之保障下，並進而承認勞動者之團結權、團體交涉權及爭議權等。蓋無此則無法充分保障勞動者之生存。受教育之權利亦爲根本性生存權之保障。蓋未受到教育則對獲得生存資料之困難可能性較大，國家對國民生存權有保障之責。《威瑪憲法》稱爲「像人之生活」的保障，日本《憲法》則稱之爲「健康文化最低限度生活」之保障（第25條第1項）。「生存權」之保障者，應指包含生存、勞動、教育等之廣義生活保障而言，亦可稱之爲「社會權」的保障。

第六章　法與統治

壹　權力分立

　　近代國家要依法統治時，不把統治權力集中於一人或一機關，而是把它分屬於數個機關，而各機關相互間立於抑制均衡關係，以收牽制之效，俾資防止專制獨裁之弊。這種原理即為權力分立（check and balance）。

　　權力分立之根本型態，是把國家的政權分為立法、行政、司法三者。我們可稱之為三權分立。

　　美國之政治型態為最完全的三權分立制。由總統（行政）、國會（立法）、法院（司法）鼎立為三，原則上互相絕緣，這種統制形式，我們可稱之為總統制（Presidential System）。

　　反之，英國則行使議會內閣制（Parliamentary Cabinet System）。首相由國會的多數黨來選出，而對國會負責，但此種制度乃把立法與行政密接成一體，故兩者間抑制均衡之效並不顯著。

　　現代世界諸國之統治型態，乃採取兩者之一，或介於中間之折衷型態。

　　權力分立之思想，乃始於17世紀末葉的洛克（John Locke, 1632-1704）[1]之《政府論》（Two Treatises of Government, 1690）。洛克把統治權分為：一、立法權（Legislative power）；二、執行權（Executive power）；以及三、同盟權（Federative power）等三權。同盟權者，乃是對應於執行權之內政上行政權而言，類似於外交上之行政權。因此，洛克雖主張內政、外交之區別原理，但並未言及須把它分屬於各別的機關行使，反而贊成將該兩種權利同屬於一個機關來行使。

------

[1] 洛克，英國的哲學家、政治家，構成國民主權的理論。主張君主的地位乃源自國民的信託。他主張，人類的自然狀態本為自由平等，國家應如「夜警國家」，不得超越其必要之限度來侵害個人的自由與財產。立法與行政希望能夠分離，君主立憲政體才是正確的，統治者若有違反信託，人民有反抗權與革命權。他的學說成為光榮革命（1688）之理論基礎，同時亦影響美國之獨立。主著《政府論》（1690）。

洛克以後約半世紀，法國的孟德斯鳩（Montesquieu, 1689-1755）[2]，在其名著《論法的精神》（De l'esprit des lois, 1748）中，力倡「權力抑制權力」之必要。孟德斯鳩主張將國家權力分為三：一、立法權（Puissance législative）屬於國會；二、行政權（Puissance exécutrice de L'Etat）屬於政府；三、司法權（Puissance de juger）屬於法院，各不干涉而互相牽制，以完成其全體的統治。

孟氏之「三權分立論」乃記載於龐大的《論法的精神》大著中之一章（即第十一篇第六章），雖在此大著中僅占「九牛一毛」之篇幅，但至今猶活躍於人間，至少對今日諸自由國家之憲法影響深遠，若孟氏死而有知，必會覺得非常意外。

貳 美國之三權分立

孟德斯鳩的三權分立論，因北美十三州（Thirteen Colonies）的獨立[3]，而在各州的憲法中開花結果。最初以成文憲法表現三權分立論者，為1776年之美國維吉尼亞州憲法，其後各州的憲法亦仿效之。美國1787年之聯邦憲法所表現者，亦係以1776年維吉尼亞州憲法為範本；1787年之美國聯邦憲法可謂為孟德斯鳩三權分立論之結晶。

美國聯邦憲法之最重要特色，乃將立法部門與行政部門完全分離獨立。總統制創始於美國，故歷來言總統制者，皆以美國為例。

總統為國家元首，又是實際的行政首長，總掌國家行政大權，總統及

2　孟德斯鳩，法國的法官，貴族出身，當過法院院長。惟他還是因《論法的精神》（1748）一書而聞名於世。依他長久的經驗，他認為持有權力者大都會濫用其權力。為防止其流弊，必須將國家事務分配，以便抑制權力，而提倡三權分立論。其多少亦受到洛克之影響。同時他的《論法的精神》，乃將政治組織，國民性與地理環境相牽連，以經驗科學態度來觀察，斯乃所有特定法制的內容、沿革及發展之原動力。其主著為《波斯人的信件》（1721）、《羅馬人盛衰原因論》（1735）等。

3　北美十三州，是指大英帝國於1607年（維吉尼亞）至1733年（喬治亞）在北美洲大西洋沿岸建立的一系列殖民地。這些殖民地最終成為了美國獨立時的組成部分，即後來的美利堅合眾國。參閱維基百科，網址：https://zh.wikipedia.org/wiki/%E5%8D%81%E4%B8%89%E6%AE%96%E6%B0%91%E5%9C%B0，最後瀏覽日期：2021年9月5日。

國會議員都由選民選舉，各自對選民負責。總統之下的內閣——各部門的行政首長，由總統任免，對總統負責。總統發布法令，不須閣員副署。

　　至於總統制下行政與立法之間的關係，則為相互分離且相互制衡；內閣閣員不得兼任國會議員，國會議員亦不得兼任閣員，行政與立法是截然分離的體系。國會議員與總統各有一定任期，國會對行政政策，並無不信任投票權，反之，總統亦無權解散國會。國會制定的法律，由總統公布施行。如總統在公布前認為有窒礙難行之處，則可退還國會，請求覆議。覆議時如經出席議員三分之二贊成維持原案，則總統應公布實行。此項覆議權，又稱之為總統之否決權（Veto Power）。

　　司法權屬於法院（Court），由於美國法院有擁護憲法之任務，對所有的法律有違憲審查權，因其地位之崇高，故往往被世人稱為「司法權之優越性」。

參　英國以及其他國家之權力分立

一、英國

　　內閣制起源於英國，所謂內閣制者，當以英國為例。英國為君主國家，國家元首為世襲的國王。國王只是一個徒擁虛位的元首，國王之下的內閣（Cabinet），方為實際上的行政機關，主管實際政治，而負行政責任。內閣由內閣總理及閣員所組成，內閣總理由國王就國會中多數黨的領袖任命之，其他閣員則由內閣總理提請國王任命。國家行政政策，由內閣決定，而以國王名義行之。因此所發布的法令，須由內閣總理及閣員副署（Countersign）始能發生效力。副署制度為內閣制度中最重要的特徵。

　　就行政權與立法權的關係而言，內閣制下，內閣向國會負責，行政與立法之間，表現出結合與對抗的關係。就兩者之結合而言，內閣總理及閣員，均須由國會議員兼任，他們得出席議會參加討論表決，並有充分的提案權。故內閣制下的內閣，實為行政與立法的連鎖機關。就兩者之對抗言之，國會為貫徹對內閣所課的責任，對於內閣的行政政策，得作不信任投票；反之，內閣為使其政策得訴之於人民裁決，而得呈請國王解散國會。

是內閣制下的行政與立法,又有相制相剋的作用。

二、法國

　　法國早期亦實施長久的議會內閣制,法國第四共和憲法第29條規定「共和國總統由國會選出」。在議會內閣制之下,國會對總統得為不信任決議,總統受不信任決議後,則須自動辭去總統職位或立即解散國會辦理國會的總選舉。然在法國,國會的勢力壓倒總統,解散國會一事在憲法中無明文規定,故總統之解散國會,僅於1877年施行過一次。除此之外,慣例上總統是不解散國會的。在此情形下,國會往往會施加壓力使政府倒閣,以致法國的政情不安倒閣頻仍。

　　自戴高樂總統於1958年9月制定第五共和憲法後。有鑑於第三共和、第四共和議會制時期國會經常行使倒閣權,造成政局不穩,於是新憲法強化了總統的行政權;總統擁有行政權,並有任免總理和批准由總理提名的法國政府內閣成員的權力,但國會可以通過不信任案或者拒絕政府的施政綱領而迫使政府向總統提出集體辭職。至今,法國已是採行半總統制運作最成功的國家。

三、義大利

　　義大利共和國的憲法於1947年制定,規定總統應由國會參議院和眾議院兩院聯席會議中選出,故屬於議會內閣制;總統在名義上所被賦予的權力多是象徵性的,且因總統簽署的所有法令都需總理及部長副署。在義大利,立法權屬於國會、司法權屬於法院、行政權則由部長會議主席(通稱總理)掌有實際的行政權。

四、德國

　　1949年德意志聯邦共和國基本法 —— 一般稱之為波昂憲法或波昂基本法,亦以西歐民主主義之三權分立為基礎。雖然政府有解散國會,國會有不信任議決要求政府退陣之權利,但未曾有過嚴峻的對立。

　　1990年10月3日東西兩德統一之後,因係採取西德合併東德統一之方

式，上開1949年的德意志聯邦共和國基本法，亦得以實施於舊東德地區。

　　目前德國總統僅爲禮儀性的國家元首，眞正的行政實權由總理掌握。德國聯邦立法部門聯邦議院，是由各邦代表所組成，至於司法制度則獨立於行政和立法之外。

五、日本

　　現行日本憲法亦實施極明確的三權分立及議會內閣制，甚至於有議會優位之勢。

　　《憲法》規定「國會爲國家的唯一立法機關」，亦爲「國權的最高機關」（第41條）。因此，國會有預算審查權（第86條）、決算檢查權（第90條），租稅之新設或變更必須經由國會以法律制定（第84條），內閣對國會應負連帶責任（第66條第3項）。國會兩院對於百般國政有調查之權能（第62條）。由此足見，日本以國會爲最高機關。對於孟德斯鳩原先設計之三權分立，有跛行變樣之勢。

　　「行政權，屬於內閣」（第65條）。然，內閣總理大臣（首相）須從國會議員中，由國會決議提名（第67條第1項），經天皇任命之（第6條）。國務大臣（閣員）則由內閣總理大臣任命或罷免之（第68條）。惟，所任命國務大臣，半數以上須具國會議員資格（同條）。內閣行使行政權，應對國會負責（第66條），且常須有眾議院之信任。若眾議院對內閣有不信任之決議或對不信任案予以否決時，內閣須於10日內解散眾議院或內閣自己總辭（第69條）。故憲法雖然規定「行政權，屬於內閣」，但內閣係以國會爲基盤，地基動搖則其上部構造亦將隨之崩潰。

　　司法權屬於法院（第76條），法官除因身心障礙經法院決定爲不適於執行職務者外，非經正式彈劾不得罷免。法官的懲戒處分不得由行政機關行使之（第78條）。亦即經過國會訴追委員會之訴追，國會議員構成之彈劾案有罷免法官之權利。但法院對國會制定的法律有違憲審查權（第81條），被法院認定爲違憲之法律，一律無效（第98條）。如斯，限制立法權者並非法院。而是憲法本身。但，法律有無超越憲法之範圍，對此判斷

法學入門

之權限乃在於法院[4]。日本最高法院對於有關訴訟程序，律師、法院內部的紀律，以及司法事務之處理事項，有訂立規則之權限（第77條）。內閣有任命最高法院院長以外的法官的權限（第79條第1項）。最高法院院長亦須由內閣提請天皇任命之（第6條第2項），故實際上還須依存於內閣之意思。最高法院以外之下級審的法官，雖然亦須由內閣任命之，但限由「最高法院提名名冊中選出任命之」（第80條）。

　　內閣具有特赦權（恩赦權），此乃行政權對司法權之一大干涉（第73條第7項）。但法院對於行政廳所做的行政處分有違憲審查權（第81條）。

肆　我國之權力分立制

　　我國採五權憲法，設置行政、立法、司法、考試、監察等五院。「行政院為國家最高的行政機關」（憲法第53條）。所謂「最高」，不但指在全國行政體系中，行政院為最高統帥機關，一切行政機關均須聽從行政院的指揮，且亦謂行政院之上沒有更高的行政機關。但我國憲法又設有總統；總統由自由地區全體人民直接選舉之（憲增修第2條），對外代表國家；對行政院院長、司法院院長／副院長、大法官、考試院院長／副院長、考試委員、審計長有提名權（第55條、第79條、第84條、第104條）；有召集各院院長會商解決院與院間爭執之權（第44條）。

一、憲法之規定

　　依我國憲法之規定，我國總統有獨特之地位，其權力較總統制之總統為小，但比內閣制之總統權力為大。是為總統制與內閣制之折衷。試分析如下：

（一）似於內閣制者

　　《憲法》第53條規定：「行政院為國家最高行政機關。」《憲法》第

4　但實務上，日本最高裁判所（即最高法院）僅「單純宣告違憲、不撤銷法律效力」，而須交由國會廢止或修法；萬一國會未能配合廢止或修法，最高法院亦無可奈何。

052

58條第2項規定，行政院會議有議決應行提出立法院之法律案、預算案、戒嚴案、大赦案、宣戰案、媾和案、條約案及其他重要事項之權，又依該條第1項規定，行政院會議由行政院院長主持。所以行政權屬於行政院。且《憲法》第37條規定：「總統依法公布法律、發布命令，須經行政院長之副署，或行政院院長及有關部會首長之副署。」此與英國內閣之為實際行政機關，以及內閣之副署權相當，就此而言，我國亦有內閣制的型態。再就行政與立法的關係而論，我國《憲法》第55條規定：「行政院院長由總統提名，經立法院同意任命之。」第57條又規定，行政院對立法院負責。前者正如英王任命內閣總理必得國會之同意或信任；後者亦如英國內閣之對國會負責。就此行政權與立法權之關係言之，我國政治制度原則上亦採用內閣制的精神。

（二）似於總統制者

覆議制度是因美國制憲之初，不願國會專橫無法節制，故賦予總統有限制的否決權，此為總統制所特有，而為內閣制所無。我國《憲法》第57條第3款規定，行政院對立法院之決議，如認為有窒礙難行時，得經總統的核可，移請立法院覆議。此規定類似美國總統之覆議權。

又我國《憲法》第75條規定，立法委員不得兼任官吏。此與英國內閣閣員兼任國會議員不同，而類似總統制下行政與立法相互分離之制。另外，立法院不能行使不信任表決，行政院也不能呈請總統解散立法院，此亦類似總統制。

二、憲法增修條文之規定

我國自1997年7月修訂憲法增修條文後，其第3條規定「行政院院長由總統任命之」，亦即總統得以直接任命行政院院長，不需經立法院之同意。同時，賦予立法院倒閣權與總統被動解散立法院之權。又同條文第2項第2款規定：「……覆議時，如經全體立法委員二分之一以上決議維持原案，行政院院長應即接受該決議。」

又，憲法增修條文規定立法院得經全體立法委員三分之一以上連署，對行政院院長提出不信任案；而總統於立法院通過對行政院院長之不信任

案後10日內，經諮詢立法院院長後，得宣告解散立法院。

　　依增修條文之規定，總統任命閣揆時，雖然會徵詢國會議長的意見，但不必經過國會同意。行政院院長的角色因修憲而出現重大的改變：第一，總統任命行政院院長時不必經過立法院同意，總統可以任命行政院院長，也可以免其職；第二，行政院院長並沒有副署權。顯然地，行政院院長的角色已經變成總統的幕僚長，完全聽命於總統，不是獨立行使職權的行政首長。從而目前台灣的行政院院長已經不是國家的最高行政首長，總統才是[5]。

5　參閱陳茂雄，台灣政府並非雙首長制，網址：https://www.nsysu.edu.tw/p/404-1000-55724.php?Lang=zh-tw，最後瀏覽日期：2022年4月6日。

第七章　法與裁判

壹　立法與裁判

在社會關係中，有與法之規律無關者（例如，對長者要有禮貌、遇到熟人要互相打招呼……等）；又有不能以法律強制者，即偶會將不能強制之生活關係也作爲法的規律對象，例如按《強制執行法》第128條之規定，夫妻同居之關係並不能強迫履行，然《民法》第1001條仍有「夫妻互負同居義務」之規定。但多數的情形，乃是有以法強制規律之可能性及必要性。對社會關係之規律，以一般抽象的方法訂立者便爲「立法」也。例如，親子（父母親與子女）有種種的親子，夫妻亦有形形色色的夫妻，契約亦有千差萬別，所有權亦有無數的態樣。將其共同之點抽象化，藉以全盤規定親子關係應如何、夫妻關係又應如何、契約締結會發生何等法律上效果、所有權人擁有何種權利等，便爲立法也。

依據抽象的法規，人們對於自己所具有的法律關係，明白地取得特定的權利，或負擔特定的義務。將抽象的規範與具體的權利義務相結合，易言之，從抽象的規範抽出具體權利義務之操作程序，便爲法的解釋也。若法不經由解釋，則任何的法規（抽象規範）都不能與具體的權利義務相結合。

對此結合關係之解釋，有相歧異，起糾紛時，非由特定之人來對此作有權威的解釋，且以國家的實力來擔保其解釋的結論，則法之社會規律無法實現，此便爲裁判。易言之，即將法適用於所爭執之特定事實裡，以解釋確定具體的權利義務，其判斷受到國家實力之保障時，該判斷之全體過程便可稱爲裁判。

行使裁判之機關爲法院，具有裁判權限者爲法官（審判官）。司法制度者，一般指以裁判爲中心之制度全部而言，因此亦包括律師、檢察官等之制度。故稱司法官者，除法官以外，還包含檢察官。

貳 法之解釋與適用

法被適用方能發揮其機能。適用者乃將抽象的法規實現於具體的事實當中。法規本來就是想像著數種事實，而從其抽出共通的規範而組成。將該抽象性的法（即所謂客觀的法，objektives Recht; droit objectif），還原到具體的法（具體的事實）（即主觀的法，subjektives Recht; droit subjectif），以客觀抽象性的法規來判斷某A與某B應立於何種權利與義務關係者，便為法之適用也。

民主主義國家乃法治國家。法治（Rule of Law）者，非僅一切的行政須依法來行使，凡社會生活上所有的爭執，亦皆須依法來解決。所謂爭執之依法解決者，乃在發生爭執以前，人的生命、身體、自由、名譽、財產等法益均受到法律保障之意也，因為應受到法的保障，故該法益如受到侵害而發生爭執時，該爭執就須依法裁判。職司依法裁判之國家機關便為法院；職司依法裁判之公務員即法官（審判官）；依法裁判之過程便為審判。

民主主義國家之個人生活的安全、幸福與和平，最後還是與審判有關。法治國家裡，除正當防衛或緊急避難（民第149條、第150條；刑第13條、第24條）等極特殊的情形外，私人與私人間，不許有自力救濟，而應實施公力救濟，因此與裁判發生關係。例如，出賣人不將買賣標的物交付、承租人欠租又不遷讓房屋、妻遭夫之惡意遺棄，或有人受到他人的脅迫、詐欺、傷害等；當事人間可能會先交涉談判，交涉不成最後只能訴諸裁判來解決。

參 司法權之獨立

在以法治為最高原則之民主社會裡，對於各個人的生活，裁判是非常重要的。裁判乃保護個人生活安寧之最後的磐石。裁判若受到暴力或權力之干涉而動搖，致無法伸張正義，則個人的日常生活必會失去光明，社會的和平與人類的幸福亦無法維持。

依據孟德斯鳩的三權分立論，立法是制定法規的作用，司法則為根據

法規而適用於具體個案的作用。司法與行政固同為執行法律之作用，然依現代一般國家所承認的不告不理的原則下，法官之行使司法權，只是被動地執行法律，行政機關之行使行政權則為自動地執行法律。

裁判要公正，司法權必須獨立。對於涉及政治性之案件，司法尤其要立於無「色」中立之地位，才能夠真正的發揮其機能。同時才能夠藉此防止政治性的司法或官場司法（Cabinets justice）。司法獨立即法官獨立，亦為審判的獨立。即法官在審判案件時，不受任何干涉或壓迫，僅依據客觀的法律，獨立審判之謂。要使司法獨立，必須具備下列幾個要件：

一、政治民主化

在民主基礎未健全的社會裡，司法權易受統治者之干涉，無法獨立。

二、法官的任用應以公開選拔方式行之

我國法官雖由政府任命，但必須具備法院組織法中規定的法官資格要件，其中以「經司法官考試及格者」為主。即以公開競爭考試辦法，全憑法學知識以獲選，摒絕政治干預與人情包圍的因素。

三、法官地位應有充分的保障

為保持法官獨立審判的精神，絕大多數國家憲法都規定法官為終身職。我國《憲法》第81條規定：「法官為終身職，非受刑事或懲戒處分，或禁治產之宣告，不得免職。非依法律，不得停職、轉任或減俸。」

四、法官職權的保障

我國《憲法》第80條規定：「法官須超出黨派以外，依據法律獨立審判，不受任何干涉。」在此所謂法官，自指稱以審判為任務之審判官而言，包括各級法院、行政法院以及懲戒法院之法官，但不包括須受上級指揮以行使偵查起訴等職權之檢察官在內。

至於「法官須超出黨派以外」之意義，則有兩種不同之解釋，一謂法官不能加入任何政黨，已加入者，亦應退出；一謂法官仍可就其信仰，加

入政黨，但不能參加黨團活動。學者之間，似以採第二說者爲較多[1]。

肆 裁判之公開

　　裁判常採取「對審制」，例如民事訴訟上有原告與被告，刑事訴訟上有檢察官與被告，或自訴人與被告。對審或判決，均須在公開的法庭上行使，乃民主國家之裁判的常規。因此，我國《法院組織法》第86條規定：「訴訟之辯論及裁判之宣示，應公開法庭行之。但有妨害國家安全、公共秩序或善良風俗之虞時，法院得決定不予公開。」

　　裁判公開的原則，乃鑑於昔日專制政治時代的祕密裁判或黑暗裁判，迫使人民不安之悲痛教訓而產生。從另一方面言，於主權在民的民主國家，裁判在主權者（即國民）的面前行使，亦爲理所當然。

伍 當事人進行主義

　　訴訟者，因有爭執才會發生。以民事訴訟爲例，A主張B應返還借款，B答辯並無向A借錢的事實，或所借的錢已經還了，以此而生爭執。又例如，A以其配偶B之不貞行爲爲理由主張離婚，B則以其並無不貞之事實而反對離婚，而生爭執。

　　就爭執爲裁判之機關爲法院，「當事人進行主義」是指法院僅基於兩造當事人所提出的主張和證據而爲裁判。亦即法院僅居於聽訟與指揮訴訟之地位。且法院採取「不告不理」之原則，不能因知有爭執，而自動地去參與裁判的工作。訴訟完全要依賴當事人向法院請求，並提出對己方有利的事實與證據。如上開案例，A應該在法官面前舉證主張，B則提出反證作有利自己的主張；此時法官應處於超然第三者之立場，作公平的裁斷。這種將訴訟委諸當事人之制度，便爲當事人進行主義。易言之，若無原告

---

[1] 民主國家對於法的解釋，雖然想盡辦法要求其客觀化，但是有意無意的難免會有自己的立場。本來法的解釋，須導自於法的本質。然法官之解釋與學者之立於學理之解釋，以及訴訟當事人之片面性解釋不同者，法官應不偏不倚、超出黨派，以其自己的確信及「良心」來解釋。憲法所要求之「公平」裁判的理念，亦應以之爲當然的前提。

之起訴，則裁判無從開始，所以又可稱為當事人訴追主義。

　　我國民事訴訟程序乃採取嚴格的當事人進行主義，即在訴追上採當事人訴追主義；在證據的調查上亦採當事人訴訟主義（又稱為當事人辯論主義）。例如：B積欠A的租金5萬元，A在法院僅主張B欠A租金3萬元，法官調查紀錄結果發現應該是欠5萬元非3萬元，但這時法院不能逾越當事人的主張而自動地作應給付租金5萬元之判決；再者，即使調查結果發現租金僅欠5萬元，若A主張7萬元，B對此不爭執時，民事法官也應作7萬元的判決，斯乃民事訴訟法上當事人訴訟主義的表現。

　　因此，法官應當為公平的旁觀者，比如球賽之裁判（Umpire），要做到不偏不倚、公正公平；此即所謂法官之「Umpire」主義。法官必須立於中位，行正道，而具備「富貴不能淫、貧賤不能移、威武不能屈」之素養。

陸　改良式當事人進行主義

　　刑事訴訟裡，當事人間所爭執者，主要乃犯罪問題。例如：A受到B的傷害，或A之財物被B竊取。此時，A為被害人，故A得向法院提起自訴；然因社會有了犯罪，非僅是A的利益受到侵害，同時社會的治安公益也受到侵害，於是代表國家（司法行政機關）之檢察官也得以公益代表者之身分，向法院提起公訴，而與被告犯罪者相為對立。檢察官知有犯罪行為時，必須進行偵查，認為被告有犯罪嫌疑時，應向法院訴追（提起公訴）。通常刑事案件由檢察官提起公訴之情形，要比自訴者占絕對多數。在民事訴訟裡之當事人，為原告與被告，原告為訴追者；反之，在刑事訴訟裡之當事人，為自訴人或檢察官，及犯罪嫌疑人，自訴人或檢察官為原告，也是訴追者，犯罪嫌疑人為被告。

　　刑事裁判之結果是否正確，不僅影響於當事人之利益，且刑事訴訟之目的，在確定國家之具體的刑罰權，固應重在發現真實，藉以維護社會之安全，此與民事訴訟不同。故我國刑事訴訟法採行「改良式當事人進行主

義」[2]。其重點在於貫徹無罪推定原則,檢察官(或自訴當事人)應就被告犯罪事實,負實質的舉證責任,法庭的證據調查活動,是由當事人來主導,但法院為澄清事實真相,或為維護公平正義以及被告重大利益時,仍應發動職權調查證據。我國《刑事訴訟法》第161條第1項規定:「檢察官就被告犯罪事實,應負舉證責任,並指出證明之方法。」(本條乃加強檢察官之訴追責任)。如檢察官提出之證據,已足使法院得有合理的可疑,其形式上的舉證責任已盡;又,法院為發現真實起見,「得」依職權調查證據。但於公平正義之維護或對被告之利益有重大關係事項,法院「應」依職權調查之(刑訴第163條第2項)。

又,當事人為協助法院達成訴訟之目的,雖仍有提出證據責任(刑訴第96條、第275條),惟此乃當事人或辯護人有提出證據之必要之意,並非形式的舉證責任。當事人縱未提出相當之證據,法院亦不得遽為不利該當事人之判決。為求澈底的真實發現起見,也不能單憑被告之自白遽為不利於被告之判決。故除《刑事訴訟法》第161條第1項規定外,法院必須還要調查其他有關的證據,證明自白與事實相符才得作為裁判的依據(刑訴第156條);例如:自白竊取過他人的新臺幣20萬元,但實際根本無這回事,或僅竊取5萬元,則法院還是應該依照調查得來的證據,發現真實,不受被告自白的影響,作公平的裁判。因此,《刑事訴訟法》2002年2月大幅修正後,在訴追上乃採當事人訴訟主義,但證據的調查上乃採取「改良式當事人進行主義」。

在訴訟審理的程序上,大陸法系乃採所謂「職權進行主義」,原則上除審判長外,當事人是不能發問的。當審判長認為有必要或獲其特別允許時,當事人始得發問,惟此情形極少。英美法的訴訟程序,則完全是採「當事人進行主義」,先由原告律師(或檢察官)問,再由被告律師問,

---

2 我國舊刑事訴訟法原採職權進行主義,檢察官依法對被告犯罪事實有舉證責任,但法官亦應依職權調查證據,此制度常發生檢察官未能切實地到法庭實行公訴,而由法官不斷地以對立的立場質問被告,調查對被告不利的事證,審判的公正性也因此飽受人民的懷疑。故2002年2月大幅修正刑事訴訟法,改行「改良式當事人進行主義」,參閱司法院網站,網址:https://www.judicial.gov.tw/tw/cp-81-57046-5ef7d-1.html,最後瀏覽日期:2021年9月8日。

法官則只負責程序問題，即在於維持開庭的秩序，而不發問。旁聽者只要從其問答中，瞭解案情的前因後果。兩種制度，各有利弊，優劣互見。我國訴訟制度源於糾問制度（Inquisitorial System），早期固以職權主義為其基本，但亦參酌當事人主義之精神加以規定，幾經修法之後，目前已改為「改良式當事人進行主義」。

柒　我國之司法院

司法院掌理解釋權、審判權、懲戒權及司法行政權。司法院設大法官15人，並以其中1人為院長、1人為副院長，由總統提名經立法院同意任命之[3]。司法院之轄下，設各級普通法院、行政法院及懲戒法院等，其組織均另以法律定之。茲分述如後：

一、大法官會議與憲法法庭

大法官之職權，主要在審理以下四類案件：（一）解釋憲法案件；（二）統一解釋法律及命令案件；（三）總統、副總統彈劾案件；（四）政黨違憲解散案件。依據現行規定，對於解釋憲法與統一解釋法令案件，大法官以會議方式合議審理；對於總統、副總統彈劾及政黨違憲解散案件，大法官組成憲法法庭合議審理之[4]。

自1993年2月以來，大法官審理案件，即以司法院大法官審理案件法（簡稱大審法）為主要之規範。依據大審法之規定，大法官係以會議方式，合議審理案件；其審查之客體為法規範（即法律或命令）；嗣依審理之結果，公布解釋或不受理決議。

由於時移勢易，大審法已不符實務之需與社會期待，爰於2019年1月4日修訂為《憲法訴訟法》，並明定自公布後3年（即2022年1月4日）施行。依據《憲法訴訟法》，已無「大法官會議」之規定，而是由大法官組

---

[3]　參閱憲法增修條文第5條第1項規定。又該規定係「自中華民國九十二年起實施，不適用憲法第七十九條之規定。」

[4]　參閱司法院大法官網站，網址：https://cons.judicial.gov.tw/jcc/zh-tw/contents/show/L6LhIN925wJbSp0n#open_dropdown，最後瀏覽日期：2021年9月12日。

成「憲法法庭」審理案件；其審查之客體包括法律規範以及法院的確定終局裁判；審查結果則係以裁判方式對外宣布[5]。亦即2022年1月4日新制度施行後，將使「大法官會議」走入歷史，改由全面司法化、裁判化及法庭化的「憲法法庭」取代。未來，大法官審理所有案件，均改以具完全司法審判性質的憲法法庭進行。

依《憲法訴訟法》第1條規定，憲法法庭審理下列案件：（一）法規範憲法審查及裁判憲法審查案件；（二）機關爭議案件；（三）總統、副總統彈劾案件；（四）政黨違憲解散案件；（五）地方自治保障案件；（六）統一解釋法律及命令案件。又，其他法律規定得聲請司法院解釋者，其聲請程序應依其性質，分別適用解釋憲法或統一解釋法律及命令之規定。

憲法訴訟新制有五大重點，包括：（一）司法化、法庭化、裁判化：民眾向憲法法庭提出聲請，大法官依法組成憲法法庭審理聲請案件，審理結果改依裁判方式表現；（二）採裁判憲法審查：法院確定裁判納入審查客體，憲法法庭可廢棄原確定判決，發回管轄法院審理；（三）增進審查效能：憲法審查案件降低表決門檻，言詞辯論採行律師強制代理；（四）程序公開透明：建立閱卷制度、進度查詢、於憲法法庭網站公開聲請書和答辯書；（五）「聲請」相關變革：採電子化聲請和送達等。

二、各級普通法院

依《司法院組織法》規定，司法院設各級法院、行政法院及懲戒法院。法院審判民事、刑事及其他法律規定訴訟案件，並依法管轄非訟事件。我國法院採三級三審制，即法院分為地方法院、高等法院及最高法院三級。審級亦分為三審，原則上，地方法院為第一審、高等法院為第二審、最高法院為最終審。

1980年6月修正公布《司法院組織法》，將地方法院、高等法院及最

5　參閱司法院網站，網址：https://www.judicial.gov.tw/tw/cp-1571-58277-e3adc-1.html，最後瀏覽日期：2021年9月12日。

高法院均隸屬於司法院，以確保司法的獨立。在此（1980年）以前，地方法院及高等法院則隸屬於行政院之司法行政部（法務部的前身）。

（一）地方法院

直轄市或縣（市）各設地方法院；地方法院審判案件，以法官1人獨任或三人合議行之。

依《法院組織法》第9條之規定，地方法院管轄之事項為：1.民事、刑事第一審訴訟案件。但法律另有規定者，不在此限；2.其他法律規定之訴訟案件；及3.法律規定之非訟事件。

（二）高等法院

省、直轄市或特別區域各設高等法院，但得視其地理環境及案件多寡，增設高等法院分院，或合設高等法院，或將其轄區之一部劃歸其他高等法院或其分院，不受行政區劃之限制。高等法院審判案件，以法官3人合議行之。

依《法院組織法》第32條規定，高等法院的管轄事項為：1.關於內亂、外患及妨害國交之刑事第一審訴訟案件；2.不服地方法院及其分院第一審判決而上訴之民事、刑事訴訟案件。但法律另有規定者，從其規定；3.不服地方法院及其分院裁定而抗告之案件。但法律另有規定者，從其規定；4.其他法律規定之訴訟案件。

（三）最高法院

最高法院設於中央政府所在地，為全國一般民刑訴訟案件上訴的最終審法院。最高法院審判案件，除法律另有規定外，以法官5人合議行之。其管轄事件如下：1.不服高等法院及其分院第一審判決而上訴之刑事訴訟案件；2.不服高等法院及其分院第二審判決而上訴之民事、刑事訴訟案件；3.不服高等法院及其分院裁定而抗告之案件；4.非常上訴案件；5.其他法律規定之訴訟案件。

三、行政法院

公法上之爭議，得依《行政訴訟法》提起行政訴訟；行政訴訟指撤銷訴訟、確認訴訟及給付訴訟。

行政訴訟由何種機關受理，有英美制與大陸制之別。在英美制下，行政訴訟亦與普通訴訟相同，均由普通法院按普通程序審判之，此即所謂司法一元主義；在大陸制，如法德各國，普通訴訟與行政訴訟分開，普通法院審判普通民刑訴訟，行政法院審判行政訴訟；是即所謂司法二元主義。我國與兩制皆有不同處。我國將行政訴訟與民事訴訟分開，在普通法院之外，另設行政法院，此與英美制不同，而類似於大陸制。但是大陸制下，行政訴訟的審判機關均脫離司法系統而獨立，我國行政法院則隸屬司法院，此與大陸制又有所不同。

依《行政訴訟法》第4條規定，人民因中央或地方機關之違法行政處分，認為損害其權利或法律上之利益，經依《訴願法》提起訴願而不服其決定，或提起訴願逾3個月不為決定，或延長訴願決定期間逾2個月不為決定者，得向行政法院提起撤銷訴訟。

另依《行政訴訟法》第5條規定，人民因中央或地方機關對其依法申請之案件，於法令所定期間內應作為而不作為，認為其權利或法律上利益受損害者，經依訴願程序後，得向行政法院提起請求該機關應為行政處分或應為特定內容之行政處分之訴訟（第1項）。人民因中央或地方機關對其依法申請之案件，予以駁回，認為其權利或法律上利益受違法損害者，經依訴願程序後，得向行政法院提起請求該機關應為行政處分或應為特定內容之行政處分之訴訟（第2項）。

再者，人民與中央或地方機關間，因公法上原因發生財產上之給付或請求作成行政處分以外之其他非財產上之給付，得提起給付訴訟。因公法上契約發生之給付，亦同。

四、懲戒法院

公務員懲戒委員會掌理公務員懲戒事宜。我國於1931年間公布《公務員懲戒委員會組織法》，成立公務員懲戒委員會，並直隸於司法院。2015年5月公務員懲戒法、公務員懲戒委員會組織法分別修正後，懲戒案件之審理由原全體委員參與審議會決議方式改以組成合議庭審理，分庭審判，並以裁判方式為之，是為公務員懲戒制度之重大變革。

　　2020年6月，公務員懲戒法及懲戒法院組織法再次修正，並經司法院令定自2020年7月17日正式將公務員懲戒委員會更名爲「懲戒法院」，委員長、委員職稱分別修正爲「院長」、「法官」，並設「懲戒法庭」，專司審理一般公務員懲戒案件。原司法院職務法庭經法官法修正後，並移置懲戒法院。據此，公務員懲戒事項，專屬由懲戒法院職司，並建立一級二審制，得即時糾正錯誤裁判，並使受懲戒人得以獲得審級救濟之保障[6]。

　　公務員之懲戒。應以《公務員懲戒法》爲據，非依該法不受懲戒。但法律另有規定者，從其規定。公務員之懲戒處分，依其情節之輕重，有以下九種：一、免除職務；二、撤職；三、剝奪、減少退休（職、伍）金；四、休職；五、降級；六、減俸；七、罰款；八、記過；九、申誡。如認爲涉有刑事嫌疑者，應即分別移送該管法院審理。

捌　檢察制度

一、檢察一體

　　檢察官乃對於犯罪實施偵查、提起公訴、實行公訴、協助自訴、擔當自訴及指揮刑事裁判之執行爲職權之公務員也（法院組織法第60條）。除此之外，檢察官還立於公益的代表者身分，執行其他法令所定的職務，例如《民法》第14條第1項規定，檢察官亦得爲精神障礙或其他心智缺陷，致不能爲意思表示或受意思表示，或不能辨識其意思表示之效果者，聲請法院（民事庭）爲監護之宣告。

　　各級法院及分院對應設檢察署及檢察分署（法院組織法第58條），置檢察官若干人，最高檢察署以1人爲檢察總長，其他檢察署及檢察分署各以1人爲檢察長，分別綜理各該署行政事務（同法第59條），惟檢察官對於法院，獨立行使職權（同法第61條）。檢察官乃隸屬於法務部之司法行政官，而非審判官（法官），但法官與檢察官都被併列爲司法官，故檢察

6　參閱懲戒法院網站，網址：https://tpp.judicial.gov.tw/tw/cp-1819-63482-6226e-031.html，最後瀏覽日期：2021年9月15日。

官亦應具備與法官一樣的法學知識與道德素養。惟檢察官係行政官,故應服從監督長官之指揮監督(同法第63條),此與法官之須依據法律獨立審判,不受任何干涉之情形又有不同。檢察官因有上級指揮監督的關係,故其職務上之過失,除由該檢察官個人負責外,如檢察長有怠於指揮監督或不當指揮監督情事,亦難謂毫無責任(院581)。

檢察官,在德國稱為「der Staatsanwalt」,美國亦大都稱為「State's sattorney」,即「國家律師」或「州律師」之謂,由此稱呼亦足見,西方將檢察官視為國家或政府的訴訟代理人,此正如律師之為百姓當事人之訴訟代理人或辯護人,正好兩相對立。因檢察官均屬於國家的律師,具國家訴訟代理人之性質,故全國的檢察官乃上下一體,得視為一個隸屬於法務部之國家的律師團,此即所謂「檢察一體」主義。在檢察一體主義下,檢察總長及檢察長,得親自處理所屬檢察官之事務。並得將所屬檢察官之事務,移轉於所指揮監督之其他檢察官處理之(同法第64條)。上級檢察官命令下級檢察官施行偵查,並不因檢察官分配配置於各級法院,必須受法院之土地或事務管轄之限制。誠以檢察官上下一體,與法院之因土地或事務管轄而各行其審判職權之情形不同,高等檢察署檢察長對於配置全國檢察署及其檢察分署之檢察官既有其監督之權,則對於土地管轄不同之檢察署及分署所屬案件,命令發交地所屬檢察官實施偵查,亦不能謂為違法。

二、偵查

偵查,乃檢察官為提起或實行公訴,而調查人犯及證據之程序。故偵查程序,以在提起公訴前實施為原則;但提起公訴後,為實行公訴,仍得為必要之調查。近代刑事訴訟雖採訴訟形式,對於偵查與審判之職權,分別由不同機關行使之;惟大陸法系國家因受糾問制度之影響,仍採職權主義,偏重在審判權之行使。而偵查機關之職責,僅在發現犯罪嫌疑人及蒐集證據,而決定其應否提起公訴。在證據之調查及其證明力之判斷,則均屬審判之範圍。故依我國現制,提起公訴後,審判前,為使審判之任務易於達成,設有準備審判程序,由法院或行合議審判之受命法官於審判期日前,訊問被告及蒐集或調查證據(刑訴第273條、第279條),致不易使偵

查與審判權限得有明顯劃分。近代立法例之趨向，偵查重在證據的蒐集，而審判，則重在尋求判決內容之妥當性；即前者重事實，後者重法律之理論及重視證據之判斷。故《刑事訴訟法》第161條第1項規定：「檢察官就被告犯罪事實，應負舉證責任。」[7]偵查，由於檢察官之主觀意思，即檢察官知有犯罪嫌疑而開始，並不以客觀事實是否存在爲必要。司法警察官或司法警察知有犯罪嫌疑者亦同，《刑事訴訟法》第228條第1項謂：「檢察官因告訴、告發、自首或其他情事知有犯罪嫌疑者，應即開始偵查。」是告訴、告發或自首，不過爲促使檢察官（司法警察官或司法警察）開始偵查原因之一；除告訴、告發或自首外，即因其他情事，知有犯罪嫌疑者，亦得開始偵查。至告訴乃論之罪，其告訴爲訴追條件，並非偵查條件，故檢察官偵查告訴乃論之罪，亦得不待其告訴而開始。亦即告訴乃論罪即使未提出告訴，檢察官仍可進行偵查。

三、司法警察

檢察官爲偵查機關，並以司法警察官及司法警察輔助之。因此，偵查輔助機關，依《刑事訴訟法》第229條至第231條，及《調度司法警察條例》之規定，得大致爲：

（一）於管轄區域內有協助檢察官執行職務之責的司法警察官

1. 警政署署長、警察局局長或警察總隊總隊長。
2. 憲兵隊長官。
3. 依法令關於特定事項，得行相當於前二款司法警察官之職權者。

（二）應聽檢察官之指揮，執行職務之司法警察官

1. 警察官長。
2. 憲兵隊官長、士官。
3. 依法令關於特定事項，得行司法警察官之職權者。

司法警察官，應協助或聽檢察官之指揮，偵查犯罪。然司法警察官知有犯罪嫌疑者，應報告該管檢察官，但得不待其指揮，逕行調查犯罪嫌疑

7　參閱陳樸生，刑事訴訟法實務，改訂版，頁191以下。

人犯罪情形及蒐集證據。如被拘提或逮捕之犯罪嫌疑人認其有羈押之必要時，應於24小時內移送該管檢察官，但檢察官命其移送者，應即時移送。

（三）應受檢察官之命令執行職務之司法警察

　　1. 警察。

　　2. 憲兵。

　　3. 依法令關於特定事項，得行司法警察之職權者。

　　司法警察，應受檢察官及司法警察官之命令，偵查犯罪。司法警察知有犯罪嫌疑者，應報告該管檢察官或司法警察官；但得不待其命令，逕行調查犯罪嫌疑人犯罪情形及蒐集證據。

玖　律師之任務

一、平衡司法之運作

　　對於律師的社會任務，於我國《律師法》第1條已為有力的表達。該條文規定：「律師以保障人權、實現社會正義及促進民主法治為使命。」「律師應基於前項使命，本於自律自治之精神，誠正信實執行職務，維護社會公義及改善法律制度。」由此可知，律師的角色與責任至為重要。

　　在訴訟中，法官當以不偏不倚的立場，依法公平審判，但在民事訴訟中，原告、被告立場對立，甚且資源懸殊；在一般刑案中，則原告是具有高等專業知識，並受過專業訓練的檢察官，被告則多為未具專業知識，也無任何法律訓練，「赤手空拳」的百姓，雙方在「法的戰場」中辯論，一方攻擊，一方防禦，還沒開始接仗，就可以明顯看出，雙方的地位與實力均為不平等的。

　　在這種狀況下，審判難期公平、合理，於是律師制度應運而生。採當事人訴訟主義的國家，如我國為了平衡被告的「攻守」實力，所以另有公設辯護人的設立。

　　甚至，民事案件或其他非訟事件，律師也可以為當事人或協助法院整理事實、蒐集證據，甚至提供有利於訴訟進行及公平裁判的各種資料，有時也會協助法院疏減訟源。

　　民主政治一定要建立在法治基礎上，一切受法的支配（Rule of Law），民主法治進步的國家，律師的功能尤其特別被強調，在以法治為原則之國家中，政府之推行政務與人民之日常生活，很難避免與法律發生關係，不懂法律，要解決問題，只有求諸律師，如家庭醫生般地脫離不了律師之協助。因此，西方人一般云：「一國法治水準的高低，可以從該國律師的水準定之。」換句話說，律師的培養和司法官的培養，有如「車的兩輪」、「鳥的雙翼」缺一不可。

　　日本最高法院15名法官（即如我國的大法官），其名額分配，慣例上，5名由法官界提名，5名由律師界產生，另5名則保留給教授及司法行政官等。美國聯邦最高法院的9位法官之人選大致亦然。由此足見律師在司法界之重要性。

二、律師之功能應正常發揮

（一）律師制度有其必要性

　　法官、檢察官、律師都是司法上的自家人，三位一體，共同推行法治，律師亦有其應當發揮的正常功能。隨著法治教育的進步與擴大，我國的律師在學識上已普遍有著良好的水平，也在人權維護與民主化過程中，扮演重要角色，對司法制度的運作與提升，功不可沒，故向被稱為「在野法曹」，律師制度自有其必要性。

　　但時至今日，違背律師倫理規範，甚或違背法令之律師，卻仍偶有所聞，而少數無證照「冒牌律師」的誆騙，更造成民眾對律師的懷疑，連同司法形象也受害。

　　我國早經訂有律師法，其中不乏有關懲戒與罰則之規定，但徒法不足以自行。1983年12月18日，律師公會全國聯合會通過《律師倫理規範》，其後又迭經修正，從此律師由他治而自治，由他律而自律，意義至為深遠。

（二）應如何發揮律師之正常功能

　　大致而言：1.制度要健全，律師也應瞭解自己的使命與任務並發揮其功能，而給予應有的尊重，包括給予適當的自主、自治權。根據訴訟法之

精神，律師和檢察官是相對立，各據一方互相攻擊防禦。但是依據《律師法》監督律師之權操諸於檢察官，乃是很不合邏輯，失其抗衡的局面；在日本則操諸於律師公會。在不影響社會國家的範圍內，應承認律師的自治權，並提高其責任感；2.糾正不正常的觀念，應設法糾正社會一般將律師視為「訟棍」、「刀筆」等不正確的觀念，給予新的評價與地位，認為律師是助人、解決糾紛，有神聖使命，並可監督政府是否遵行法治。即對觀念亦應調整，不要把律師視為阻礙政令推行者；3.在民刑事的訴訟實務上，要澈底改變對律師的忽視，對律師提出的意見應給予相當評價。

（三）律師亦應自我檢討

事實上，律師也有應該自我反省之處，即是否盡到了應盡的使命，例如：1.律師不得為訴訟輸贏而忽視事實的真相；2.律師公會的理監事職，是否真正選了品格高尚、見解卓越的律師擔任；3.是否從事了有害律師品格和違反公益事業的行為；4.是否重信義，有沒有誹謗同行，以求較佳「業績」；5.是否盡了協助貧民解決法律事件的責任。

律師尚應注意者，包括不得故意拖延訴訟及對委任人隱瞞事實、不得洩漏因業務曉得的祕密。總而言之，要提高律師的素質。可以參考日本的現行制度，律師和審檢人員一起考試，一起受訓2年，其中一年半，輪流派到審檢、律師三單位實習，然後才依照成績及志願，讓受訓完畢者擔任三種職位中之任一種工作，這種做法，較能提高律師的水準及地位。

總之，律師應有高尚的品格和修養、敦品勵學、自清、自律、自強。「肉不腐則蟲不生」；為塑造律師之新形象，為發揮律師之功能，為國家民主法治之前途，盼與各位共勉之。

第八章　法與犯罪

壹　罪與罰

　　如前所言「有社會之處必有法」，此乃社會關係之成立，必須要有社會規範之意。

　　社會生活中必有規範者，將其做進一步解釋，即爲共營社會生活，常存有要人人必須去做之命令，與不應去做之禁止規定。規定常會有被破壞或被違反之虞；正因爲其會被破壞或違反，所以有規範之必要。例如「勿盜」之規範，乃因有行盜者之存在故有其必要。盜行猖獗，則社會秩序無法維持，禁止規範即因此而產生。

　　如斯破壞規範之行動，可廣泛地稱之爲犯罪。違背神意者爲罪人，違反世俗道德者亦爲罪人，破壞法律禁止規定者亦爲罪人。

　　犯罪者乃犯了罪行之意也，犯任何之罪都可稱之爲犯罪。但通常稱犯罪者，主要是指觸犯刑法上之罪名者而言（狹意）；有時將觸犯道德、宗教之罪者亦包括其內；故廣義的犯罪者，乃指所有違反規範之行爲而言。法律上犯罪者，則僅限於觸犯到刑法上之罪者而言（罪刑法定主義）。

　　犯罪者，如同社會之垢或社會之病，此在社會生活當中，乃不可避免之現象（即社會現象之一）。若視犯罪爲社會必然之病理現象時，則該病從何而來？因所犯之罪而有所不同。概括言之，其病源乃潛在於犯罪人的內部及外部的各種情形。

　　病根產自於犯罪者外部之情形者，乃因社會本身即有誘人犯罪之基因，在無法維持衣食住之狀態下，人總是會想盡辦法來獲取衣食住之所需。如無法以正當的手段來獲取時，例如無就職機會，或薪水太少無法度日，則盜風自會猖獗；若不服從黑社會團體之命令則有生命之危險；或毒品流行易受侵蝕等之情形下，人總會易於陷入犯罪。擇善固執，縱使渴死亦不飲盜泉者，並非絕無，但對一般人來說，乃是非常困難的。

　　引人墜入罪惡之淵的社會情事，非竭力將之除卻不可，此乃防止犯罪於未然之方法。對犯人事後加以處罰，還不如改善環境，去除陷人於犯罪

之社會情事，此乃刑事政策之範疇。據此，政策而訂立許多社會立法，例如《勞動基準法》、《兒童及少年福利與權益保障法》、《耕地三七五減租條例》、《就業服務法》，以及對犯罪者預防之《更生保護法》等社會立法皆是。

再者，由犯罪之內部因素言，犯罪病根在於犯人本身，最顯著者為精神疾病之情形。由於精神疾病之發作而把人殺傷或行竊、姦淫等情形，此類行為亦具有反社會性，可稱為廣義之犯罪行為，然對於這些人科以普通人同樣之刑罰，可說毫無效果。這種犯罪過程乃純屬於醫學的問題，除依賴醫師的治療以外，並無斷絕病根之方法。因此該種反社會的行動，法律上當然要將之與犯罪之觀念分離，而以非犯罪之反社會行動來處理。即對此種犯人，不應科以刑罰，而應依照《精神衛生法》來處置，亦即不把這些人送入監獄，而把他們送入精神療養院治療。

然一般的「平均人」（見前揭第10頁）並非此所稱的精神疾病者，社會大部分的犯罪亦不能完全歸責於社會原因。故可謂為上述兩種犯罪型態之中間者。即任何犯罪都是一面受社會環境之影響，他方面亦受到發作性及異常性心理作用之影響。人類在此中間狀態裡，猶存有廣泛的選擇空間。例如，有一位渴望金錢的男人，在銀行門口碰到提款走出的婦女，突然引發盜意，其多少乃受了環境之影響；但尾隨婦女，把她的手提包搶過來，這一瞬間又有如同於狂人之異常心理（意志不堅）。但刑事政策上又不能把這些人送入精神療養院，或把此事歸責於貧困。貧困的人當中亦有許多不行竊者，看到錢至著手犯罪之前，尚有充分的反省餘地。就一般的「平均人」而言，必會因反省結果而停止其犯意，並禁止付諸實施。上開所述者為法律上之犯罪。而犯罪常與社會共存，故這種以犯罪為規範對象之法律，便為刑法或刑事法。

貳　罪刑法定主義

近代大多數國家的刑法，均採取罪刑法定主義之原則。即罪與刑皆須依據法律來規定之。如我國《刑法》第1條前段規定：「行為之處罰，以行為時之法律有明文規定者為限。」

罪刑法定主義以英國1215年的《大憲章》（Magna Carta）為嚆矢。這種思想踱入新大陸，而成為費城（Philadelphia）之殖民地總會宣言（1774年）。接著，翌年維吉尼亞的權利宣言（Virginia Bill of Rights, 1776），及1787年之美國聯邦憲法亦採納；隔2年後又重回歐洲，在法國的《人權宣言》（1789年）裡綻放，並將其種子遍及全世界，而成為現代刑法之基本原則。由該原則，產生以下之原理，此乃民事法所缺者：

一、在法源上排斥習慣法；即不承認習慣刑法。

二、禁止類推解釋。例如：竊電是否為竊盜罪？世上曾經發生過此問題，因電本非動產，竊盜以竊取他人之「動產」為限；故德國曾經恪於罪刑法定主義，而判決竊電之被告無罪（因依刑法無罪），並於嗣後趕緊補訂處罰竊電之條文。法國、日本及我國均已把竊電視為竊盜行為（我國《刑法》第323條：「電能、熱能及其他能量，關於本章之罪，以動產論。」）

三、法律之不溯既往原則（刑第1條、第2條）。

四、不定期刑之否認。

參 犯罪

一、犯罪的意義

違反道德或違反所有社會規範之行為，均可稱為犯罪。然在法律上或罪刑法定主義的原則下，則僅限於刑事法規所規定的具有處罰可能性的行為，方可稱為犯罪。

犯罪，要有犯罪行為。無行為即無犯罪。在腦海裡思考、計畫的階段，猶未成立犯罪。西諺云：「任何人不因思考而受處罰。」此與道德或宗教不同。在宗教上，已有犯罪之意思而未付諸於行為者，亦已構成犯罪。故基督徒云：「思想，雖能通關，但會卡在地獄。」

行為有積極行為（作為）與消極行為（不作為）；例如，拿刀殺人為積極行為；母親對嬰兒怠於餵奶（母奶或牛奶）以致嬰兒餓死，此時母親雖然無行動，但因有作為（餵奶）義務而不作為以致嬰兒死亡，此與積

極地拿刀殺死或以藥毒死之情形相仿，故仍應負殺人罪之刑責。又如鐵路平交道之守衛，當火車經過時，因忘記將柵欄放下以致發生大車禍；或修路工人夜間忘記將注意標示擺在大坑彎，以致「坑死」行車之人；此時的平交道守衛及修路工人，仍應因他的不作為（應作為而不作為）的消極行為，而負過失致人於死（即過失殺人）之刑責。

因此，犯罪行為有積極行為與消極行為，前者為作為，後者為不作為，故犯罪可分為作為犯與不作為犯。

二、構成要件相當性與違法性

第一，犯罪必須要具備刑事法規定的構成要件。例如《刑法》第320條規定：「意圖為自己或第三人不法之所有，而竊取他人之動產者，為竊盜罪……」此乃竊盜罪之構成要件。包括：何謂「意圖不法之所有」？何謂「竊取」？何謂「動產」？等細節的問題，必須完全具備這些要件始能成立竊盜罪。

第二，雖然合乎犯罪構成要件，但不具有違法性者，則仍不能視為犯罪行為。違法性者，乃對社會的利益或價值造成侵害，受社會非難之行為。一切的法律莫不以保護社會之利益或價值為其任務，從而違法行為不僅在表面上為違反法律的行為，在本質上則應係侵害社會的利益或價值之行為。假設所實施之行為僅表面上違反法律，實質上並未對於社會利益或價值造成侵害，則不得認為真正之違法行為。例如：傷害人之身體者為傷害罪（刑第277條），但外科醫師為病人手術開刀，社會大眾不會認之為犯罪；殺人者為殺人罪（刑第271條），但對死刑犯執行死刑的人，社會上也不會認之為犯罪。對這些事實，法律上亦不認之為具有違法性。刑法上稱此為違法阻卻事由。

違法阻卻之事由，刑法有列舉之規定，即：（一）依法令或依命令之行為（如死刑的執行）（刑第21條）；（二）業務上正當行為（如外科醫師之手術）（刑第22條）；（三）正當防衛行為（如對竊賊為防衛自己或他人的財產而施予必要的暴力或拘捕）（刑第23條）；（四）緊急避難行為（如遇火災，破壞鄰家之門窗逃生）（刑第24條）等四種。對此類行為

刑法均規定不罰。

三、有責性

犯罪之第四個要素為有責性。即法律上應負責任之行為。從行為實施之過程觀察，行為之實施乃起因於意思活動，故毫無疑問地係由行為人所發動。刑法上的責任為行為責任，然而何以行為人須對其所實施之行為負責，乃因其所實施之行為由來於其意思活動之故。因此，刑事責任亦可謂為意思責任，亦即應對其所形成之意思負刑事責任。判定行為者是否要負刑事責任，須注意以下三點：

（一）責任能力

責任能力者，瞭解行為在刑法上效果之能力，一般以一定之年齡與精神狀態為決定之標準。我國《刑法》第18條至第20條規定責任能力，並區分為三種情形：

1. **無責任能力人**：「未滿十四歲人之行為，不罰。」（刑第18條第1項）。「行為時因精神障礙或其他心智缺陷，致不能辨識其行為違法或欠缺依其辨識而行為之能力者，不罰」（刑第19條第1項）。無責任能力人之行為雖因欠缺有責性，不成立犯罪，然其行為仍具有侵害性與違法性，故受其侵害者，得為正當防衛。且無責任能力人之行為，雖然不罰，但得施以感化教育（刑第86條第1項）或監護（刑第87條第1項）之保安處分。

2. **限制責任能力人**：「十四歲以上未滿十八歲人之行為，得減輕其刑」「滿八十歲人之行為，得減輕其刑」（刑第18條第2項、第3項）。(1)至於因未滿18歲而減輕其刑者，得於刑之執行前或執行完畢或赦免後，施以感化教育之保安處分（刑第86條第1項、第2項，竊盜犯贓物犯保安處分條例第3條、少年事件處理法第42條）；(2)精神障礙或心智缺陷者之行為，得減輕其刑（刑第19條第2項）；「瘖啞人之行為，得減輕其刑。」（刑第20條）。瘖啞人之行為所以得減其刑，乃因其生理缺陷，以至於領悟及判斷事理能力均較常人薄弱之故。是其減輕與否，仍應以其心智狀態為標準，由法院斟酌裁量之。因精神障礙、心智缺陷或瘖啞而減輕其刑者，得於刑之執行完畢或赦免後，令入相當處所或以適當方式，施以

監護之保安處分（刑第87條第2項）。

3. **責任能力人**：凡無前開情形，即行為時行為人年滿18歲，精神狀態健全且無瘖啞者，為有完全責任能力。

（二）責任意思

行為之歸責，必該行為出於行為人之自由意思。此種自由意思之型態有二，即「故意」與「過失」。我國《刑法》第12條第1項規定：「行為非出於故意或過失者，不罰。」

1. **故意**：「行為人對於構成犯罪之事實，明知並有意使其發生者，為故意。」「行為人對於構成犯罪之事實，預見其發生而其發生並不違背其本意者，以故意論。」（刑第13條）。是故意之成立，必須具備「認識」與「意欲」二要素。

誤想犯罪者，例如：誤認自己之物為他人所有而竊取之，此乃「幻覺犯」，而無犯罪之故意。以符咒為殺人行為，此為「迷信犯」，亦無犯罪故意之可言。

所謂意欲，包括對於構成犯罪事實直接的希望其發生，以及間接的容忍其發生。後者被稱為「未必故意」或「間接故意」。結果不確定之故意，例如：甲欲殺乙，見乙丙同行，雖預見向乙開槍可能擊中丙，但認為未必如此，縱然擊中丙，亦在所不惜，竟向乙開槍而果真射中丙。此時，甲對丙之死亡，仍有殺人之未必故意。

2. **過失**：「行為人雖非故意，但按其情節應注意，並能注意，而不注意者，為過失。」（刑第14條第1項）。過失原以行為人對於構成犯罪事實並無預見為其特質，但「行為人對於構成犯罪之事實，雖預見其能發生而確信其不發生者，以過失論。」（刑第14條第2項），此則為有認識之過失；例如：舉槍射馬，雖預見可能射中樹旁之人，然自恃槍法準確不致有誤而開槍，終致誤中該人。此時，射擊之人仍應負過失致人於死之刑責。

（三）期待可能性

雖然是合乎犯罪構成要件之違法、有責行為，但其必須尚要有行為時能夠避免犯罪行為，而選擇其他的適法行為之期待可能之狀態，方能認之

為犯罪而科以刑罰。易言之，若行為唯有犯罪之途而無他途可選擇時，則不應科以刑罰。蓋以人類既無意思決定之自由，則不應對其所實施之行為負責。一般人雖受遺傳或環境之限制，但仍具有控制衝動之能力，在具體的情況下，仍應有為其他行為而不應為犯罪行為之選擇可能性。以此為負刑事責任之依據，是為期待可能性之理論。例如某甲因親兄弟犯罪，某甲念在親情上幫他藏匿，就算事件曝光，某甲雖然犯了藏匿犯人或毀滅證據的罪，但是還是可以減輕或免除其刑的（刑第167條）。

四、犯罪之態樣

如前述，犯罪有作為犯與不作為犯。除此之外，犯罪尚有既遂與未遂之分。行為人已著手於犯罪行為之實行，而實行未終了，或實行終了，但未完全實現法定犯罪構成要件之結果者，謂之「未遂」。「已著手於犯罪行為之實行而不遂者，為未遂犯。」（刑第25條第1項）；例如：開槍殺人而未擊中；扒手將手伸入他人口袋時，被發覺而未扒到財物是。

未遂，又分為障礙未遂與中止未遂。前者乃受外部的障礙而未遂；例如，竊盜潛入他人的住宅而被抓，或受了人或狗的干擾而逃走，此乃障礙未遂；反之，進入他宅時，因同情或悔悟之心油然而生，而自動地中止行竊而回家，此為中止未遂。普通未遂乃指障礙未遂而言。「未遂犯之處罰，以有特別規定者為限，並得按既遂犯之刑減輕之。」（刑第25條）。「得減」者可減亦可不減，而由法院審酌行為之惡性或危險性以定之。對中止犯則為「必減」，甚至得免除其刑（刑第27條）。

與未遂犯相似者尚有不能犯，亦可稱為不能未遂。客觀上，行為不能發生犯罪之結果，又無危險性者即為不能犯。例如：誤糖有毒用以殺人，或以演藝道具手槍殺人，皆屬於不能未遂。但若將砂糖誤以為是砒霜而用之以害人；扒手將手伸入他人的口袋裡，因口袋中無一文而未遂；或向被害人之室內開槍，因被害人事先走避而未遇害等情形；此類行為因有其危險性，故屬於普通未遂。不能犯因其欠缺犯罪構成要件故不成立犯罪。

犯罪，有由一人單獨行為者，亦有數人共同行為之共犯。共犯中，二人以上共同實施犯罪之行為者為共同正犯（刑第28條），例如數人共同

殺人是。教唆他人犯罪者為教唆犯（刑第29條第1項）。教唆犯依其所教唆之罪處罰之（刑第29條第2項）；例如，教唆他人去殺人者，依殺人罪（刑第271條）處罰之。幫助他人犯罪者為幫助犯，又稱為從犯（刑第30條第1項）；例如：提供他人手槍去殺人之手槍提供者是。後二者（教唆犯與從犯）又可稱為狹義的共犯。

再者，受有期徒刑之執行完畢後，5年內故意再犯有期徒刑以上之罪者，為累犯；對累犯應加重本刑至二分之一（刑第47條）。又，「一行為而觸犯數罪名者，從一重處斷。但不得科以較輕罪名所定最輕本刑以下之刑。」（刑第55條）學理上稱之為想像競合犯；例如某甲故意持槍殺某乙，屬一行為，同時觸犯非法持有槍枝之罪責及殺人罪責，但應從殺人罪處斷。至於某甲竊取他人之刀來殺人後並將屍體分屍遺棄之案例，此時某甲犯了竊盜、殺人以及毀損屍體等罪，該三者間之方法結果雖有牽連關係，但因有關「牽連犯」之規定已廢除[1]，故仍應採數罪併罰。

肆 刑罰

一、刑罰之種類

對於犯罪應科予刑罰。所應科之刑罰種類與程度，則依罪刑法定主義之規定，應事先由法律定之。我國刑法上之刑罰，有主刑與從刑之分（刑第32條）。

（一）主刑

主刑乃得獨立科處之刑罰。主刑之種類有：1.死刑；2.無期徒刑；3.有期徒刑：2個月以上，15年以下；但遇有加減時，得減至2月未滿，或加至20年；4.拘役：1日以上，60日未滿；但遇有加重時，得加至120日；5.罰金：新臺幣1,000元以上，以百元計算之。無期徒刑、有期徒刑及拘役為自由刑；罰金為財產刑。未滿18歲或滿80歲之人犯罪者，不得處死刑或

---

[1] 刑法第55條、第56條，原分別訂有「牽連犯」及「連續犯」之規定，2005年2月修法時，已修正第55條，刪除第56條，並自2006年1月1日施行，嗣已無「牽連犯」及「連續犯」之適用。

無期徒刑（刑第63條第1項）。科罰金應審酌犯人之資力及因犯罪所得之利益，如所得之利益超過罰金最多額時，得於其所得利益之範圍內，酌量加重（刑第58條）。

（二）從刑

乃除法律有特別規定外，應從屬（附帶）於主刑宣告之刑罰。我國舊《刑法》第34條原規定從刑之種類有褫奪公權與沒收。2016年7月1日新法實施後，從刑僅為褫奪公權。褫奪公權僅為能力刑，即褫奪犯人：1.為公務員之資格；2.為公職候選人之資格（刑第36條）。與有期徒刑同時宣告之褫奪公權，其效力自主刑執行完畢或赦免之日起算（刑第37條第5項）。

修法後的「沒收」，為獨立之法律效果，其地位現已非單純附隨主刑的從刑，在某些沒有主刑的情況下，對於「違禁物」的沒收，也可以為單獨的宣告，此亦屬於財產刑之一種。對於：1.違禁物（如手槍、嗎啡等等）；2.供犯罪所用或供犯罪預備之物；以及3.因犯罪所得之物，得宣告沒收。於2.、3.之情形原則上以屬於犯人者為限（刑第38條）。

二、死刑存廢問題

義大利之刑法學家貝加利亞（Cesare Beccaria, 1738-1794）於其1764年的不朽名著《犯罪與刑罰》（Dei delitti e delle pene）中提倡廢止死刑，從此以後，死刑廢止論，逐漸被世界各國採納，目前廢除死刑立法的國家有下列數國：

（一）19世紀中即廢除死刑者共有8個：美國威斯康辛州（1853）、委內瑞拉（1863）、聖馬利諾（1865）、葡萄牙（1867）、荷蘭（1870）、哥斯大黎加（1877）、美國緬因州（1887）、巴西（1889）。

（二）至第一次世界大戰爆發前廢除死刑者共有5個：挪威（1905）、厄瓜多爾（1906）、烏拉圭（1907）、哥倫比亞（1910）、美國明尼蘇達州（1911）。

（三）第二次世界大戰爆發前廢除死刑者共有6個：瑞典（1921）、

阿根廷（1922）、多明尼加（1924）、丹麥（1930）、瑞士（1937）、
冰島（1940）。

（四）第二次世界大戰後廢除死刑者有：奧地利（1945）、西德
（1949）、芬蘭（1949）、格陵蘭（1954），以及美國阿拉斯加州
（1957）、夏威夷州（1957）、德拉瓦州（1958）、英國（1965）、丹
麥（1978）、義大利（1994）、墨西哥（2005）。美國曾經在1967年廢
除死刑，但在較高暴力犯罪率及民意支持下，1977年恢復死刑。

死刑廢止論之第一點為，國家並無剝奪國民的生命之權利；反之主存
置論者則認為，對於威脅多數國民之一人「開刀」，以維多數人的安全，
此乃國家之任務也。第二點為，因死刑太殘虐故應禁止；而對之亦有死刑
未必比無期徒刑殘虐之反論。第三點為，人民的生命權為基本人權之一，
應受憲法的保障；持反對論者認為，被害者之生命權應比犯人之生命權更
要受到尊重，在無辜受害者的家屬面前，說要尊重犯人之生命豈非一種諷
刺？同時亦會喪失世人的正義感，並有違政府之威信。最後，死刑廢止論
之最強主張乃擔心若因誤判（冤獄）致犯人於死刑時，日後發覺誤判也不
能死而復生，無法挽救。

死刑到底應否存留，持贊成說者多由來於曩昔之應報觀念，贖罪思
想或威嚇主義；持反對說者，則依據人道主義，教育刑思想或刑事政策觀
點，各有其正當之理由。對此種刑罰存留問題之檢討，實不能忽視本國現
在之情況，不可空談理論而不切實際。

三、其他（緩刑、假釋、易科罰金、赦免及自首）

（一）緩刑

受2年以下有期徒刑、拘役或罰金之宣告，而未曾受有期徒刑以上之
宣告或非累犯，認為以暫不執行為適當者，得宣告2年以上5年以下之緩
刑，其期間自裁判確定之日起算（刑第74條）。

緩刑為暫不執行刑之意思；緩刑期滿未經撤銷緩刑者，刑期之宣告失
其效力（刑第76條）。受緩刑之宣告者，若緩刑期內再犯罪，受逾6月有
期徒刑之宣告確定；或緩刑前犯罪，而在緩刑期間受逾6月有期徒刑之宣

告確定者，法院得撤銷其緩刑宣告（刑第75條）。

（二）假釋

　　受徒刑之執行而有悛悔實據者，無期徒刑逾25年，有期徒刑逾二分之一、累犯逾三分之二後，由監獄報請法務部得許假釋（提前）出獄（刑第77條）。

（三）易科罰金

　　犯最重本刑為5年以下有期徒刑以下之刑之罪，而受6月以下有期徒刑或拘役之宣告者，得以新臺幣1,000元、2,000元或3,000元折算一日，易科罰金。但易科罰金，難收矯正之效或難以維持法秩序者，不在此限（刑第41條第1項）。

　　刑法就易科罰金，原訂有「因身體、教育、職業或家庭之關係或其他正當事由，執行顯有困難」前提要件，嗣因認為易科罰金制度旨在救濟短期自由刑之流弊，在裁判宣告之條件上不宜過於嚴苛，故已將該限制刪除。

（四）赦免

　　赦免可分為大赦、特赦、減刑、復權四者，均由總統依《赦免法》之規定為之（憲法第40條）。惟大赦與全國性之減刑，應先經立法院之決議（憲法第58條）。1.大赦，為普遍對一般犯罪或某類犯罪，赦免其罪刑；2.特赦，為對受罪刑宣告之特定人，免除刑之執行；但其情節特殊者，得以其罪刑之宣告為無效；3.減刑，為對受罪刑宣告之特定人或其他特定犯罪，減輕其宣告之刑；4.復權，為對受褫奪公權宣告之人，回復其被褫奪之公權。

（五）自首

　　犯罪人於犯罪未被發覺前（即犯罪事實尚未被發覺或雖已知悉犯罪事實但不知犯人為何人），自行申告其犯罪事實於該管公務員，而接受裁判者，為自首，自首者減輕其刑（刑第62條）。若該管公務員已發覺犯罪始自行投案者，則為「自白」而非自首。

伍 刑罰之本質

一、應報刑論

刑法學，自古即有刑罰理論之爭，亦即各種刑法學派之理論上的對立。對於刑罰的本質，有人認為它是對惡害（犯罪）之應報；另有人主張刑罰係要使犯人具備社會適應性之教育。首先就應報刑來加以分析：

因果報應，善因善果，惡因惡果之思想自古就以常識而為人信仰。人類之正義感即建立於因果報應之基礎上，善者昌、惡者亡，此乃正義之觀念也。

「以眼還眼，以牙還牙」之「Talio」的法則，即把同害報復認為是正義。

因此，傳統的古典學派無非是以此正義感為基礎之應報程式，把主張刑罰為對惡害之惡報。在現代，對於「Talio」（即以牙還牙）之同害報復已非必要，然一般猶把刑罰的本質，解之為是對犯罪惡害之等價報復。

基於這種等價報復之原理，為測定刑罰之輕重，必先對犯罪之輕重做客觀的評定。簡言之，即50,000元之竊盜與3,000元之竊盜，當然以前者之犯罪較重，故應科以較重之刑。毀越門窗、牆垣之竊盜罪之刑要比單純的竊盜罪為重；持兇器行竊亦較重。因此客觀主義者，乃配合犯罪事實之輕重，以定其刑之輕重，對於重大犯罪則應科予較大的痛苦，故其自與刑罰之本質非痛苦不可之思想相關聯；因此，應報刑理論、客觀主義及痛苦刑主義等，在實際上乃立於同一的基礎上。

二、教育刑論（此又可稱為目的刑論）

應報刑論者主張，應報乃正義之表現。但教育刑論者則認為，把應報視為正義者，乃屬於人類本能的正義感。本能的正義感，雖即時能使關係人滿足，但對社會犯罪之減少毫無幫助。

為減少犯罪，防衛社會的安全，所以需要刑罰。故與其說犯罪事實之大小，還不如說犯罪人所具對社會侵害的危險性，即犯人惡性的強弱才是問題的核心；此乃目的刑的理論。藉刑罰來矯正犯人的惡性，以助其能夠

復歸於社會。在這點上，教育刑論有其教育及目的之意義。

因此，應報刑論之客觀主義，乃以犯罪事實為中心之犯罪主義。反之，教育刑論或目的刑論者，與其說重視犯罪事實，還不如說重視存於犯人自身之主觀主義，即以犯罪者之資質為問題；故可稱其為犯罪者主義，而非犯罪主義。

因犯人為社會生活上欠缺適應性之落伍者，因此要將他們再教育，故刑罰並非以加諸犯人痛苦為主要目的，而是以對之施教為主要目的，以使之成為正常之人復歸於社會，化無用為有用，以期保障社會之安寧秩序。

陸　刑事責任與民事責任

犯罪者通常負有兩種責任。例如：某甲違反交通規則撞傷了某乙，此時某甲一方面應負侵害社會全體公益之責任；另一方面也應負因犯罪侵害個人利益之責任。前者為刑事責任，後者為民事責任。

案例中，某甲因違反交通規則被處罰鍰2,000元，因傷害罪被法院處有期徒刑3月，此乃侵害社會公益所負的責任，雖然刑已執行完畢，但對被害者個人所遭受的損害，則一點都未獲補償。因此，被害人某乙仍得向加害人某甲請求民事上侵權行為（民第184條）的損害賠償。詳言之，某乙因腿被撞傷，入院治療1個月之醫療費及住院費等，當然可以請求某甲賠償（積極損害）；此外尚可以請求1個月未工作而本來應該能獲得而未獲得收入之損失（消極損害）；同時，某乙因腿傷精神上痛苦了1個多月，剛入院的第一個禮拜傷口還抽痛得日夜不能眠，甚至於終生留下傷口的疤痕（腿上的疤痕或臉上的疤痕），以致某乙感受精神的痛苦，某乙的這種無形的損害，亦得以慰撫金請求的方式請求賠償。

因此，某甲之違規肇禍，除應負傷害罪等刑事責任以外，對被害人某乙應負侵權行為民事上責任，即某乙得對某甲請求積極、消極、有形、無形的損害賠償。

我國古時講責任僅有刑事責任，似乎以刑罰包括一切的責任。但在今日，責任關係則劃分得很清楚；違法行為原則上會產生刑事及民事兩種責任。

法學入門

柒 犯罪與遺傳或環境

犯人中性格異常者很多，人的性格素質主要來自遺傳。異常性格（精神病質）者之累犯的可能性也很大，此乃因異常性格者在社會的生存競爭中被淘汰而陷於貧困。其所生的子女也因生長在這種環境中，加上本身的精神病質的遺傳，長大以後也可能是犯罪累累，這種情形是想像得到的。

故犯罪主要是受到遺傳或環境之影響，很難有一個定論。例如：D男出生於竊盜的家庭，父親為竊盜的慣犯，母親曾經為風塵女郎，與父親結婚後，還幫忙父親收受及藏匿贓物，D男在幼小時未受良好的教育，有時還被父親帶去充當其行竊時的「把風」。在這種環境下的某D，長大以後不用說一定也是同操父業，為竊盜的習慣犯。這時某D之犯罪，到底是出自遺傳素質或環境則不無疑問。

對此，日本有一個調查紀錄足供參考。即：

有A、B二女，本為同卵生雙生兒，B出生後即為某甲收養，故二人之生長環境有所不同。收養B的養父為富商，人也非常殷實，B從高等女子學校畢業後，22歲就結婚，生下3個小孩，一直過著和平安祥的家庭生活。相反地，A自幼喪父，由母親一手養大，因家境貧寒，自小學畢業後即幫人看小孩，之後又當女工，18歲時擔任旅遊的嚮導，在此與客人同居，19歲時受該男人的教唆而行竊，雖然與該男人分手，但仍連續犯竊盜三次累犯。

仔細觀察這兩姊妹的性格，也有極相似之點，A乃易受外界的誘惑，欠缺自主性的異常性格；而B則是一個很溫順的女性。A在監獄服刑時，亦被認為是一個很溫順的模範受刑人。因此可以說，若A也在B一樣的家庭裡成長的話，很可能也成為如B一樣的圓滿之家庭主婦。A在獄裡的生活態度與B在家庭中的生活型態，也可以看出同卵生雙生兒之遺傳素質的相似點，因二者所成長環境之不同，以致有如此的差異。

故，到底犯罪是環境的產物或遺傳的產物？無法輕易的下定論。雖然同處於不良的環境，但亦有意志堅強，不易受誘，而自有主張者，故也不能完全歸咎於環境。A女之意志薄弱的異常性格，也是導致其犯罪之原因之一。因此，犯罪可謂乃遺傳與生活環境之錯綜複雜下的結果也。

084

第九章　法與權利

壹　法律關係

　　法為社會規範之一種，為規律社會共同生活之規範。其所規律者無非是人與人的關係。吾等在社會裡自然會與他人間發生無數的關係，此乃因社會共同生活而生之關係，因此可稱之為社會關係。每一個人都有數不盡的社會關係，例如：親子關係、夫妻關係、親屬關係、將物出借時之出借人與借用人間之關係、租賃時之出租人與承租人之關係、買賣時之賣主與買主間之關係。有時還會因物被竊而產生侵權關係，以及受國家保護之個人與國家間之關係。

　　又，我們擁有一部汽車或一支手錶，此在社會關係言，並非是所有人與汽車或手錶間之關係，而是所有人與世間一般人間之關係。即世間一般人應尊重所有人之所有權，不得隨便加以侵犯，以資保持所有人之排他支配的關係，而保持此種關係者，乃法之力也。因此法之規律社會關係者，乃規律人與人之間的社會關係而言。

　　然，並非所有的社會關係皆受法的規律，法所規律者為社會關係之一部。例如：交友關係，此還是屬於法律規範外之關係，願意與誰做朋友或與何親友絕交，法對此並不過問；夫妻間的日常生活關係亦是，除非是被惡意的遺棄或受不堪同居的虐待，致夫妻生活發生破裂之情形外，法律問題還是不致於被搬出；親子間的關係亦然，法不會直接命令父嚴、母慈等。故，法在社會關係中，唯有對少數法的規律可能性且必要者為規律對象。法的規律者，乃得以外部實力強制之謂。凡社會關係，成為法之規範對象時，可稱之為法律關係。易言之，凡以國家的實力規範之社會關係，便為法律關係。

　　如下述，法律關係為社會關係之一，故成立於人與人間的關係。例如：所有權之關係，並非為所有人與所有物間之關係，而是以所有物為媒介，所有人與一般第三人間所成立的關係。如斯，人與人之間者，有時係指私人與私人之間；有時係指私人與國家或地方公共團體之間。國家或地

方公共團體乃屬於公法人，故其仍屬於人與人（公法人）之間的關係，例如：選舉納稅或刑罰等，均屬於私人與國家或公共團體間之關係。私人與私人間之關係為私法關係，規範私法關係的法為私法；私人與國家或地方公共團體間之關係為公法關係，規範公法關係的法為公法。

貳 權利與義務

法律關係之內容，乃藉國家的實力擔保之強制規律關係。法律關係對一方當事人賦予實現規範的可能性；反之，對他方當事人則設以必須服從規範之地位。前者，在法律上稱之為權利人，其所具的地位或力稱為權利；反之，後者則稱為義務人，其所處的地位便為義務。

法律關係，得分解成當事人間之權利與義務，法律關係無非是這種權利義務之融合體。權利者享有法律所保障之生活利益的資格（或地位）；義務者乃對權利而生之法律上的拘束。權利與義務常相對立，近代的市民法以個人自由為基本原理，故通常以權利充當法律關係之象徵。例如，將成為權利義務主體之資格稱為「權利能力」。

其實，權利與義務乃相對立的，有權利必有義務。有人認為形成權無與其相對立之義務，而據以持反對見解，然從權利人以外之一般人對此有容忍及不得主張反對一點，可見形成權亦伴有不作為之義務，故權利必有與之相對立之義務。但是，亦有負義務而無對待之權利者，如法人須設董事（民第27條），商業會計帳簿之作成義務（商業會計法第18條）是。

參 權利之本質

權利的本質為何？從來學說紛紜，簡言之，可分為意思說、利益說、意思利益折衷說，及法力說四種：

一、意思說

意思說以意思為權利的本質，然其間主張各異。康德（Kant, 1724-1804）或黑格爾（Hegel, 1770-1831）以意思的自由為權利本質；19世紀後半之德國著名民法學家溫沙伊特（Bernhard Windscheid, 1817-1892）主

張權利的本質為意思力，或意思之支配以後，權利為依法所賦予之意思力或意思的支配，此說成為意思說的代表。本說之弊病，在於將權利之動的狀態與權利的本質相混，且未說明無權利能力人（即無意思能力人）亦能享有權利，或人在無意識中亦組成為權利人之理由安在？本說現已不被採用。

二、利益說

利益說為耶林（Jhering）等所主張，認為權利者為法律所保護之利益。本說之弊病在於把權利之目的與權利之本質相混，且忽略了法律所保護之利益非必均為權利（例如，因保護關稅，而使生產者受益是），利益亦有出自法律的反射作用者（例如，都市計畫法令之頒布而促使地價上漲是）。故本說亦受到了非難。

三、意思利益折衷說

此說為耶林內克（Jellinek）等所主張，認為權利者乃法律為保護利益而承認之意思力。本說亦未能避免對意思及利益說之非難。

四、法力說

此說為德國學者梅克爾（Merkel）及雷格爾斯伯格（Regelsberger）等所主張，認為權利者乃為滿足人類的利益依法所賦予之力量。本說之缺點比較少，故廣被採用，亦為現在之多數說。即權利者，法律賦予特定人享受特定利益之力量。例如：債權為要求他人作為或不作為之法律上的力量。所有權為得使用、收益、處分所有物並排除他人干涉之法律上的力量也。因此權利的內容（實質）為法律上特定的利益，簡稱為「法益」；權利的外形（形式）則為法律所賦予之力量。故權利的特徵，即在權利人之得以法律上的力量，積極地實現其利益。

權利者，為獲得一定的利益依法所賦予之力量。該力量與事實上的實力相異，與權利人之事實上的力量亦無關。而是得在法律上為主張之力量。一定的利益，係指為維持及增進人類社會生活之一般利益而言，其範圍很廣，不限於財產上的利益。

　　法律有公法、私法之分，從而權利亦有公權與私權之別。公權為公法上之權利，如選舉、罷免、創制、複決、訴訟等權利是；私權則為私法上的權利，民法上的權利皆屬之。私權以權利義務主體個人之利害為背景，故原則上權利人有拋棄或處分私權之自由。茲將私權之分類敘述如下。

肆　私權之分類

一、私權依其目的為標準

（一）人格權

　　人格權者，以人之人格上的利益為目的而不能與權利人分離（存於權利人自身上）之權利。例如：生命、身體、健康、自由、名譽及姓名權等是。除此之外，還有貞操、肖像、信用、秘密等，但貞操權每可歸入於身體及名譽中。人格權必須附著於權利人，故不得讓與或繼承。

（二）身分權

　　身分權者，以特定身分關係人間之身分上的利益為目的（存於特定身分關係人身上）之權利。例如：家長權、配偶權，以及由親權所生之對未成年子女的監護權、教育權等是。至於繼承權，雖以身分之關係為基礎，但其仍以被繼承人之財產為客體，故不屬於身分權。

（三）財產權

　　財產權，以財產上利益為目的之權利。財產權非必具有交易價格，例如：家書、情書、先祖的紀念品、屍體之所有權，以及無財產價格之給付債權（民第199條第2項）等，雖無市面上價格，但均為財產權。財產權又可分為債權、物權、準物權及無體財產權。

　　1. **債權**：債權者，得請求特定人為特定行為（作為或不作為）之權利。

　　2. **物權**：物權乃直接支配標的物，且可對抗一般人之權利。

　　3. **準物權**：準物權乃民法物權編以外之物權。與物權有同樣的性質，如特別法中無特別規定時，應準用民法物權編之規定。例如：漁業權、礦業權是。

4. **無體財產權**：無體財產權乃以人類精神作用及智慧的產物（人類精神與智慧的結晶）為客體之權利。例如：著作權、商標權、專利權等是，後二者又可稱為工業所有權。

（四）社員權

社員權者，構成社團之社員，基於社員資格，對社團所具有之一種概括性的權利。例如，公司之股東構成公益社團法人之社員的地位是。亦即，基於社員資格之權利義務的集合體。其權利，如表決權、分紅請求權或設施利用權等；其義務，如出資義務或會費給付義務等是。此種權利，因其為公司或公益社團法人而大有不同。前者如股權，實質上意味著對公司資本之應有部分，為利己的權利，得為讓與或繼承的對象；反之，後者之社員權，則因不具財產權的色彩，故不得讓與或繼承。

二、私權依其作用為標準

（一）支配權

支配權者，直接支配權利標的之權利。易言之，即無須他人行為之介入，僅憑權利人之意思即能實現權利內容之權利。例如：物權、無體財產權、人格權等是。該權利受害時，除得請求侵權行為的損害賠償外，尚可行使妨害除去請求權。

（二）請求權

請求權者，要求他人作為或不作為（給付）之權利也。即須仰賴他人（債務人）行為之介入方能實現權利內容之權利。要求他人作為者，為積極的請求權；要求他人不作為者，為消極的請求權。債權的主要作用為請求權；但請求權不限於債權，請求權亦會基於物權、人格權或親屬繼承關係而發生，例如：物權的請求權（民第767條）、姓名禁止使用請求權（民第19條）、扶養請求權（民第1114條），以及繼承回復請求權（民第1146條）。

（三）形成權

形成權者，因權利人一方之意思表示，使已成立之法律關係的效力，發生、變更或消滅之權利也。因形成權之行使而使法律關係效力發生者，

如本人對無權代理行為之承認權（民第170條第1項）、法定代理人對限制行為能力所訂契約之承認權（民第79條）；因形成權之行使而變更者，如選擇之債之選擇權是（民第208條）；法律關係因形成權之行使而消滅者，如撤銷權（民第88條、第92條）、抵銷權（民第334條）、解除權（民第254條）、拋棄繼承權（民第1174條）等是。以上所舉，均為裁判外之形成權（得在裁判外行使）。裁判上的形成權（必須以裁判方式行使），有債權人之撤銷權（民第244條）、法定代理人對未成年子女婚姻之撤銷權（民第989條），以及離婚請求權（民第1052條）等。

形成權之行使雖屬單獨行為，但單獨行為非必為形成權之行使。例如：捐助行為、遺囑、所有權的拋棄等，雖均為單獨行為，但其非必對現已成立的法律關係而為之，故並非形成權之行使。

（四）抗辯權

抗辯權者，相對人請求給付時，得為拒絕之權利。可分為：

1. 永久抗辯權（滅卻抗辯權）：永久拒絕相對人權利的行使，而永久阻止其作用。例如，消滅時效之抗辯權（民第144條第1項）。

2. 一時抗辯權（延期抗辯權）：暫時拒絕相對人權利的行使，而一時性的阻止其作用。例如，同時履行抗辯權（民第264條第1項）及先訴抗辯權（又稱為檢索抗辯權）（民第745條）。

三、私權依其效力所及的範圍為標準

（一）絕對權（對世權）

絕對權（right in rem）者，得對抗任何人的權利。易言之，乃得對任何人主張之權利。例如：物權、準物權、無體財產權、人格權等是。

（二）相對權（對人權）

相對權（right in personam）者，僅得對抗特定人的權利。以債權為其典型，僅得對債務人請求履行債務。

四、私權依其權利之相互關係為標準

（一）主權利

主權利者，能夠獨立存在之權利。

（二）從權利

從權利者，不能獨立存在，常附隨於主權利而存在之權利。例如，主債權（即被擔保的債權）為主權利，抵押權或質權為從權利；原本債權為主權利，利息債權為從權利（但已發生之利息債權則為獨立之債權）；需役地所有權為主權利，而地役權為從權利。

五、私權依其權利與主體之關係為標準

（一）一身專屬權

一身專屬權者，專屬於權利人本身，不得移轉於他人之權利，如人格權、身分權。人格權受侵害時之非財產上損害賠償請求權（慰撫金請求權），亦不得移轉於他人，但經權利人行使權利後，則不在此限（民第195條、第979條）。

（二）非一身專屬權（即具有移轉性之權利）

非一身專屬權者，非專屬於權利人本身，而得移轉於他人之權利，一般財產權均屬之。但財產權亦有專屬於權利人本身，例如，因委任或僱傭契約而生之權利是，斯乃因該種權利重視人的因素之故。

六、實質上的權利（第一次權利）與技術上的權利（第二次權利）

私權建立其基礎於法律主體、所有權（或其他權利）及契約等私法構成要素之上。故有「應受保護之利益本身」為內容之權利；從而即有「專為保護或實現此種利益為目的」之手段上的權利。人格權、身分權、物權、債權等屬於前者；請求權、形成權、抗辯權及管理權等則屬於後者。

伍 權利與法

法者，乃對法律關係的規律內容作一般客觀的規定者也。例如，《民法》第345條第1項規定：「稱買賣者，謂當事人約定一方移轉財產權於他

方，他方支付價金之契約。」此即法律也。根據該條法律，若現實上買賣成立時，出賣人負有將約定的財產交付於對方之義務，同時取得向對方請求給付價金之權利；相反地，買受人也相對地取得財產交付請求權，與負擔價金給付義務。因此，權利者，乃法的主觀表現。法為抽象的命題，權利則為該抽象命題之具體的表現。

在歐洲各國的語言中，亦可看出權利與法之關聯性。例如：拉丁語之「ius」、德語之「Recht」、法語之「droit」、義大利語之「diritto」、西班牙語之「derecho」，以及斯拉夫語之「pravo」等，均含有法與權利之兩面的意義。這些國家之法與權利，乃使用同一個字，斯非偶然，而是將法與權利視為一體的兩面之自然結果。

凡權利均產自於法，將所有的權利總體客觀化則變為法。就法典的形式視之，法為客觀的存在；就法律關係當事人各人主觀的立場視之，此即成為權利。德國學者有鑑於此，將法稱為「客觀上Recht」（Objektives Recht）；反之，稱權利為「主觀上Recht」（Subjektives Recht）。法國學者亦然，分成「客觀上droit」（droit objectif）與「主觀上droit」（droit subjectif）。因此，大體而言，法者為客觀上權利，而權利者為主觀上法也。

第十章　法與財產

壹　財產

　　財產者，得以金錢估計人類生活上利益之總稱也。然與自己喜愛的親戚朋友在一起時，所感受到的快樂或幸福感，以及埋頭讀書、欣賞藝術或做自己所喜愛的工作時之樂趣，亦均屬於人生至高之利益，但這些利益均無法以金錢估計，故不得稱之為財產。視自己的小孩為「寶貝」或「掌上明珠」，此乃一種比喻而已，而非財產。惟我國《民法》上之權利，許多乃是對著人身權等非財產權而發，故未必均具有財產上之價格。例如，債權不以有財產價格者為限（民第199條），物權之客體亦未必均有經濟上之價值，如先祖之牌位、情人之書信等。如此之財產權，雖然不得以金錢估計，但有侵權行為或債務不履行情形發生時，仍得將它變為金錢賠償請求權，在這一點上，亦可視之為一種潛在意義的財產。

　　人類精神上之利益（如人格權），其本身並非財產。但當受到侵害時，會產生精神痛苦之損害賠償請求權，此即所謂慰撫金請求權，該請求權便為財產。然此純屬精神上問題，被害人本人未有慰撫金請求之意思表示時，本人是否感到痛苦？有多痛苦？無法由他人判斷，因此，慰撫金請求權乃屬於一身專屬權，必賴被害人之請求表示才會產生（無行為能力人則由法定代理人代為表示）。故本人未做請求的表示而死亡時，慰撫金請求權則永不發生，則繼承人亦無從繼承之。反之，被害人於請求意思表示後才死亡，則慰撫金請求權已成為被害人之繼承財產，由繼承人承繼之（得由繼承人繼續行使其請求權）。

　　人類的生活利益，有些須依賴他人之行為方能取得（例如，乙欠甲1萬元，甲之該1萬元債權，必須依賴乙之償還行為方能實現）；亦有自己從物直接取得者（例如，所有人居住於自己所有的房屋）；前者為債權（即請求權），後者為物權（即支配權）。

　　再者，法律上有時候甚至將對自己毫無利益，反而要給他人利益之義務負擔也稱之為財產。例如，債務亦視為財產，而稱之為消極財產，或赤

字、「負字」財產。一般稱財產係指積極財產而言，然繼承財產、破產財產，以及清算法人之財產等，則包括積極財產與消極財產。因此，繼承人所繼承者為被繼承人所遺留下來的概括的財產時，即一般的財產外，債務亦須繼承。

貳 財產法與財產權

可供吾人生活上使用之物資有限，然人之欲望則是接近於無限的。以有限的物質因應無限的欲望，則非定立誰對某物質可做某程度之利用之規範不可，此便為法秩序也。隨著財貨生產技術之進步，產生物資之交換；有了貨幣以後，財產關係之規範將更為必要且愈形複雜。

現代財產法秩序——財產法，以保障個人財產之安全為其根本，即任何人之財產無正當的理由，不受他人之侵犯。例如，不得竊取或侵奪他人之財產，犯之者應受國法制裁。然，人類僅賴金錢亦不能果腹，必須向食品店購買食物，於是以協議（契約）方式，將錢與食品店的食物做適當的交換。這些都是以財產之私有為基礎所產生種種的財產秩序；因此吾人可稱此財產法秩序為私有財產制度；財產法上之權利為財產權。

財產權之中軸為所有權。所有權者得自由使用、收益、處分其所有物，並排除他人干涉之權利（民第765條）。將此所有權之使用收益權能讓與他人，而為他人設定用益物權，如《民法》上之地上權（民第832條）、農育權（民第850條之1）、不動產役權（民第851條）是。取出物之交換價值，以之作為債務之擔保，此為擔保物權，有抵押權（民第860條）、質權（民第884條以下）、典權（民第911條）及留置權（民第928條）等四種；前三種為意定擔保物權，最後一種為法定擔保物權。無體財產權者，如著作權、商標權以及專利權等，則以支配無體物（人類精神與智慧的產物）而獲取利益，故亦較似於物權的財產。物權為權利人支配標的物而直接獲取利益之權利，故物權為支配權；反之，債權則常須依賴債務人之行為而獲取利益，故債權為請求權（得請求債務人履行債務）。

參　靜的安全與動的安全

財產法，首先必須保障財產權之不受外界的侵害，即非使現存的權利安全不可，此便為財產權的靜的安全（static safety）。所有權絕對不可侵之命題，乃近世初期財產法上對財產權的靜的安全重視之表徵。

然財產並非完全不動的，必須置於動的交易中，由原所有人的手移到新所有人的手，故此時亦必須要保護流通的安全；為求流通之安全，則必須要保障新權利者之財產取得之安全。此種保護交易的安全者，便為權利之動的安全（dynamic safety）也。例如，無行為能力及限制行為能力之制度，乃是為保護無行為能力者或限制行為能力者之財產的靜的安全，對交易安全做某程度的犧牲，但完全犧牲相對人之利益亦不可，故《民法》為保護相對人之利益，乃設有兩種例外：一者給相對人以催告權；二者乃限制行為能力人使用詐術使人信其為有行為能力或已得法定代理人之允許者，其法律行為為有效（民第83條），此乃動的安全的保護。

靜的安全之要求與動的安全之要求，乃立於互相矛盾或衝突之原理上，故財產法常注意兩者之調合。且隨著工商經濟之發達，商品的流通愈形頻繁與複雜，交易的安全亦益形重要。因此，財產法之重點，亦漸次由靜的安全向著動的安全發展。動產物權之即時取得（即善意受讓人的保護，民第801條、第948條），就是最明顯的例子。例如，甲將自己所有的一支手錶借給乙使用，然乙將該錶當作自己的手錶廉價賣給不知情的丙，丙錢已付給乙且已從乙處取得該錶之占有。此時法律為保護善意（不知情）受讓人丙，雖然乙對該錶無處分權，但丙仍然可以取得該錶之所有權。此很明顯地即法律保護交易的安全（動的安全）而犧牲真正權利人甲的靜的安全。

除此之外，《民法》第169條「表見代理」之規定，以及《土地法》第43條不動產登記絕對效力之規定等，均亦屬於法律保護動的安全之規定。

法學入門

肆 財產之種類

財產可大致分為物權的財產、債權的財產，以及無體財產權的財產。

一、物權

物權者，乃直接支配其標的物之一種財產權也。所謂直接支配，即得逕就標的物為使用、收益、處分、保存及改良，並排除他人干涉等行為是。物權之標的物以須具有特定性之獨立物為原則，且每一物權之標的，應以一物為原則，此即所謂「一物一權主義」。其所以如此者，乃在於使標的物之特定性與獨立性得以確實，而便於公示也。

《民法》第757條規定：「物權除依法律或習慣外，不得創設。」是為物權法定主義。此乃物權法須貫徹公示原則，以保護交易安全。所謂不得創設，不僅其種類不得創設，即其內容亦不得創設。我國《民法》物權編規定之物權有所有權、地上權、農育權、不動產役權、抵押權、質權、典權、留置權等八種，另有占有之一事實。

物分為動產及不動產。稱不動產者，謂土地及其定著物（民第66條第1項）。不動產以外之物為動產（民第67條）。不動產物權以登記為公示方法；動產物權則以占有為公示方法。故《民法》第758條第1項規定：「不動產物權，依法律行為而取得、設立、喪失及變更者，非經登記，不生效力。」同法第761條第1項前段又規定：「動產物權之讓與，非將動產交付，不生效力。」不動產之所有權、地上權、農育權、不動產役權、典權及抵押權（動產抵押例外）為不動產物權。反之，動產所有權、留置權則為動產物權。至於質權，因其標的物不同，可分為動產質權及權利質權二種。以債權或其他可讓與的權利為標的物之質權，即稱為權利質權。例如商標權為可讓與的無體財產權，即可以作為權利質權之標的[1]。

---

1 參閱經濟部智慧財產局網站，網址：https://topic.tipo.gov.tw/trademarks-tw/lp-658-201.html，最後瀏覽日期：2021年9月18日。

二、債權

債者，乃債權人對特定人（債務人）請求履行特定行為之一種法律關係也。所謂特定行為，又稱為給付，包括債務人之作為及不作為。債權人對債務人只能請求，而不能直接支配，故債權為請求權，與物權之為支配權者不同。《民法》列舉之債之發生原因有五，即契約、代理權之授與、無因管理、不當得利及侵權行為是。然，代理權之授與僅為一種資格之授與，除其基礎法律關係外，其間不生任何之權利義務，故我國《民法》將之列為債之發生原因之一，似屬不當。

三、無體財產權

隨著產業的發達以及人類對生活品質的追求，社會上對於文藝、學術、美術、音樂，甚至電腦軟體等需求，與日俱增，使這些「無形的財產」，日益受到重視，其財產價值亦持續增大。所謂「無形的財產」，是指人類基於思想進行創作活動而產生的精神上、智慧上的無形產物，例如音樂、書籍、畫作、網站設計、電腦軟體、發明專利、商標等。而法律為保護此等人類精神智慧產物所賦予創作人享有之權利，就叫做「智慧財產權」（Intellectual Property Rights, IPR）[2]。

無體財產權，一般指智慧財產權，包括商標專用權、專利權及著作權等均屬之。無體財產權中之著作權，乃因著作物（作品）之創作完成或發表而取得，並非採註冊主義；至於專利權、商標權等之工業所有權，則因採註冊主義（向智慧財產局申請註冊）而取得。惟，三者均得自由轉讓。

另外，著作權之鄰接權（neighboring rights），亦值探討。所謂「著作權鄰接權」，乃是指「與著作權相鄰的權利」。於1961年10月在羅馬召開國際會議中，即簽署了鄰接權條約，當時雖唯有英、瑞等七國完成批准，然，這種思想已廣泛地受到承認。

鄰接權乃保護表演者、廣播者以及錄音產品製作人等的權利，在歐

---

[2] 參閱經濟部智慧財產局網站，網址：https://topic.tipo.gov.tw/trademarks-tw/lp-658-201.html，最後瀏覽日期：2021年9月18日。

洲，此等權利因被認為只是利用別人的著作，並非著作權所需保護的對象，故僅以較寬鬆的方式保護即可。我國於1985年7月10日公布之《著作權法》，亦有對鄰接權保護（例如對演講、演奏、演藝、舞蹈著作等之保護）的規定。嗣著作權幾經修正，現行《著作權法》已明文將視聽著作、錄音著作均列入規範及保護的範圍（著作權法第5條）。易言之，鋼琴作曲家之著作權受到保護，樂曲的演奏者亦給予保護，亦即對於實演者（表演家）、唱片製作者及廣播事業者，承認其有與著作權類似之權利。因此，鋼琴演奏者、「卡拉OK」演奏者亦均受著作權之保護。

此外，隨著錄音、錄影及廣播技術的發達，演奏者很可能會遭受技術性失業（Technological Unemployment）之危險。此雖非如著作權那麼強的權利，但乃立於與著作權相鄰之地位，因而產生鄰接權，此在財產權上仍具有相當之意義。日本最高法院1988年3月的判例認定「卡拉OK」之演奏亦須有著作權之保護。其保護期間為自表演、製片、廣播日起算50年。

伍 財產之取得

吾等之財產，大部分是從他人之處受讓取得，但亦有一部分之情形是由自己原始取得者。前者乃基於他人的權利而取得的權利，屬於繼受取得；後者則非基於他人的權利而取得，屬於原始取得。

一、繼受取得

繼受取得者，基於他人之權利，而取得權利之謂也。此以他人權利之存在為前提。由前權利人移轉其財產於新權利人之現象，謂之財產權之繼受。繼受取得，有基於法律行為（契約行為），如買賣、贈與、租賃，及地上權、抵押權等限定物權之設定等是；有基於非法律行為，如繼承是。因繼受而取得財產權者，後權利人不能取得大於或優於前權利人之權利。

二、原始權得

原始取得者，非基於他人之權利，而獨立取得權利之謂也。原始取得之情形如下：

（一）無主物之先占（民第802條）

　　無主之不動產屬於國有（土第10條），故在此得先占之標的，限於動產，如野鳥、野獸的捕捉，以及在海邊釣魚、海灘上撿貝殼等便是。所謂無主物，即現在不屬於任何人所有之物，至於以前曾否為人所有，則非所問。例如，原來為某甲之手錶，經某甲拋棄所有（即丟棄後），則會變為無主物，任何人對該手錶皆得行使無主物的先占。又先占人對於無主物只要有事實上之管領能力為已足，而不必有行為能力；因此，即使為無行為能力人（如幼稚園的兒童，或受過監護宣告者）亦得為無主物之先占。

（二）遺失物之拾得（民第803條以下）

　　遺失物之拾得者，乃發見他人之遺失物而占有之一種法律事實也。因拾得並非法律行為，故無行為能力人亦得為之。遺失物乃不基於占有人之意思，而脫離其占有。

　　拾得遺失物者，應通知遺失人、所有人、其他有受領權之人或報告警察、自治機關（於機關、學校、團體或其他公共場所拾得者，亦得報告於各該場所）；報告時，均應將其物一併交存。前開受報告者，應從速於適當處所以適當方法招領之。由公共場所之管理機關、團體或其負責人、管理人為招領後，招領後無人認領時，拾得人或招領人應將拾得物交存於警察或自治機關；警察或自治機關認原招領之處所或方法不適當時，得再為招領之。如拾得物有易於腐敗之性質，或其保管需費過鉅者，警察或自治機關，得拍賣之而保存其價金。遺失物拾得後6個月內，所有人認領者，拾得人、警察或自治機關，於揭示及保管費受償後，應將其物返還之。此時，拾得人得向受領人請求遺失物價值十分之一之報酬。遺失物拾得後6個月內所有人未認領者，警察或自治機關應將其物交與拾得人歸其所有。這種拾得人之取得，乃是屬於原始取得。

　　拾得漂流物、沉沒物或其他因自然力而脫離他人占有之物者，亦適用遺失物拾得之規定（民第810條）。

（三）埋藏物之發見（民第808條）

　　埋藏物之發見者，乃發見埋藏物，而占有之一種法律事實。埋藏物乃被埋藏於土地或其他物之中，而不易辨別其屬於何人之動產是也。發見並

 法學入門

非法律行爲，故發見人不以有行爲能力爲必要。「發見埋藏物而占有者，
取得其所有權。但埋藏物係在他人所有之動產或不動產中發見者，該動產
或不動產之所有人與發見人，各取得埋藏物之半。」（民第808條）。

這種取得亦屬於原始取得。惟，發見之埋藏物是供學術、藝術、考古
或歷史之資料者，依《文化資產保存法》之規定，應歸國有。

（四）添附（民第811條至第816條）

添附乃因增添附加，致物之質量擴張之事實也。添附包括附合、混
合、加工等三種，《民法》以之爲所有權取得之原因。

1. **附合**：附合乃所有人不同之二以上之物，結合成一新物（即合成
物）。此時該新物應歸屬於何人所有？若動產附合於不動產，則由不動產
所有人取得其所有權（民第811條）。若動產與動產附合，則各動產所有
人，按其動產附合時之時價，共有合成物；此項附合之動產，有可視爲主
物者（如甲的錶與乙的錶帶或錶鏈附合，則錶可視爲主物），則由主物所
有人（甲）取得合成物（附有錶帶的錶）之所有權（民第812條）。

2. **混合**：動產與他人之動產混合（如甲的米酒與乙的高粱酒混
合），則各該動產所有人按其動產混合時之價值，共有混合物。此項混合
之動產，有可視爲主物者（如甲的青菜豆腐湯與乙之醬油混合，則前者爲
主物），該主物所有人（甲）取得混合物之所有權（民第813條）。

3. **加工**：加工於他人之動產者（如以他人木板製成桌椅），其加工
物之所有權屬於材料所有人，但加工所增之價值，顯逾材料之價值者（如
將朽木雕刻成藝品），其加工物之所有權屬於加工人（民第814條）。

如上因添附關係之取得，係屬原始取得，但因此等取得致喪失權利而
受損害者，得依不當得利之規定，請求償還價額（民第816條）。

（五）取得時效（民第768條以下）

1. 如爲動產，則須以所有之意思，10年間和平、公然、繼續占有他
人之動產者，取得其所有權（民第768條）。

2. 如爲不動產，則以所有之意思，20年間和平、公然、繼續占有他
人未登記之不動產者，得請求登記爲所有人（民第769條）；若占有之始
爲善意並無過失者，則僅占有10年，即得請求登記爲所有人（民第770

條）。

　　所有權以外之財產權，如債權、著作權、商標權、地上權、抵押權等，亦得準用上開所有權取得時效之規定，取得該權利（民第772條）。「時效取得」亦屬於原始取得。

（六）即時取得（善意受讓人的保護）（民第801條、第886條、第948
　　　條）

　　此亦限於動產，即以動產所有權之移轉為目的，而善意受讓該動產之占有者，縱其讓與人無讓與之權利，其占有仍受法律之保護，受讓人仍取得其所有權（參見前揭第95頁動的安全）。善意受讓人乃基於法律之規定而取得所有權，故為一種原始取得。

第十一章　法與家族

家族之發生

　　家族共同生活之集團形式，大致從有人類歷史就開始。世界上所有的動物中，沒有比人類更需要受父母長期的保護；一般的哺乳動物，自出生後數日，最多經數個月，必須與生母分離而獨立生活。但人類的哺乳期或兒童期則長達10年以上，在此期間，子女必須在父母之庇護下與母同樓，此即原始之家族也。

　　人類能夠理解父子之間亦有血族關係的存在者，乃在人智開化以後的事情。在此以前，與子同樓之「親」者，僅指母親而言。但人類在生活上，還是需要異性之協助。康德把婚姻定義為異性特質之相互享有，其意義極為深遠。因此，母親要哺育子女時，可會想出父親的存在；這個時期的夫雖然不被觀念為父親，然由於為妻之子的緣故，產生父子間之密切結合關係。因此，學者通說認為，在原始之家族，係由母與子以及母與夫等三者（兩種關係）組織而成。此時不用說，家之中心為女人（母親）。因此亦由女兒繼承家產，定居於家而生育子女，男兒就離家尋求妻子，因而形成母系中心之家族社會（中國字的「姓」字，從「女」字旁者亦此之故也）。

　　對此和平的母系家族社會激起波濤者，乃是因為財產制度之發生。因弓矢、刀劍以及各種裝備之使用；對土地施工技術之進步，生產自用必須以外之財貨而有貯藏之觀念，甚至於發展為交換經濟活動，以致對平穩的母系社會起了大的變化。

　　法對於財產之生產或獲得，事實上男人比女人立於有利地位，因而使社會的動向起了原理性的變化。財產多的人，可藉著交換原理，將己所欲之他人的財產得手；故具有財產者，在社會生活上自然就立於有利的地位。具有此情形之多數者為男人時，自然社會亦會由母系中心的社會，轉向男人為中心之社會；男人甚至還可以依其財力購買妻子。

　　如斯家族之王座由男人就其位以後，男人在家族中可在妻及子女

上發揮其權力。對於這種男人，原始羅馬人稱之為「Pater」，家族之「Pater」（即Paterfamilias）者，乃指可對著家族行使權力者而言。但此時之「Pater」並無「父」之意思；蓋以此係人類在知道有父親的存在以前之現象或言語。然人智開化以後，人類才逐漸瞭解，「親」者不僅是母親，父親亦為親也，母親無父親亦不會生兒育子，所謂「無父何怙，無母何恃」，因此人類自覺「Pater」者，不僅是指具有財產權勢之意，在血統上亦與母親一樣，同屬於親（即父親）也。

但因父親（Pater）之權威遠超過母親的權威，連母親亦須接受父親之支配。而無形中變為父的地位比母的地位高一階，血統上亦以父的血統為優先；尚且，在以血統論定財產或地位之繼承之場合裡，人們還是以父親的血統為中心。人們方始將「Pater」一字認為，非僅是指權力者而言，同時還具有血緣之父親的意思。後世之日耳曼人稱父親為「Vater」，斯堪地那維亞人則稱之為「Vatter」，盎格魯撒克遜人則稱之為「father」。此均由「Pater」一字轉變而來。由此足見「father」者，本具有權勢或一家之主之意也。

如斯父親的權威逐漸強大以後，自然會產生欲將其權威傳給自己的子孫之欲望，因此確立了龐大的家父長制之家族制度；在中國、其他亞洲地區、羅馬、希臘以及希伯來等，均普遍地實施家父長制。但在此應注意者，強大的「Pater」率領之家族制度，僅存於社會之一部，即存於上流支配階級之家族；一般庶民之家族則更小更弱，家父長之權威也並不是很強。

貳 家父長制之家族制度

在家父長制裡，家父長的權力為絕對的。在古羅馬，家父長對其妻及眷屬具有「生殺與奪之權」。在家父長制之家族中，首先以由血統而生之家的繼續為其根本的要求；血統者不用說乃指父系的血統而言。由於家（Pater）之承繼者限於男子，因此社會產生了重男輕女。在早期的羅馬，女子終生被認為是無能力之人，在結婚前服從於「Pater」之權力，即服從於「Patria potestas」；婚後則服從於夫之權力，即被「manus」支

配，終生無獨立之人格。此如中國古代婦女之三從：「在家從父，出嫁從夫，夫死從子。」

又，封建社會係由武人支配的社會，乃戰鬥的社會，故男子受到尊重，眾子之中亦最重視最初具有戰鬥能力之長男，此亦即長子繼承制之原因。故隨著封建制或武人支配社會之終了，長子繼承制亦衰退。在家父長制之第一要求，為血統的繼承；第二要求則為家族之協力與統治。為求家族這一「鎖鏈」之長而堅固，非求一個一個的環節之堅固不可；為求其堅固，所被想出之規制，即要求家父長權威之鞏固。

參　現代之家族法

家族者本來是自然發生。古時之家族僅依賴極簡單的規範存立，如水到渠成，自然地被行使。但隨著社會的進步，家族規範也逐漸的增加，在家父長制之家族裡，也累積了很多嚴格的法規範。現代之家族法則比以前更加複雜，我國現行之家族法，主要規定於《民法》親屬編與繼承編當中，而得分為親屬法與繼承法。

一、親屬法

（一）親屬法之意義

親屬法者，規定親屬間之身分及其權利義務之法律，故親屬法者身分法也。身分關係，大多為自然發生，並以社會習俗為基礎，並與社會之公序良俗有關，故親屬法之規定，有下述特性：1.親屬法有強烈的地域性及民族性，各國間之規定頗有不同；2.親屬法多屬強行法，不得以當事人之意思而變更或排除其適用。例如，《民法》第982條規定：「結婚應以書面為之，有二人以上證人之簽名，並應由雙方當事人向戶政機關為結婚之登記。」3.身分關係有固定性，不許附條件或期間。例如，結婚或收養行為不許附條件或期限；4.身分行為應尊重當事人之意思，原則上不許代理。例如，結婚行為及收養行為（除自幼被扶養外）不許代理行使；5.身分行為之當事人，僅須具有意思能力，無須具完全之行為能力。例如，受監護之宣告者，本為無行為能力人，但在其神智清楚時，亦得自行結婚或

收養子女。

（二）親屬之分類

我國舊律，依宗法制度，分親屬為四種：1.宗親，即男系血統之親屬；2.外親，女系血統之親屬。例如，母家之親屬，姐妹或女兒之子女是；3.妻親，即妻之娘家親屬；4.夫妻。此種分類與血統事實不合，有違男女平等之原則，故現行《民法》將親屬分為配偶、血親與姻親三種：1.血親者，有血統關係之親屬也。其又可分為自然血親與擬制血親；前者指有純粹血統關係，後者乃因收養關係而取得血親身分（如養父母與養子女之關係）；2.姻親者，因婚姻關係而發生之親屬。其包含：(1)血親之配偶，例如姊妹之夫是；(2)配偶之血親，例如夫之父母或妻之父母姊妹是；(3)配偶之血親之配偶，例如夫之兄弟之妻或妻之姊妹之夫（連襟）是。至血親之配偶之血親，則不在《民法》所定姻親之內，故甲之女嫁給乙之子為妻，甲乙之間之關係，雖然被稱「親家」，但法律上反而「不親」，無親屬關係，實為立法之疏漏。

（三）親屬之親系

血親及姻親均有直系及旁系之分。1.直系血親，為己身所從出或從己身所出之血親。例如：父母、祖父母、外祖父母為直系血親尊親屬；子女、孫子女、外孫子女為直系血親卑親屬；2.旁系血親，為非直系血親，而與己身出於同源之血親。例如：伯父、舅父、堂表兄弟姐妹、姪子及外甥等是；3.姻親之親系，則從其配偶之親系。例如：媳婿為直系姻親，伯叔母為旁系姻親，妻之父母為夫之直系姻親，妻之兄弟為夫之旁系姻親，夫之繼母為夫或妻之直系姻親是。

（四）親屬之親等

親等乃計算親屬關係親疏之標準也。我國《民法》之親等乃採取羅馬法計算方法，直系血親從己身上下數，以一世為一親等；旁系血親，從己身數至同源之直系血親，再由同源之直系血親數至與之計算親等之血親，以其總世數為親等之數。例如：自己與祖父母間為二親等直系血親，與堂兄表弟姐妹間為四親等旁系血親，與伯叔父間為三親等旁系血親。姻親之親等則比照其配偶之親等。例如：自己與伯母或叔母間之親等為三親等旁

系姻親。

（五）親屬關係之發生及消滅

1. **親屬關係之發生**：自然血親，以出生為其原因。但非婚生子女須經生父認領或其生父與生母結婚（法律上稱之為準正），始能與生父發生血親關係；擬制血親，由收養而發生；姻親關係，則由結婚而發生。

2. **親屬關係之消滅**：自然血親，以死亡為唯一原因，不因當事人之同意而消滅，故社會上偶會見到，某甲（父）聲明與某乙（子）脫離父子關係，此在法律上不生任何效力，甲仍然為乙之父親；乙若未成年犯罪造成他人損害，則甲仍然要負法定代理人之賠償責任；甲死亡則乙亦仍然可以繼承父親的遺產；足見，脫離父子關係比生子還難，「養子不教孰之過？」；擬制血親，因收養關係之終止而消滅；姻親關係，則因離婚而消滅。結婚經撤銷者亦同。但人雖死，然死亡者以外之親屬關係，仍存在。例如：伯父死亡，伯母與自己間之姻親關係猶存。

二、繼承法

繼承者，一定親屬間，因一方之死亡，而由他方承受其非專屬性之財產上法律地位之謂也。析言之：（一）繼承因被繼承人死亡而開始；（二）繼承人與被繼承人間，須有一定親屬關係。其為自然親屬或擬制親屬，則非所問（養子女亦得繼承養父母之遺產）；（三）繼承係承受被繼承人非專屬性之財產上法律地位。易言之，即被繼承人非專屬性之財產上的權利義務，均由繼承人概括地承受。例如，父死亡時，遺留100萬元價值之財產（積極財產），但負債50萬元（消極財產），此時該100萬元財產及50萬元債務，均概括地成為父之遺產，而由其配偶及子女繼受。但若遺留下的債務超過其積極財產時，繼承人得選擇拋棄繼承或限定繼承。拋棄繼承應於知悉其得繼承之時起3個月內，以書面向法院為之（民第1174條）。繼承人於知悉其得繼承之時起3個月內開具遺產清冊陳報法院；繼承人有數人時，其中一人已開具遺產清冊陳報法院者，其他繼承人視為已陳報（民第1156條第1項、第3項）。

繼承制度，足以鼓勵人類勤勞儉樸，生產積蓄，並基於親子之情愛，

遺之子孫，以免其凍餒，而延續吾人之生命，故為人類社會生活所必需。雖也有養成子孫依賴、驕侈等流弊，亦不能廢止。甚至於《民法》還有特留分之規定，即被繼承人須為繼承人保留，而不得以遺囑自由處分之一部分遺產（民第1187條、第1225條）。繼承人之特留分如被侵害，得於其被害之限度內請求扣還。繼承人為直系血親卑親屬、父母或配偶時，以其應繼分之二分之一為其特留分（民第1223條）。

尚且，現行繼承法，廢除往昔之宗祧（祭祀）繼承制度，使男女之繼承權平等；繼承之標的，亦以財產為限，身分（如昔日公侯伯子男之爵位）繼承已不復存在。

肆 家族法之修訂

我國《民法》親屬、繼承兩編，自1931年5月5日施行迄今已逾91年，為因應國家社會情況之變遷及未來之發展，乃基於維護固有倫理道德及貫徹男女平等之原則，歷經多年漫長歲月，除於1985年6月3日有大幅修正外，其後又已多次修正，最近一次的修正，係在2021年1月間完成，將於2023年1月1日施行。

一、民法親屬編之修訂

從《民法》親屬編歷來的修正內容，可以略窺社會對家族與性別觀念的改變，其中較重要者有以下五項：

（一）放寬子女從母姓的限制

關於子女之姓氏，早期《民法》第1059條第1項硬性規定「子女從父姓」，不僅有違男女平等之原則，而且國人重視子嗣之觀念，子女若絕對不能從母姓，則有女無子之父母，必求生子而後已，致家庭計畫大受影響。其後則在同條項中加列但書規定「母無兄弟，約定其子女從母姓者，從其約定」，以資可以兼顧有女無子者之香火繼承，也可以維護我國固有的倫理結構。但限於「母無兄弟」之情況下才得約定從母姓，仍有違男女平等原則，故現行民法已修正為：「父母於子女出生登記前，應以書面約定子女從父姓或母姓。未約定或約定不成者，於戶政事務所抽籤決定

之。」

（二）限制表兄妹結婚

　　原來的《民法》雖然禁止八親等內的堂兄妹結婚，但表兄妹則不在禁止之列（民第983條）。惟後來之修正，則也限制五親等內表兄妹之結婚。禁止近親結婚（不問其為內親或外親）各國法律皆然，其主要理由有二：一者重視種族優生，二者維護倫常觀念。

（三）修正結婚的形式要件

　　早期《民法》採形式主義，規定「應公開之儀式及二人以上之證人」，但易滋糾紛，所以嗣修正改採登記主義：「結婚應以書面為之，有二人以上證人之簽名，並應由雙方當事人向戶政機關為結婚之登記。」（民第982條）。

　　婚姻乃是男女共結連理，乃千百年來的傳統，故對於同性婚姻，各界見解差異甚鉅。惟依大法官106年釋字第748號解釋，略以「民法第四編親屬第二章婚姻規定，未使相同性別二人，得為經營共同生活之目的，成立具有親密性及排他性之永久結合關係，……相同性別二人為成立上開永久結合關係，得依上開婚姻章規定，持二人以上證人簽名之書面，向戶政機關辦理結婚登記。」亦即承認同性婚姻，無論以法律、家族結構，以及整體社會關係而言，後續可能都會因此而有重大的改變。

（四）夫妻財產制男女平等化

　　過去《民法》所規定的夫妻財產制，以「聯合財產制」為法定財產制，以「共同財產制」、「統一財產制」及「分別財產制」為約定財產制。約有95%之夫妻均無特別約定而採取「聯合財產制」，這種制度過於繁瑣，且形成「夫債妻還，妻債夫不管」的流弊，有違男女平等原則。

　　目前我國夫妻財產制，有「法定財產制」及「約定財產制」二者，而約定財產制，又有「分別財產制」和「共同財產制」兩種。

　　夫妻間如無特別之約定，即採法定財產制，亦即夫妻各自管理名下的財產，不論是婚前取得或是婚後取得，都各自保有所有權，且各自管理、使用、收益及處分。除了家庭生活費用之債務由夫妻負連帶責任，夫妻各自負擔自己的債務。

夫妻間如經約定採「分別財產制」，等於是所謂的「只有人結婚，但財產不結婚」。婚後夫妻仍然各自管理、使用、收益、處分自己名下的財產，個人的債務也是各自分擔。也正因為「財產不結婚」，所以即使因死亡或離婚等原因，致夫妻婚姻關係消滅，並不會有任何剩餘財產分配請求權的存在。

屬約定財產制之一的「共同財產制」，是將夫妻財產劃分為共同財產和特有財產。夫妻婚後財產除了個人特有財產外，由夫妻公同共有。除非夫妻約定由一方管理，否則由雙方共同管理，處分財產則必須經過雙方同意。夫或妻就自己的特有財產所生債務各自負責，共同財產所生債務則由共同財產清償。共同財產制關係消滅時，除非夫妻雙方另有約定，夫妻各得關係存續中取得財產的一半。

這次修正刪除「統一財產制」，並合理地修正「聯合財產制」，力求男女平等原則，兼顧交易安全。修正後《民法》第1017條規定，聯合財產中，夫或妻於結婚時所有之財產，及婚姻關係存續中取得之財產，為夫或妻之原有財產，各保有其所有權。惟聯合財產中，不能證明為夫或妻所有之財產，推定為夫妻共有之原有財產。又《民法》第1030條之1規定，聯合財產關係消滅時（如離婚），夫或妻於婚姻關係存續中，所取得而現存之原有財產，扣除婚姻關係存續中所負債務後，如有剩餘，其雙方剩餘財產之差額應平均分配。例如，夫妻離婚，自結婚以至離婚期間，夫所取得而現存之財產共有120萬元，但負債20萬元，扣除後剩餘100萬元；妻所取得而現存之財產則僅有30萬元，扣除負債10萬元後剩餘20萬元；因雙方剩餘財產之差額為80萬元，即夫多於妻80萬元（100 – 20 = 80）；此時，離婚妻得主張平均分配80萬元剩餘財產之差額，而要求離婚夫分給她40萬元（80萬元之一半）之財產。此乃仿效西德民法之「淨益共同制」（Zugewinngemeinschaft）以及瑞士舊民法之「盈餘分配權」，用以補償妻之家務管理與育幼的辛勞。

（五）離婚

對於兩願離婚，現行《民法》應以書面為之，並有二人以上證人之簽名，並應向戶政機關為離婚之登記（民第1050條），故兩願離婚除訂立離

婚協議書以外，還必須向戶政機關辦理離婚登記，方始生效，以求慎重，及符合社會公益。好處在於，未辦理離婚登記以前雙方還有反悔或「破鏡重圓」之餘地也。

《民法》另規定：1.重婚為無效（民第988條、第985條）（舊法為得撤銷）；2.收養子女應以書面為之，並向法院聲請認可（民第1079條），以保護被收養者之利益；3.婚約之解除，無辜受害一方，雖非財產上之損害，亦得請求賠償（民第977條第2項）。

二、民法繼承編之修訂

（一）養子女之繼承順序及應繼分，均與婚生子女同。

（二）廢除指定繼承人制度：舊《民法》第1143條規定，無直系血親卑親屬者，得以遺囑就其財產之全部或一部指定繼承人。新法已將該條刪除，以便廢除「宗祧繼承」之陋習。

（三）限制繼承權拋棄方式：修訂《民法》第1174條規定，繼承權之拋棄，應於知悉其得繼承之時起3個月內，以書面向法院為之。並以書面通知因其拋棄而應為繼承之人。但不能通知者，不在此限。舊民法規定，對於繼承拋棄之書面通知，除法院以外亦得向親屬會議或其他繼承人為之。但新法僅規定向法院為之，以求權利關係之明確，而免爭端。

（四）縮短禁止遺產分割之期間：新訂《民法》第1165條第2項規定，以遺囑禁止遺產之分割者，其禁止之效力以10年為限。舊民法規定以20年為限，在今日工商社會，實嫌過長，爰縮短為10年。

（五）增設錄音遺囑之方式與效力：新訂《民法》第1195條第1項第2款增設，遺囑人因生命危急或其他特殊情形，不能依其他方式為遺囑者，得由遺囑人指定二人以上之見證人，並口述遺囑意旨、其姓名及年月日，由見證人全體口述遺囑之為真正及其姓名，全部予以錄音，將錄音帶當場密封，並記明年月日，由見證人全體在封縫處同行簽名，而完成錄音遺囑之要件。以便配合實際之需。但錄音遺囑，仍屬於在緊急狀態中口授方式遺囑之一；口授遺囑，自遺囑人能依其他方式為遺囑之時起，經過3個月而失其效力（民第1196條）。《民法》上其他方式之遺囑有：自書、公

證、密封，以及代筆等遺囑。

三、民法總則之修訂

　　民法總則是民事關係之基本規範，故其任何條文之修正，均有長遠之影響，茲就近期修訂，且與家族關係較屬相關之條文，略述如下：

（一）民法第12條之修正

　　我國自訂定民法以來，均於《民法》第12條明定以20歲為成年。2020年12月25日，立法院三讀修正通過民法部分條文等案，將民法成年年齡下修為18歲，並設緩衝期，定於2023年1月1日施行。

　　上開新修正條文實施後，年滿18歲之人，可獨立辦手機、租屋、簽契約、開戶、辦信用卡、貸款、申辦行動支付及電子支付，或擔任公司發起人或董事，另外也可提起民事訴訟或行政訴訟。

（二）結婚、訂婚年齡之修正

　　因應《民法》第12條的修正，結婚年齡已配合修正為「男女未滿十八歲者，不得結婚」，並刪除原有「未成年人結婚，應得法定代理人之同意」的規定；至訂婚年齡則已配合改為「男女未滿十七歲者，不得訂定婚約」。

四、家事事件法之增訂

　　《家事事件法》為一部將以往《民事訴訟法》中的人事訴訟程序、家事非訟程序以及家事調解程序合併立法，統一規範的法律程序。

　　《家事事件法》第1條明定，該法係「為妥適、迅速、統合處理家事事件，維護人格尊嚴、保障性別地位平等、謀求未成年子女最佳利益，並健全社會共同生活」。本法之重要特色，是將家事法院之角色做一轉換，從單純之裁判者，轉變為連結各項資源、處理紛爭之統籌，整合專業社工人員、心理諮商輔導人員、程序監理人及家事調查官等，連結相關資源，期望有效、適切地處理家事糾紛[1]。

1　參閱沈冠伶，家事程序之新變革，頁294，元照，2015年12月。

　　惟家事事件法因屬程序法，故對於家事事件之處理程序，雖有諸多新的規範，但對於家族間有關親屬、繼承方面實質的權利義務關係，鮮少有所影響。

第十二章　法與勞動

壹 勞動關係之歷史觀察

　　勞動是生產之重要因素。所謂「勞動關係」，簡言之即是利用人之勞動力從事生產之關係。在人類社會發展之過程中，勞動關係如何變遷，幾乎反映著各個時代之不同社會結構，也顯現出各個時代之特色。

一、上古時代之不自由勞動

　　勞動關係在近代以前，大致仍停留在服從支配之關係，具有強烈之身分色彩。在上古時代盛行奴隸制度，日常生產完全依賴奴隸提供其勞動力。奴隸為其主人提供勞動力之關係，係基於公法之支配關係，並無私法之意義。

　　後來生活關係逐漸複雜化，生產除了依賴奴隸勞動外，尚須依賴自由人，但此種自由人之勞動，如農業勞動、海運勞動，仍不以自由契約之形式為之，而以類似奴隸勞動之方式為之。在巴比倫、希臘及羅馬時代都維持著奴隸勞動之關係。

二、羅馬時代自由人租賃勞動

　　進入羅馬時代之後，其自由人之勞動關係則脫離奴隸勞動之方式，而進入自由契約之方式，即自由人為他自由人所利用時，係將自己之勞動力出租給對方，於是成立勞動租賃契約。這種勞動關係是以兩個人格間之債權關係為基礎。不過，當時的勞動租賃關係，尚不能和18世紀啟蒙時代以後之僱傭契約相比。

三、日耳曼時代身分色彩勞動

　　日耳曼的法律關係係以人格者相互間「人的連鎖關係」為基礎，並非建立在絕對的個人對立基礎上，因此日耳曼思想中的勞動關係，乃是主從間的忠勤關係，以及上下身分的結合關係。忠勤關係首先出現於8、9世

紀,到了12、13世紀逐漸發展,債權法逐漸加入身分法的要素,喪失羅馬時代以來以契約關係為主之性質。

日耳曼勞動思想的最大特色,是並無高級與下賤的勞務之分,同屬於法律之規範。此係與羅馬法相異最大之點。18、19世紀受法國大革命之影響,勞動關係亦有顯著之進展。

四、啟蒙時代自由契約勞動

18世紀自然法思想認為,對人全面之支配關係乃是一種反人倫的關係,要求將一切對人羈束、壓迫的法律制度予以撤廢,努力於將各人從所有桎梏之中解放出來,恢復人格之絕對,於是產生自由契約關係之法律思想。勞動關係亦承其一貫理論,逐漸喪失其身分要素、滲入債權之要素。勞動成為買賣關係中之商品,勞動關係係兩個人格者間,勞務與報酬交換之純債權關係。

自由主義者將勞動關係全面債權化,在立法中以新的契約類型規定之,故在普魯士1794年之普通法中,將勞動關係規定為「有關行為之契約」;1911年之奧國民法,將勞動關係規定為「關於勞務給付之有償契約」;1865年之薩克森民法,則規定為僱傭契約;1896年之德國民法及1911年之瑞士債法,均同樣規定為僱傭契約。至此,勞動關係在債權法上取得獨立之地位,成為法典上之僱傭契約。

五、資本主義發達與勞動契約

18世紀末,工業革命之火花,從英國開始逐漸遍布到歐洲大陸。蒸汽火車取代了驛馬車,機器生產頂替了手工生產,使人類的歷史由農業時代燦然地進入工業時代,促成了空前的物質文明。在資本主義思想籠罩下,勞動商品化。欲購買勞動力之使用者,只須支付工資,如同貨物之買賣,買主支付償金,賣主對之支付貨物,如是而已。至於勞動者之生活及健康問題,根本不予顧慮。因而,勞資雙方在冷酷的僱傭關係下,毫無倫理感情之滋潤。僱用人盡可能依其所欲壓榨受僱人之勞動力。同時,復在自由放任主義之偏袒之下,勞動生活之規則由雇主片面決定,國家權力無從過

問，終導致勞動者地位之卑下與生活之困苦。在19世紀資本主義全盛時期，自由市場競爭造成企業的壟斷與獨占，大資本經營次第吞併了小資本經營。在經濟實力懸殊之下，資本家憑藉著大量土地與資本，增設廠房，添購機器，主宰了數以萬計勞動者之命運。

雖說，依據私法自治之自由平等原理，契約當事人得依其協商合意創設其法律關係之具體內容。但是，那些在礦坑中、工廠裡灰頭土臉的工人，為了求生存，只能與雇主締結僱傭契約，至於契約之內容為何，則任由雇主片面決定。因此，在當時之勞動環境，冗長之工作時間、飢餓工資、實物報酬制度、夜間工作之婦女兒童、簡陋危險之工廠設備等等，均在雇主一味追求利潤下，一一出現。

支配勞工生活關係之僱傭契約竟成為雇主壓榨勞工之工具，改革之呼籲乃此起彼落。自19世紀後半葉，各國政府紛紛修正其契約法，公權力亦逐漸積極介入勞動生活環境中，開始制定大量的勞工保護法令，以取代雇主自訂的不公平契約條款，例如：限制童工、女工之工作時間；強制僱用人改善其工作場所、工作條件、衛生安全。僱傭契約亦因之滲入更多之倫理道德要素，而另以勞動契約之名出現於各國勞工法中。

六、勞動者之團結與勞動憲章之確立

因勞動問題之普遍發生，各國次第實施保護勞動者之政策。而在勞動者本身方面，為求生存亦展開了團結運動，與雇主資方相抗衡，對在契約自由原則之形式下所伴隨之各種不利的勞動條件，加以調整。此種團結運動的目的，係在肯定資本主義社會勞動力的商品性之前提下，要求勞動力之賣者（勞方）與買者（資方）站在實質上平等之地位，以公正之價格（即工資）獲得其商品。只是，勞動力與其他的普通商品迥異，它係與勞動者之人格相結合者。勞動者之工資，消極方面係在確保勞動者之生存，積極方面則在促進勞動力之再生產、再製造。在勞動者團結運動之奮鬥下，許多資本主義國家陸續承認了勞動者之團結權、團體交涉權與爭議權（此三者通常被稱為「勞動三權」），使勞動者之工資及勞動條件，能透過勞資雙方之團體交涉，予以決定。

117

從19世紀後半葉，勞動法開始萌芽，到了20世紀，廣受重視。由於國際勞工組織及國際條約之影響，勞動法逐步走向國際化，特別是第二次世界大戰後，《凡爾賽和約》之簽訂，其中第十三篇第二章共有427條之條文，即是有關勞工立法理念及保護勞工之規定，揆其大要如：（一）應尊重勞工其人權，不應視為商品處理；（二）承認勞工之團結權；（三）有關工資國際水準之設定；（四）有關工時國際水準之設定；（五）每週1日休息；（六）童工之保護；（七）同一價值之勞工，男女同酬；（八）勞工平等待遇；（九）確立監督制度等等。世人稱此為「勞動大憲章」（Labor's Magna Carta），各國勞工立法莫不以此為圭臬。自此以後，勞工之基本權利被確認，勞動者被資本家剝削之權利，一一回到勞動法之懷抱。

以今日諸先進國家言，其勞動保護立法已趨整備，勞動團體之活動已被肯認。抑且，勞動團體並能經由與資方之團體交涉，自主地改善勞動條件，在契約自由之原則下，實質地取得勞資間之平等，建立妥適的勞動關係。

貳 我國勞動關係之法律規制

一、憲法上之勞動基本權

我國《憲法》第15條規定：「人民之生存權、工作權及財產權，應予保障。」本條文一方面係對財產權之保障予以宣示，另一方面則係對勞動者之生存權、工作權加以規定，以保障勞動者經濟上之基本權。而所謂勞動者經濟上基本權，即勞動基本權，係指「勞動三權」——團結權、團體交涉權及爭議權之保障。

20世紀之後，各國對勞動三權之保障，紛紛以憲法立法確認，勞動三權之關係密切而不可偏廢。

二、勞動法之基本原則

勞動法乃資本主義社會之產物，資本主義社會又以私有財產制為基

礎，而其指導思想則係個人主義、營利主義及自由主義。其表現在法的理念上為所有權之自由、契約之自由及過失責任主義三個指導原則。但工業革命後，由於生產技術及生產方式的劇變，使社會結構連帶受影響。就法的觀點言，所有權之自由、契約之自由以及過失責任主義三個指導原則，已使新的勞資問題難以收拾，因此，為調和勞資間之社會生活，不能不以公共福祉之原則、誠實信用之原則及權利濫用禁止之原則，對於勞資間之法律問題予以調整。在勞動法之獨特領域下，亦形成其獨特的指導原則。茲分述如下：

（一）個別勞動法部分

　　整個勞動保護法規可以說是基於保護勞工之目的而生。保護勞工的原則為整個勞動法之一大原則，但在勞工保護法規表現得最為澈底，又以保護勞工為目的而規定勞動基準時，仍須以雇主之經濟負擔能力為其界線。

（二）集體勞動法部分

　　工會係屬於勞工之團體組織。勞動者有自由加入工會之權利。而工會係以爭取勞動者有關勞動條件之改善為主要目的，故應有獨立自主之地位。另外，國家制定團體協約法，使工會與雇主站在平等的地位上談判，團體協約有關勞動條件之規定，對於協約關係人直接具有拘束力，雇主與個別勞動者不能以勞動契約修改團體協約而為不利於勞動者之約定。又勞動者對企業的營運，應有參與意見的機會，但勞動者之企業經營參與權，以不影響企業經營之競爭能力為其界限。就勞資爭議之處理而言，勞資爭議處理法以規範勞資間有關調整事項之爭議為限，以勞資團體為交涉當事人。但行政機關在有關勞資爭議之處理上，仍應避免過早或非必要之干預，以免阻礙勞資雙方之公平協商。

三、勞動法體系

　　勞動法律體系應從憲法上之有關規定展開。蓋憲法為一國立國之根本大法，許多國家在憲法上給予勞動者基本權利之保障。我國亦復如此。我國《憲法》上第7條、第8條、第14條、第15條、第22條、第23條、第152條、第153條、第154條、第155條及第157條，均係有關勞動者權利保障

之規定。尤其是第14條「集會結社自由」、第15條「生存權、工作權之保障」、第153條「勞工之保護」、第154條「勞資之協調」、第155條「社會保險」等規定,殆可認係勞動法之基本的法原則。勞動法之法律體系,即係本著上述憲法規定之法原則,再透過立法機關之立法予以具體化。

在憲法之基本架構下,勞動法可以區分為個別勞動法及集體勞動法兩大類。個別勞動法應包括有關勞動關係方面之立法,及有關勞動保護之立法;集體勞動法則應以有關勞工組織、團體協約、勞工參與及勞資爭議等方面之立法為主要內容。不過,就事實言之,直至1984年7月30日公布施行《勞動基準法》之前,我國之勞工法令尚未構成一個完整之立法體系。在此之前,我國一直是依賴1947年以前制定的幾部勞動法規來規範我國之勞資關係。例如:1928年的《勞資爭議處理法》、1929年的《工會法》、1929年的《工廠法》[1]、1930年的《團體協約法》、1931年的《工廠檢查法》[2]、1936年的《礦廠法》[3]及1943年的《職工福利金條例》等即是。由於部分法令本身有缺失,未能適時修正,各單位對於法令之解釋不統一,徒有法令,但並未依法實施,加以一些重要法令,如1936年間先後制定的《最低工資法》及《勞動契約法》,均因故未明令施行,致使勞資爭議滋生,勞資關係之和諧發展,亦頗受影響。

因此,經過政府與勞資三方面長期研商及努力,備受社會各界人士普遍關注之《勞動基準法》,終於在1984年7月19日由立法院三讀通過,並經總統於7月30日明定公布,自8月1日起施行。而根據《勞動基準法》,政府又相繼制定且陸續修訂了《勞動基準法施行細則》、《勞工請假規則》、《工作規則審核要點》、《基本工資審議辦法》、《違反勞動基準法罰鍰案件處理要點》、《勞工檢查員服務規則》、《勞資會議實施辦法》、《勞工退休準備金提撥及管理辦法》、《積欠工資墊償基金提繳及

---

[1] 《工廠法》之適用對象已納入《勞動基準法》保障,有關勞動條件、職業安全衛生事項,亦已於《勞動基準法》、《職業安全衛生法》等有完整規範,故已於2018年11月21日廢止。

[2] 《工廠檢查法》於1993年2月3日修正,其新名稱為《勞動檢查法》。

[3] 《礦廠法》於1986年11月24日總統令公布廢止。

墊償管理辦法》等法令。至此，我國勞動法之體系，可謂建立，其體系如下：

（一）憲法之勞動法基本原則：我國《憲法》第7條、第8條、第14條、第15條、第22條、第23條、第152條、第153條、第154條、第155條及第157條等。

（二）有關個別勞動法方面：屬於勞動條件之《勞動基準法》及其施行細則、《基本工資審議辦法》、《職業安全衛生法》及其施行細則；屬於勞工福利之《職工福利金條例》及其施行細則、《勞工保險條例》及其施行細則，屬於促進就業之《職業訓練法》；屬於勞工教育之《勞工教育實施辦法》。

（三）有關集體勞動法方面：屬於勞工組織之《工會法》及其施行細則；屬於勞資關係之《勞動契約法》、《團體協約法》、《勞資爭議處理法》、《勞資爭議調解辦法》及《勞資會議實施辦法》。

四、勞動基準法

《勞動基準法》係勞動法律體系中規範勞動條件之基本大法，屬個別勞動法中，勞動保護法之最主要內容。其目的在保障勞工應有權益，加強勞資關係之和諧，促進社會與經濟發展。《勞動基準法》性質上是一公法，由國家介入個別勞動關係，確定勞動契約之法定基準，此種法定基準係勞動契約之最低條件，雇主與勞工所訂勞動條件，不得低於《勞動基準法》所定之最低標準。茲將《勞動基準法》（簡稱勞基法）之要點列述如下：

（一）勞工及工資之定義

勞基法對「勞工」之定義採廣義之認定，凡「受雇主僱用從事工作獲致工資者」均係勞工。就「工資」之認定，亦謂凡勞工因工作而獲得之報酬；包括工資、薪金及按計時、計日、計月、計件以現金或實物等方式給付之獎金、津貼及其他任何名義之經常性給與均屬之。

（二）強制勞動之禁止

《勞動基準法》明文規定，雇主不得以強暴、脅迫、拘禁或其他非法

121

之方法，強制勞工從事勞動（勞基法第5條），違者處5年以下有期徒刑、拘役或科或併科75萬元以下罰金（勞基法第75條）。

（三）勞動契約之訂定與終止

勞動契約之訂立不限制其方式，無論是口頭或書面之方式均可。不過，勞動契約分為定期契約與不定期契約，除臨時性、短期性、季節性及特定性工作得為定期契約外，凡有繼續性之工作均應為不定期契約。派遣事業單位與派遣勞工訂定之勞動契約，亦應為不定期契約（勞基法第9條）。

在勞動契約之終止方面，定期契約期滿終止，不定期契約則須依其年資予以預告期間，始得終止，但雇主預告終止勞動契約，仍須符合勞基法所規定之特定情事始得為之（勞基法第11條）。

反之，勞工若有違反勞動契約或工作規則情節重大等特定情事，雇主得不經預告終止契約（勞基法第12條）。

（四）資遣費

雇主經預告終止勞動契約者，應依規定發給勞工資遣費，以繼續工作每滿1年發給相當於1個月平均工資之資遣費為原則（勞基法第17條）。

（五）工資之發給

工資由勞雇雙方議定，但不得低於基本工資（勞基法第21條），以保障勞工起碼的生活條件。工資之給付應以法定通用貨幣為之，且應按期給付，不得預扣（勞基法第22條、第23條、第26條及第27條）。雇主對勞工不得因性別而有差別之待遇。工作相同、效率相同者，應給付同等之工資（勞基法第25條）。

（六）積欠工資優先清償

雇主因歇業、清算或宣告破產，本於勞動契約所積欠之工資未滿6個月部分、雇主未依本法給付之退休金及資遣費，有最優先受償之權（勞基法第28條）。

（七）工作時間

勞工每日正常工作時間不得超過8小時，每週工作總時數不得超過40小時（勞基法第30條）。勞工每工作7日中應有2日之休息，其中1日為

例假，1日爲休息日；惟雇主如有法定情形，則不受此限制（勞基法第36條）。

　　勞工在同一雇主或事業單位，繼續工作滿一定期間，應依規定給予特別休假（勞基法第38條）。加班不得超過限制時數（勞基法第32條）。

（八）童工、女工

　　15歲以上未滿16歲之受僱從事工作者，爲童工。童工及16歲以上未滿18歲之人，不得從事危險性及有害性之工作（勞基法第44條）；不得加班，例假日不得工作（勞基法第47條）；且不得從事夜間工作（勞基法第48條）。女工除符合特定條件外，亦不得從事夜間工作（勞基法第49條）。爲保護女工，女工分娩前後，應停止工作給予產假，受僱工作在6個月以上者，停止工作期間，工資照給（勞基法第50條）。女工在妊娠期間，得申請改調較輕易之工作（勞基法第51條）。

（九）退休

　　勞工工作15年以上年滿55歲者，或工作25年以上者，或工作10年以上年滿60歲者，得自請退休（勞基法第53條）。

　　年滿65歲或身心障礙不堪勝任工作者，得強制退休。對於擔任具有危險、堅強體力等特殊性質之工作者，得由事業單位報請中央主管機關予以調整強制退休年齡，但不得少於55歲（勞基法第54條）。

　　勞工退休金係按其工作年資，每滿1年給與2個基數（指核准退休時1個月平均工資），最高總數以45個基數爲限（勞基法第55條），雇主並應按月提撥勞工退休準備金，專戶存儲，並不得作爲讓與、扣押、抵銷或擔保之標的（勞基法第56條）。

（十）職業災害補償

　　勞工因遭遇職業災害而致死亡、失能、傷害或疾病時，雇主應依規定予以補償。勞工在醫療中不能工作時，雇主應按其原領工資數額予以補償。但醫療期間屆滿2年仍未能痊癒，經醫院診斷審定爲喪失原有工作能力，且不合失能給付標準者，雇主須一次給付40個月之平均工資後，始能免除工資補償責任（勞基法第59條）。事業單位以其事業招人承攬，如有再承攬時，承攬人或中間承攬人，就各該承攬部分所使用之勞工，均應與

最後承攬人連帶負職業災害補償之責任（勞基法第62條）。

（十一）技術生之招收

雇主招收技術生，須與技術生簽訂書面訓練契約，訂明訓練項目、訓練期限、膳宿負擔、生活津貼、相關教學、勞工保險、結業證明、契約生效與解除之條件及其他有關雙方權利、義務事項（勞基法第65條）。雇主不得招收未滿15歲之人為技術生。但國民中學畢業者，不在此限（勞基法第64條）。雇主不得向技術生收取有關訓練費用（勞基法第66條）。

（十二）勞工之申訴

勞工發現事業單位違反《勞動基準法》及其他勞工法規時，得向雇主、主管機關或檢查機關申訴。雇主不得因勞工之申訴而予解僱、降調、減薪、損害其依法令、契約或習慣上所應享有之權益，或其他不利之處分。如雇主為前開行為之一者，無效（勞基法第74條）。

（十三）勞資會議之舉辦

為協調勞資關係，促進勞資合作，提高工作效率，事業單位應舉辦勞資會議（勞基法第83條）。

《勞動基準法》施行以來，最初糾紛與爭議不斷，因為很多細節都沒有定案，而且也未認真的實施。嗣後再經多次修正[4]，其內容已漸趨周延。惟經濟社會持續變遷，為真正照顧勞工大眾的生活與利益，政府後續仍宜在謀求勞資關係和諧之前提下，衡酌勞方應得利益及資方應負擔勞動成本的前提下，持續檢討做公正合理之修正。

五、現行有關勞工集體保護立法

關於勞工之集體保護方面，勞工有組織工會之權利，有團體協商之權利，有爭議之權利，此即所謂「勞動三權」。茲分述我國之有關規定：

（一）工會組織

依我國《工會法》第1條規定，為促進勞工團結，提升勞工地位及改善勞工生活，特制定本法。同法第6條規定，工會組織的類型，包括：

4　《勞動基準法》自1984年公布施行後，迄今已修正過22次。

1.企業工會：結合同一廠場、同一事業單位、依公司法所定具有控制與從屬關係之企業，或依金融控股公司法所定金融控股公司與子公司內之勞工，所組織之工會；2.產業工會：結合相關產業內之勞工，所組織之工會；3.職業工會：結合相關職業技能之勞工，所組織之工會。

30人以上者，可組織產業工會。

依我國《工會法》第4條規定，勞工均有組織及加入工會之權利。工會是勞資合作之橋樑，亦是勞資合作之支柱；不但易使勞資關係和諧，也使政府法令容易貫徹，所以各國容許工會之存在。我國早年曾因處於戒嚴時期，對於工會有較多的管制（例如規定工會不得罷工、工會之負責人由執政黨協調）。但隨著政經環境的改變，勞工權益較諸早年更受重視，政府對工會之政策也由管制趨向輔導，進而明文規定對於工會及會員的保護條文（工會法第35條、第36條），使工會能發揮勞資合作之效能。

（二）勞資會議

勞資會議依《勞資會議實施辦法》之規定，主要討論有關協調勞資關係、促進勞資合作、勞動條件、勞工福利策劃、提高工作效率及勞資會議代表選派及解任方式等相關事項。其目的係要勞工參與企業之經營大計。勞工對工資、工作環境、勞動條件固然重視，但如讓勞工有參與感，勞工對企業之發展有成就感，更會增加勞工之向心力，對整個企業將有莫大之助益，所謂「工業民主」之真諦即在於此。

勞資會議係工業民主之重點，我國於1985年5月13日，依據勞基法第83條之意旨而訂定發布《勞資會議實施辦法》，嗣再經三次修正，對於保障勞工權益、加強勞雇關係有所助益，為勞資和諧扎下根基。

（三）團體協約

依照我國《團體協約法》之規定，團體協約之締結是由工會與雇主或雇主團體為之。團體協約之目的係約定勞動關係及相關事項，即法令所未規定之事項，由勞資雙方自行協商決定其權利義務。團體協約之效力與勞動契約相同，訂立之後，勞資雙方均應遵守。團體協約亦須經主管機關之許可。

我國對團體協約之推行尚不夠理想。不過，團體協約訂立之目的係在

穩定勞動關係，促進勞資和諧，保障勞資權益，所以仍應繼續擴大推行。

（四）勞資爭議

勞資雙方發生糾紛，似難避免。一般勞資糾紛分為兩類：一是權利事項之勞資爭議，指勞資雙方當事人基於法令、團體協約、勞動契約之規定所為權利義務之爭議，如關於工作時間、資遣費等。另一是調整事項之勞資爭議，即指勞資雙方當事人對於勞動條件主張繼續維持或變更之爭議，如工資太低，勞方要求提高工資，此種即為調整事項。

我國處理勞資糾紛依據的法律有二：一是《勞資爭議處理法》；另一是《勞資爭議調解辦法》。前者之處理方法是「調解」、「仲裁」和「裁決」[5]；而後者的處理方法是「調解」。勞資糾紛如愈演愈烈，將致喪失理性，破壞社會秩序，後患無窮，故政府對勞資糾紛之處理須像救火隊一樣，要迅速解決。《勞資爭議處理法》所規定的爭議解決制度，為勞資雙方訴訟外之紛爭解決機制，其目的係為提供勞資雙方以更經濟、迅速的方式以解決糾紛。也因此勞資爭議在調解、仲裁或裁決期間，資方不得因該勞資爭議事件而歇業、停工、終止勞動契約或為其他不利於勞工之行為；勞方不得因該勞資爭議事件而罷工或為其他爭議行為（勞資爭議處理法第8條）。換言之，此規定可以使勞資雙方在調解、仲裁或裁決期間，暫時冷卻彼此之爭議狀態，以利於爭議之處理。

---

5 依《勞資爭議處理法》第6條規定，權利事項之勞資爭議，得依本法所定之調解、仲裁或裁決程序處理之。同法第7條規定，調整事項之勞資爭議，依本法所定之調解、仲裁程序處理之。

第十三章　法與世界

壹　國際社會

羅馬帝國全盛時期，羅馬被認爲將征服世界。羅馬皇帝爲了君臨世界，於是爲羅馬市民訂立《市民法》（ius civile），羅馬市民以外的諸民族，則訂立《萬民法》（ius gentium）。「gentium」之「gens」乃民族或部落之意，後世的法國人，將它直譯爲「droit des gens」，今日法文的「droit des gens」即是國際法（droit international）之意也。英文的國際法「International Law」，在古時候亦稱爲「Law of Nations」。

在亞洲的中國亦征服四方，自認爲位於世界的中央，而稱爲中華。君臨東夷、西戎、南蠻、北狄，比如當時的羅馬帝國。惟亞洲的中華與歐洲的羅馬帝國不同之處，在於歐洲在羅馬帝國滅亡以後，其往日所統治的諸部落相繼地獨立爲新國家，多數絕對制權利的諸國家於是在歐洲並肩矗立。

歐洲社會於15、16世紀，各方面都有極大的變動。例如：美洲的發現、文藝復興（Renaissance）、宗教改革（Reformation）等，使歐洲的政治與精神的統一，受到影響；並動搖了整個歐洲中古基督教社會的基礎。在此情況下，現代主權國家的理論，在法人布丹（Bodin, 1530-1596）及義人馬基維利（Machiavelli, 1469-1527）的著作中出現。布丹的名著《共和國論》（De la République, 1577）中，提倡「主權」（Sovereignty）的概念，認爲此係「一國之內絕對與永久的權利」（the absolute and perpetual power with a state），只受上帝的戒律與自然法的限制，這種概念對於當時主權國家的確立，有極大的影響。

在這種新的情況下，原來盛行歐洲的大一統思想與制度，逐漸無法維持。根據舊教權威而成立之神聖羅馬帝國，以及以此爲中心的舊教連結的諸國，與反抗舊教的新教聯合諸國，自1618年至1648年之間，發生30年的宗教戰爭。因30年的戰亂，致使整個歐洲陷於貧乏與荒廢。於1648年雙方訂立《威斯特伐利亞和約》（the Peace Treaty of Westphalia）而終止此大

戰，神聖羅馬帝國在此和約之訂立後，事實上已名存實亡。在和約裡，帝國讓它裡面的三百餘個政治單位，都取得近乎獨立的地位。新教國家也取得舊教國家的承認，教皇權力受一大打擊。

由於文藝復興與宗教改革的影響，古代文化與基督教精神，又見復甦，教皇的世俗性權力，日益喪失。於是，基於主權平等的民族國家（nationstate）逐漸形成。現代我們所稱的國際法，就是在這種新型的國際關係下開始發展[1]。各國均具有至高絕對的主權，其所統治的領土主權，亦互相受到尊重，而且認為歐洲以外之大陸為所有歐洲諸國之自由殖民活動的天地，他們往美洲大陸、非洲大陸，甚至於亞洲大陸進出。這些地方均被歐洲各國，如同無主土地的先占，取得殖民地或成為它的保護國。

世界的這種傾向，正與當時因產業革命而引起的獲取市場與爭取資源等社會的經濟情況互為表裡。

貳 國際法

一、國際法之成立

歐洲的天地，因《威斯特伐利亞和約》之訂立，很明顯地成為主權領土國家的並存體制。對此新成立的國際社會裡，也必須要有適於該國際社會之新的社會規範。國與國之間應互相尊重其領土之完整，而產生領土領海之範圍、公海自由，以及國際通商等問題。擁有主權的多數國家之並存，此如多數個人之共同生活於社會，仍然依據「有社會之處必有法」之原理，必須要有其法規範，不然國際社會之和平與繁榮也無法期待。在此法理下，所產生之國際社會的法便為國際法。因此，威斯特伐利亞和約乃國際法歷史的發端。

國際法乃為規律國家在國際社會上的日常活動，以便維持國際秩序為其目的。其中包括條約的締結方法、外交使節的交換等各種問題。除此以

---

1 參閱丘宏達、陳純一，現代國際法，修訂三版，頁37，三民書局，2012年9月。

外，還有國與國之間，亦與個人與個人之間一樣，難免會有紛爭，各國都有各國之不受外力干涉的主權，各國若貫徹此主權觀念，則國與國之間的紛爭，只能依賴戰爭來解決。

國內法則極力的反對戰爭這種自力救濟，但在國際法，自力救濟（即戰爭）成為不得已之一途。故戰爭乃國際法上所承認合法解決紛爭的辦法之一。國際法雖然承認戰爭，但此乃為解決紛爭方法而承認，故對戰爭的手段或方法亦有限制。即立於人道的立場，應將戰爭之被害壓到最小限度，而有宣戰布告、殘酷兵器禁止、俘虜處遇等各種交戰法規。同時，為避免戰爭之擴大，定有交戰國以外國之中立的權利義務，甚至對於特定國家還設有永久中立國的制度。

再者，在第一次世界大戰以前的古典型的國際法學，將國際法分為平時國際法與戰時國際法，此乃將戰爭亦認為是解決紛爭的合法手段之緣故。但為極力避免戰爭而成立國際聯盟（League of Nations），甚至於在第二次世界大戰以後所成立之聯合國（United Nations），在其憲章中，「戰爭」一語已完全被消失。因此，在今日的國際法體系中，一般認為，不應有平時國際法或戰時國際法之稱呼。

國際法學家多半認為，奠定現代化我們所稱國際法的基礎者為荷蘭的格羅秀斯，而稱格氏為國際法之父。格氏小時就有神童之稱，他於1609年匿名出版了《海洋自由論》（Mare Liberum），駁斥當時盛行的海洋可由各國分占的理論。他在1625年出版的名著《戰爭與和平法》（On the Law of War and Peace）中認為，國際法乃由淵源於神意的自然法與淵源於人意的萬民法所構成，但其著作較為著重自然法。格氏的著作內容充實、井然有條，頗能適應當時的需要。

18世紀末葉以來，國際法的發展受到三個因素的影響：第一個因素，為自1815年維也納會議（Congress of Vienna）後，各國盡力受國際法的拘束；第二個因素，為19世紀下半葉與本世紀中，出現了許多立法條約（law making treaties）；第三個因素，為實證法學派在國際法學中取得優越的地位。

二、國際法與國內法之關係

國內法主要乃經由國民的代表議會制定；反之，國際法則依賴於國際習慣與條約，因此國際法之法源爲習慣與條約。

國際法與國內法之關係，有人認爲是國內法之一部，即國內法之對外部分；有人認爲完全與國內法分屬於不同體系。然今日的多數說認爲，國際法非單是國內法的一部，而且還具有其獨自存在的意義，兩者之關係應採一元論。具體上，兩者應如何的結合？兩者內容相牴觸時，應如何解決？才是問題。

就英國來說，二個法源中，習慣本來就屬於「Common Law」之一部，與國內法同樣的適用；另一方面，條約則視同制定法，只要被實施，則以法律處之。

歐陸國家在第一次世界大戰以前，關於國際慣例的效力，未用憲法明文規定，學者大多偏於二元論的傳統觀念。不過在實際上，國內法院常常適用一般承認的國際慣例。第一次世界大戰以後，德國《威瑪憲法》始明文規定國際法爲德國國內法的一部分（第4條）。二次大戰以後，更由於國際和平主義的流行，各國憲法大都明文宣布遵守國際法，並承認國際法爲國內法的一部分。二次大戰後的西德憲法（第25條），甚至還明文承認國際慣例的效力在國內法之上。

我國憲法對於國際法在國內法的效力，未有明文規定。《憲法》第141條規定：「中華民國之外交，應本獨立自主之精神，平等互惠之原則，敦睦邦交，尊重條約及聯合國憲章，以保護僑民權益，促進國際合作，提倡國際正義，確保世界和平。」似已間接承認國際法在國內法上的效力。民國54年11月8日臺北地方法院訴字第2107號刑事判決，亦曾適用過國際慣例。

至於條約方面，比利時《憲法》第18條規定，凡條約經過議會同意而正式公布者，視爲比利時法律，得由比利時法院適用之。德國與瑞士亦採條約經議會議決而正式公布者，其效力與聯邦法律相同。法國憲法上的條約區分爲兩種：一者爲經議會議決者，其效力與普通法律同；二者不經

議會議決者，其效力低於普通法律。但兩者均有國內法之效力。二次大戰後，若干國家新制定或修改的憲法乃更進一步承認國際條約的優越地位。我國憲法和國際法學家都主張條約之具有國內法上效力。民國23年最高法院上字第1074號判決亦揭示：「國際協定之效力，優於國內法。[2]」

三、國際法與個人

（一）私人的地位

個人與領土一樣，均屬於國際法的客體，國家才為國際法之主體；這種原則，至今未被動搖。但近年來，常見個人成為國際法院之當事人的情形。1951年通過的《難民地位公約》裡，禁止對難民（個人）之集體殺害。而且該公約裡規定「無國籍人」，締約當事國同意將無國籍人的待遇與難民同等視之，並盡量便利無國籍人取得該國國籍。而且雖然是一個宣言，例如：1948年聯合國所採的《世界人權宣言》，以及1966年所採10年後才生效之國際人權規約中，均以個人人權的確保為目的。

除此情形外，個人仍應服從於其所屬國家之國內法，個人對國際有所請求時，也必須透過本國的政府，這時之個人的國際法上保護（即外交性保護），亦仍以國家對人主權之效果來行使，而並非個人直接行使國際法上權利。但這種規定，亦有例外。例如，第一次世界大戰後在歐洲設立的一些仲裁法庭，就規定個人可以直接利用法庭。另外，聯合國現設之「聯合國行政法庭」，對聯合國秘書處職員與秘書處之間的爭端，亦可直接向法庭起訴。

國家有時亦會為對個人之處置，以條約特別規定之。例如，對在他國犯罪逃亡到本國之犯人的引渡條約。引渡條約大都由二國間訂定，但亦有1957年歐洲諸國間共同訂立者。據此多種的條約，也可以看出其一般的原則。例如：逃亡的犯人中政治犯不予引渡（但對元首及其家屬之犯罪除外），犯人為自己的國民則不予引渡，此已成為共同的原則。

個人以外國人的身分在外國活動時，對其出入境及事業活動大致與內

2　參閱蘇義雄，平時國際法，三民書局，2007年10月。

國國民同樣的待遇，甚至也可以要求與其他的外國人同等的待遇（互惠國待遇），此等待遇大都依賴於主要國家間所締結之通商條約，然其效果普及於絕大部分的國家。

　　個人與法人（含公司）之國際活動盛行時，也會產生新的問題。例如：公司之國籍應以什麼為標準，尤其多國籍契約之場合。以往的看法是，由授予國籍的本國之外交保護權來保護其活動；相反地亦有人認為，應委諸於企業活動國來保護，而本國不予介入。

　　依我國《涉外民事法律適用法》規定意旨，法人，以其據以設立之法律為其本國法。外國法人之權利能力及行為能力等內部事項，依其本國法。而依中華民國法律設立之外國法人分支機構，其內部事項依中華民國法律。

　　另依2018年11月1日生效的《公司法》第4條第2項規定：「外國公司，於法令限制內，與中華民國公司有同一之權利能力。」即外國公司之認許制度已廢除，其於法令限制內與我國公司有同一之權利能力。外國人中，有僅為本國的政治或經濟因素而逃亡他國者，如政治犯不成為引渡的對象。對於請求他國政治庇護者或難民，應立於人道主義立場，盡量按其希望讓其入國，但要接受國非負擔此義務不可則亦有問題。接受國亦有其主權，若據此主權判斷下所作措施產生非人道之結果時，得經由聯合國來予以國際上的支援。

（二）外交使節（代表）之特權

　　二次大戰以後，國際社會不但在政治上接觸日趨頻繁，在國際貿易上也展示了空前的繁榮。有鑑於國際法對於外交使節尚無一部完整的法規，聯合國分別於1961年與1963年在維也納召開兩次會議制定外交關係公約（Vienna Convention on Diplomatic Relations，簡稱為外交公約），與領事關係公約（Vienna Convention on Consular Relations，簡稱為領事公約）。這兩種公約對於國際關係的增進有莫大的貢獻；對此公約，我國於1969年11月24日由立法院通過批准，於同年12月19日生效。除此之外，對於領事、國際機構或會議代表者之地位，在國際法規上也逐漸完備。

　　給予外交使節或代表特權或豁免者，非為得個人的利益，而是因使節

爲代表國家（代表國家與元首之威信），爲得有效率地遂行其所必要職務之緣故。故對其派遣、種類、特權或豁免之內容，也依其必要來定之。

　　對外交使節所承認之特權或豁免權，主要爲對其公館、文書以及身體、寓所、財產之不可侵與保護。接受國對此不得擅自進入、收押或予以課稅。又，外交官與一般之外國人不同，可不服從於接受國的統治權，這種地位就宛如在接受國之外，此可稱爲「治外法權」。即，刑事裁制權不及於外交官；民事或行政裁判權亦除例外之情形（僅及於私人之利害關係）外，同樣亦不及於外交官。他方面接受國亦有拒絕同意派遣國館長之人選〔此稱爲「同意表示」（agreement）之拒絕權〕，以及對不受歡迎人物（persona non grata）之要求派遣國召還權能。又，對國際機構之職員或代表，或對國際會議之代表者，也同樣有承認其特權之傾向，但此也僅限於遂行職務所必要之範圍。

參　國際紛爭之解決

　　違反國際法予他國以損害時，也會產生侵權行爲之問題，此時被害國得對加害國追究其責任。例如：要求加害國道歉、回復原權、損害賠償等，以便確保其正當法益。然國際社會與國內社會不同者，欠缺得向它請求救濟之公權力組織，故有的時候只有依賴自力救濟。因在國際上，有時候視復仇爲合法的強制措置，將戰爭亦視爲最底限的救濟手段。

　　然戰爭會破壞了人類的文明，殘害多數人民，有禁止以戰爭作爲解決國際紛爭之手段的必要。20世紀以後的國際聯盟規約、1928年之非戰公約[3]，以及聯合國的憲章等都對戰爭之限制或禁止有所規定，代替以往之武力救濟（自力救濟），而想出公的制裁制度與組織，在兩次世界大戰之後，先後分別成立了常設國際法院或國際法院。

---

[3]　《非戰公約》，是由法國外交部部長白里安、美國國務卿凱洛格所發起，於1928年8月在巴黎簽署的一項國際公約，該公約規定放棄以戰爭作爲國家政策的手段，只能以和平方法解決國際爭端。參閱維基百科，網址：https://zh.wikipedia.org/wiki/%E9%9D%9E%E6%88%98%E5%85%AC%E7%BA%A6，最後瀏覽日期：2021年11月18日。

法學入門

一、國際紛爭之和平處理

對於國際紛爭的處理，訴諸於武力以前，希望能想盡辦法有和平處理之手段，此乃今日國際法之原則。由當事國以外交談判（diplomatic negotiation）來解決紛爭之形式固然常有，委諸第三者之介入以求妥協，例如：斡旋（good office，1905年日俄間的樸茨茅斯會議之美國總統之加入）、仲介、調停（mediation）之情形亦常見。

聯合國與國際聯盟一樣，對於加盟國的紛爭有和平解決之義務（憲章第2條第3項）。聯合國處理國際爭端，得主動進行，而無需獲得當事國事先的同意。安理會得主動或者因會員國或非會員國或秘書長之建議，從事調查任何的爭端，以決定該爭端之繼續存在，是否足以危及和平與安全之「維持」（憲章第34條、第35條、第99條），一旦確定爭端或情勢之繼續存在，足以危及國際和平與安全之「維持」，安理會即可在任何階段，建議適當程序或調整方法（憲章第36條），雖然安理會之建議不具拘束力，而且僅限於「程序」或「調整方法」，但對於冷卻爭端國狂熱情緒的作用上，亦有助於和平之維持。如果根據憲章第七章之規定，則安理會在維持和平方向之權力就不僅限於「建議」而已，一旦爭端的存在，構成對和平之「威脅」，則安理會得飭令採取臨時辦法、經濟制裁，甚至軍事制裁。除了安理會外，大會亦得受理爭端，不過憲章的規定並不十分明確。

二、國際法院

真的要維持國際社會的和平，必須要有執司國際法的法院，為何國際法被人認為是不完全的，其最大的原因還是欠缺強制作用。

1899年第一次海牙和平會議裡，有26個國家參加，成立了《國際紛爭和平處理條約》，據此在荷蘭海牙（Hague）設立「常設仲裁法院」（The Permanent Court of Arbitration）。法院的法官由參加國從本國推選出4名以下之法官，總數約達到150名。每當案件繫屬時，選出315名的法官來擔任裁判，因其還必須以獲得紛爭當事國的合意為基礎，故選定上難免會遭受到困難，以致法院的常設性變得非常的薄弱。

　　有鑑於此，在第一次世界大戰以後，依據國際聯盟第14條之規定，同樣的在海牙設立了「常設國際法院」（The Permanent Court of International Justice）。法院的規約草案，於1920年12月經國際聯盟總會通過，於翌年（1921年）9月生效，法院於1931年開始活動。

　　第二次世界大戰後，聯合國成立，新設「國際法院」（The International Court of Justice, ICJ）。以前的「常設國際法院」於1946年終於被解散，當時規約上之當事國有50國。

　　常設國際法院的法官，是由聯盟的理事會與總會選出，任期9年，限額為15名。惟常設國際法院之最大的缺點為，連當事國都無應訴之義務，即紛爭當事國合意將事件付託於法院，方始有法院之管轄權。因此，認為會受到不利益裁判之虞的國家，大都不會將事件付託予法院，從而大多數的場合，即使有法，亦無法執行。

　　現在的「國際法院」，即上開「常設國際法院」之後身，成為二次大戰後，國聯的主要機構之一，於1945年6月設置於荷蘭海牙。其主要功能，是對各國所提交的案件做出仲裁，並就正式認可的聯合國機關和專門機構提交的法律問題提供意見。但國際法院對其他國際法庭並無強制管轄權，故亦為非常不完全的法院，對於強國的違法行為，被害國的正當利益，猶未至能夠獲得保護之階段。由此足見，國際法在法的發展上，顯然要比國內法落後。我們只能說，未經由法院確立之法為有缺陷之法也。

　　1984年間，因尼加拉瓜政府向國際法院起訴美國政府在其港口布放水雷案，美國國務院於1985年1月18日宣布，美國將不再承認國際法院的裁判權。1986年6月，國際法院對案件做出不利美國之判決，美國政府其後宣布拒絕履行此判決，並退出國際法院。此後尼加拉瓜政府雖申請強制執行該判決，均無結果，最終由尼加拉瓜政府撤訴。

　　國際法院的裁決雖具強制性，然某些國家未必願意配合履行。遇此情形，另一方可要求聯合國安理會採取行動，以迫使對造履行裁決中所定的義務。

三、以武力解決國際紛爭

（一）戰爭

　　國際紛爭當然希望能夠以和平解決。20世紀以來，和平解決為對諸國的國際法上之義務，故制度上亦經由國際聯盟與聯合國益加充實。

　　然社會實際上不能忽視實力的要素，國際法對此現實亦不敢否定，這種實力發動之際，同樣可能會與他國發生衝突，長期激烈的抗爭即是我們所謂的戰爭，故國際法亦必然地包含了戰爭的法律。國家為保護其法益所作的窮極行為斯乃戰爭也，為達此作用的戰爭不被認為是違法。在國際法學上，有所謂的「正戰論」。戰爭有正戰（jus bellum iustum），正的戰爭乃正義；反之不正的戰爭則為罪惡。戰爭要正戰則須要有正當的原因。正當性之判斷，則只有依賴於當事國，如此之下，任何的戰爭由當事國解釋均為正當，並以此作為戰爭之藉口。19世紀這種國際法學上的傾向，被稱為對正戰論之無差別戰爭觀。

　　20世紀以後，國際聯盟的規約，才把欲發動戰爭國的主權上的權利加以限制，必先試行和平解決。從此以後的戰爭法才走入新的紀元。1928年簽署的《巴黎非戰公約》，「否定以戰爭為手段的國際紛爭解決」、「要放棄國家政策上戰爭手段」，約束一切的紛爭均要以和平的手段來解決。二次大戰後的《聯合國憲章》（Charter of the United Nations），也繼續從這一方面努力，肯定非戰公約保留下之自衛權（憲章第51條）。憲章中完全不用「戰爭」此一術語。對於被認為侵略或破壞和平的國家，加盟國得對之以軍事力量採取共同的強制措施。惟對於上開事實的認定及措施的採取，均委諸於安全理事會來決定之。

（二）安全理事會的制裁

　　然聯合國並不禁止加盟國之軍備（軍縮問題則由加盟國間以協議定之），聯合國本身因沒有軍備，依賴於安全理事會與加盟國的特別協定來調整軍備，以便應對處理破壞和平者（憲章第43條）。但是安全理事會的決議，對於重要事項，必須要經過包含5個常任理事國（中、法、俄、英、美）全體一致下的9個理事國的贊成，常任理事國的任何一國反對就

無法成立（否決權——憲章第27條第3項）。因「否決權」之規定，致聯合國的活動陷入「癱瘓」狀態。尤其在早期美蘇的政治對立下，軍備提供之特別協定已不可能，成為制裁前提之侵略的認定也無法實現。近年中美之間又因貿易戰的開打，雙方競爭及對立嚴峻，未來欲期待中美就重要事項達成共識一致同意，恐亦屬不易。

（三）聯合國體制的變質

憲章第51條認為，加盟國之自衛權為國家的「固有的權利」。據此「固有的權利」承認「集團的自衛權」（即，雖然自國猶未遭受到武力的直接攻擊，但他國的攻擊對自國的安全也受到威脅時，亦有反擊之權利）之行使。因此，加盟國在友好國之間可以訂立共同防衛條約。例如：《北大西洋公約》（North Atlantic Treaty Organization, NATO）、《華沙公約》等防衛組織，以及《美日安保條約》、《美韓共同防禦條約》等等，均為集團自衛權之發動。「自衛」無形中變為相當於現代性戰爭之「正當的原因」。在此情勢下，聯合國也累積了很多憲章上所未規定之現實的慣行。例如：韓戰（1950年）、蘇伊士事件（1956年）、剛果動亂（1960年）、基布勒斯事件（1962年），均以「聯合國軍」之名義來應對處理。其乃依安理會的勸告方式（非「決定」）方式（韓戰）、依大會多數決之勸告措施（蘇伊士）、依安理會秘書長之要求（剛果）之方式來行使。在1950年至1953年的南北韓戰爭當中，認定北韓為侵略者，視美軍為聯合國軍來以武力對付之[4]。

4　聯合國「四十而不和」，40年來，紐約居民對聯合國的感覺是愛恨交集的。有人認為聯合國抬高了紐約的國際地位；有人巴不得它早日搬離紐約。聯合國正如世界的縮影——國王、總統和總理熙來攘往；大使和間諜穿梭如織；抗議人士與觀光客猶似過江之鯽。1945年秋天，聯合國會員國為了總部應設在何處而引起激辯。蘇聯主張永久設在美國；歐洲國家希望設在日內瓦；美國原先拒絕表示意見。經過再三折衝，各國總算同意以美國為永久地址。1945年，聯合國只有51個會員國，1996年已增為185國。隨著會員國增加，聯合國與紐約市的關係卻似江河日下，緊張不已。許多房東仍不願意出租房屋給外國使節，以免他們屆時使用外交豁免權的法寶賴繳房租。在財政方面，聯合國自認對紐約市大有貢獻。聯合國共有4萬名外交人員暨其眷屬和5,000名雇員，每年可為紐約市帶來8億元收益。紐約市卻認為，由於聯合國各會員國使節享有外交特權，市府收入因而大打折扣。以去年為例，不動產稅金就短收1,800萬元，隨處停車罰金短收200萬元，外交人

 法學入門

肆 世界法

　　為保障世界和平之政治組織，在失敗中還繼續的努力；但在現階段中的期待可能性並不大。然除去政治的面向，則人類的生活關係，在19世紀後半葉以來急速地擴大，而成為世界性。1865年在巴黎創立的國際電報聯盟（1931年改稱為國際電信聯盟），接著1874年的萬國郵政聯盟、1883年的巴黎工業財產權保護同盟、1886年保護文學及藝術著作之《伯恩公約》、1952年《世界著作權公約》，以及1890年的《國際鐵路貨物運送公約》等世界性機構相繼誕生。

　　因交通的發達，縮短了世間的距離。人們的生活亦逐漸走入世界性，例如：買賣、借貸、票據、運送、婚姻、收養、繼承等也逐漸地超越國境來締結。因不同國家其國內法之規定各異，而感到非常的不便。

　　多數國間的國內法，因某個法律關係發生衝突時，研究對此應如何的調整者有國際私法（International Private Law），以及各種的統一法（Uniform Legislation）運動。

　　國際私法，在吾國稱之為「涉外民事法律適用法」（日本稱之為「法例」），專門規定我國人與外國人間的私法關係，以及應適用何國的法律。惟相對人其本國的國際私法，可能又有相異的規定。因此，國際私法還是屬各國的國內法，故有相異亦事所難免；但此會影響涉外法律關係之安定性，故希望有世界統一的國際私法之誕生。例如：對於票據關係，在A國有效開出的本票或支票，在B國變為無效則很麻煩。因此，在1930年成立票據統一法（又稱《統一匯票本票法公約》），1931年成立《統一支票法公約》之國際條約。

員未付的銷售稅金還不包括在內。至於能否從各國大使身上看出該國的政治形象，紐約市長柯奇說：「絕不可能，依我看，國家愈下三濫，愈能派出傑出的代表。」（取材自《紐約時報》，參見民國74年10月17日聯合報第12版）。對聯合國財務分擔金，因各會員國的財力而有顯著差別。例如：美國分擔25%（25%）、日本15.65%（20%）、德國9.05%（9.86%）、俄國4.27%（1.08%）、中國（大陸）0.74%（1%）（以上為1997年時點的百分比。括弧者為2000年調整後百分比）。

　　這種傾向不僅是對於票據，在運送契約、動產買賣、婚姻關係等方面，也極需要有世界性的民法，或世界性的私法。因而產生了「世界」的理想。但今日主權國家之利己主義，無形中阻礙「世界法」理想之早日實踐。

第十四章　法與法學

壹　法學之種類

　　以法為研究對象之學問，可廣泛地總稱為法學。法學主要可分成三種：一、法解釋學或規範性的法學，此主要以如何的解釋法條的文字為研究對象，大學法律系之主要法學教育即在於此，亦為傳統性的法學（dogmatische Rechtswissenschaft）；二、法社會學（Legal Socilogy）（又稱為社會學法學），此主要說明法現象之社會因果關係為目的之法學；即要發現某種法現象之發生、變更、消滅係基於何種的社會原因所致，因有關於法則之探求，故又被稱為法則法學；廣義的法則法學還包含了法制史；三、法哲學，此既非法之解釋論，亦非法變動之法則學，而是對法本質的探求為目的。

　　除以上三種主要法學以外，其他還有：一、法政策學（例如：刑事政策、勞工政策、衛生政策、交通政策等），其主要乃從法規的制定運用而能夠達成其所預期的目的，有關政策性問題為研究對象之法學；二、法人類學（又稱為法民族學），此主要乃對各種的人類，尤其是對未開化社會之法萌芽狀態為研究對象；三、比較法學，其主要專對各國的法制，以比較研究為主旨。

貳　法學上法則

一、法社會學

　　吾等稱，探求法現象的因果法則之學問為法之法則學。其代表者為法社會學；何謂法社會學？其定義迄今猶未被明確的統一。然其根底乃以社會學的立場來對法之發生、變更、消滅加以檢討；因此，它的主要任務乃在於發現社會性的因果法則；以社會之各種事實、各種關係、各種權利為原因，而產生某種立法或某種實例為說明對象之學問，故又稱為社會學法學。

　　法社會學的鼻祖，奧地利法學家埃利希（Eugen Ehrlich, 1862-1922）[1]曰：吾等之社會生活乃建立於自生內在於社會內部之秩序上，此為第一次規範。該秩序並不以得被任何人均能夠立即認識之型態存在。因此，在人際間發生糾紛時，為行使裁判之需要，而產生得由任何人的眼光均能夠看得到是客觀形式之共同的基準（法規），此即成文法。因此，成文法者乃是藉著為得保護第一次規範為目的而產生之，具有裁判規範性質之第二次規範。易言之，裁判規範（第二次規範）乃是，由於紛爭，為保護第一次規範而產生。因此，真正的法乃是潛在於成文法背後之第一次規範，此乃自然地產自於社會生活中，且會隨著社會自然的變化或自然的消滅。此種具有社會「生命力」的法，吾等可稱之為「活法」（Lebendes Recht），「活法」方為真正的法，法學的任務在於發現這種「活法」。又立法之良莠亦必須依據發現「活法」之程度，以及對已發現之「活法」如何地給予成文化而定之。法，並非單憑思索來想出，而是須從社會生活中發現之。實際上，大部分的人均在不知法之規定的狀態下生活。例如，雖不知法律的規定，而照常與人買賣、租賃、結婚或收養等。各地亦有各地之風俗習慣，因此，「活法」與成為裁判規範之成文法之間，難免會有一段距離。

　　妄信成文法的完全性之19世紀的法學家們均認為，成文法裡已包含了一切的法規範。但今日之法學者們則認為不然，承認社會上仍有無數從成文法的法網遺漏下來之「活法」，對此廣大未開發的原野，仍須依賴法社會學來開拓。歷史法學派之鼻祖薩維尼謂，法者並非被作成（nicht gemacht），而是自然生成（geworden）；對此自然生成的法之探求者，正與上開埃利希之「活法」的發現相互貫通。立於發現「活法」之見地，在法社會學上，為瞭解當前法律之機能，須重視社會實態之調查。鼓勵法學家們，應擺開只在書齋上「象牙之塔」裡之思索，而應將自己投入社會

1　埃利希，奧地利法社會學家，他主張社會諸集團內部秩序中「活生生的法」（lively law）為法的根源型態，斯與以此為基礎而被承認之法規範應相區別。對於法規亦主張，應將國家法與由法曹形成之法曹法，相為區別。藉著後者之重視來排除國家的權力。對於法曹法理論亦強調，裁判之法規創造作用。他一方面成為自由法學之先驅；另一方面開拓法社會學之領域。主著《法社會學之基礎》（1913）、《法的理論》（1918）、《自由法的發現與自由法學》（1903）等。

的波濤中，對社會上實際之婚姻及家族生活之實態、工廠勞工的實情及農工商之習慣等進行調查，以資對成文法的起草、改廢或解釋等，眞正的有所貢獻。

法社會學派經美國的龐德教授宏揚以後，其學說愈加盛行，在美國匯成獨自之主流。龐氏認爲法律乃用以滿足社會之需求，以最少之犧牲，獲得最大的效果。他將法的機能，一言以蔽之，稱之爲「Social Engineering」（社會工程學或社會技術）；其認爲，法者，乃爲正確地推動由有缺點的人類所造的社會機械之技術也，法律家即工程師、法學即工程學。19世紀之法制，以個人的權利爲重心；20世紀以後的法制，則應以人類之需要與社會之利益相互調和。

法社會學，乃以社會學的方法來研究法學，而以社會利益爲法律之重心；惟因過分的重視社會學，欠缺固定之法哲學，而且社會利益又無客觀之標準，因此讓一般的法學家有不易接受之處。

二、法心理學

此乃立於心理學的角度，究明法現象之因果法則之法則學。例如：就心神喪失者而言，酗酒人之心神喪失，在民事上或刑事上，均成爲一個嚴重的問題。解決此項問題的關鍵，大都存於心理學或精神醫學之中。除此之外，犯罪心理、證人心理、群眾心理，以及對一般國民之法感情或法意識之在心理學上研究等，亦均屬於心理學之基本問題也。

三、法史學

吾等又稱之爲法制史，乃對法之變遷加予歷史上考察及敘述。其有中國法制史、西洋法制史、羅馬法學史及日耳曼法學史等。本來非由法產生社會，而是由社會產生法，然從社會產生之法反而規制社會；其有時還含有促進或抑制社會變化之機能，探究此相關因果關係者，便爲法史學。故法史學亦屬於法則學之一部。法史學者，並非以處理現存社會中之諸關係法則爲目的，而是就縱向的時間關係下之社會變遷，究明該變遷對法有何變化之法則學也。

 法學入門

參 法解釋學（法規範學）

專對規範的法為研究對象之法學，故又稱為法規範學。再進一步言，即為確定法規範上機能為目的之法學；亦屬於最實用之法學。為確定法規範之機能者，即將法適用於有關的問題上，以保全其規範機能之謂。為此，首先非確定或闡明法，尤其是成文法之意義不可；如斯確定法之意義者，便為法之解釋也。法學上為確定法之文義，非先洞悉法條之目的不可，亦即非先熟悉法條所欲實現之價值所在不可。

為使法的理想價值或法的價值體系明確之作業程序，便為法之解釋；法也非藉解釋無法實現，故法解釋學亦即法規範學也。

成文法的解釋，非從確定法條文義出發不可，此乃文理解釋。法不經由解釋則無從適用，無從適用則不能發揮規範之機能，以至於法之「睡眠」，故吾等不得輕視法的文理解釋，因無視法條之文理，則會喪失法之安定性，以致法治主義精神之崩潰。

文理解釋固然應重視，但亦應嚴戒過分的受文理所拘。法有其所欲追求的目的，以及其所應實現之價值。因此，凡法的解釋，亦應尊重其目的及價值才是正確的。易言之，法之文義的解釋，常非「經由法文出乎法文之上」不可（此如耶林所稱「經由羅馬法、出乎羅馬法」）。有些人常常過分地拘泥於法條的文理解釋（即被文義所拘），而忽略了法條本身的目的與價值，僅熱衷於法條之文意或概念分析，而自陷於單為文理分析之精緻而誇耀之弊。法有法內在之目的，因此在法的運用上，並不能否定目的論上解釋之必要性。凡超越法內在目的範圍之他種目的，尤其是為得某政治的目的打算而運用法律，則會與法的目的及司法的本質相違背[2]。

對法的文理解釋傾向加以反駁者，為世所聞名的自由法運動（Freirechtsbewegung）。該運動乃主張法解釋應從法條文字解放，對於以往受文字所拘，而周旋於條文的概念分析之解釋態度加以抨擊，而譏之

---

2 「目的為法全體之創造者」一語，成為耶林的名著《法的目的》（Der Zweck im Recht, 2 Bde, 1877-1883）上之標語。「目的」為法發生之原理，就規範性之原理言，法乃具有其獨自的法則性（Eigengesetzlichkeit）。

爲概念法學（Begriffsjurisprudenz），自由法運動又可稱爲法律解釋學之
啓蒙運動。但也不能「矯枉過正」，爲求自由解釋，而輕視或無視法的文
理，則反而會影響法的安定性。

　　自由法運動之主流爲「利益法學」（Jurisprudence of Interests），始
倡者爲德國法學家海克（Philipp Heck, 1858-1943）。他認爲法律爲變動
不停之社會現象，不能以默守成規爲滿足，而反對當時盛行的概念法學。
法國法學家捷尼（François Gény, 1861-1956）倡導法學方法論，其論點與
利益法學大致相合，認爲法官判案，應在不違背社會利益之範圍內，儘量
滿足當事人之希望，因此在審判時，應就社會經濟情況，權衡利益，擇其
較重要者保障之。此又如美國之龐德教授所認爲，法律乃用以滿足社會之
需要，以最少之犧牲，獲得最大之效果[3]。

肆　法哲學

　　法哲學亦即法的哲學，其不以現實性的法爲研究對象，而是在於探求
法之本質爲目的之法學。亦即，不以「a law」或「laws」爲對象，而是專
以「the law」爲研究對象，法爲何具有強制力？法爲何非遵守不可？法與
暴力或權力等，又有何不同？等等有關法本質上之基本問題，均屬於法哲
學之基本課題也。

　　因此，法哲學中所稱的法，並非指帝政羅馬法、中國的唐律、現行的
中國法或英國法等等，亦即非受特定的時空之限制或於特定的時空上存在
的「存在法」而言。法哲學乃經由受時空存在限制之經驗性的法，來探求
法的一般之本質或全體法的通性爲其課題。

　　就法之效力而言，法哲學家們之見解亦未必相同。爲何法有強制實行
力？對此有神權說、命令說（即君主的命令）、正義說、承認說（因受社
會大眾的承認），及社會意識說等。社會意識說與承認說相爲表裡，因其
經社會大眾的承認而成爲社會意識，認爲社會意識是要比個人意識之次元

3　參閱姚其清，法學緒論，頁8。

要高。諸如此說，其中還是以經全體承認或社會意識等之由於社會全體意志者，要比神授或王命等之由於個人意志者，合乎近代民主社會之民情。

第十五章　法與法學之發展史

一、法在歷史上之變化及其連續性

　　法律是會隨著社會而變化。從石器時代進入金屬器時代，從狩獵時代進入農耕時代，從封建社會進入資本主義社會等；因生產式樣或社會體制之變化，法律的內容亦會隨之變化。而且，從平時進入戰時，從貧窮變爲富有等，因社會情勢的變化，從權威主義變爲自由主義，從全體主義變爲個人主義等，因人類價值觀念的變化，法律亦會隨著變化。

　　再者，法乃一種社會的技術，故亦會與其他的諸技術一樣地被創造、改良與承繼。例如：人類爲確保借貸之返還，設計出各種方法；爲求財產公平分配而有「破產」制度；爲避免權利濫用，爲確保裁判之公正，爲求債權人與繼承人間之利害調整，而設計出各種的社會技術。故法的歷史亦可謂爲社會技術之歷史。

二、法之繼受──法系

　　承受他國或他民族的法制，而變爲自國的法制者，便爲法的「繼受」（reception）。繼受有如對票據法、公司法等個別法的繼受；與法體系全般的繼受，例如我國及日本之對德國法的繼受即是，藉著法的繼受，而產生母法國與繼受國間的「法系」。法的繼受乃將母法國的法制度，移植於社會狀況或法意識相異之他社會上之謂也。

三、國家以前之法秩序與國家法秩序

　　吾等出外時，無須攜帶武器，此乃社會一切非以「腕力」來解決爲原則。但人類之史前史，即自力救濟之史也。在這種社會裡：（一）因不存有統一的立法權，故此時的法，乃大部分依賴習慣法，多數場合還須依賴長老或祭司之認定；（二）因不存有超越當事人之司法權，故對這種紛爭的解決，與其說「裁判」，毋寧說「調停」或「仲裁」性格；（三）

147

因無警力，放行自力救濟；（四）多數場合，由血仇（Blutrache）集團團結起來組織社會單位，以集團力量對加害集團加以復仇，而求損害與復仇之等價性。此乃「以眼還眼」、「以牙還牙」之「報復的法律」（Lex talionis）；（五）此時的法意識，亦受到敬鬼神等宗教心理的支配。

反之，由國家權力或實力為背景而成立之法秩序，則有以下之特性：（一）成文法優於習慣法；（二）禁止自力救濟；（三）適法性之判斷，最後歸國家的權力來行使之。

從未開化的法秩序變為國家法秩序，其必須經過長期複雜的歷史過程。況且，現在的國際法秩序，並無超越國家之權力或實力，故此亦如未開化之法秩序。因此，世界若要達到禁止各國之自力救濟，而成立一個共通權力之世界國家，同樣也須經過長久複雜的過程。

茲分別將古代與中世之法與法學、近世大陸法之發展、英美法之發展、社會主義法的發展等問題，討論如後[1]。

貳 古代與中世之法與法學

一、羅馬法[2]

歐洲大陸法影響吾國之法與法學至深且鉅。羅馬法有其悠久之歷史。約於西元前450年所制定的十二表法，乃錄自習慣法，其特色為：單純的一都市國家的法、農民的法、家族為中心的法、嚴格形式主義的法。此乃古典期羅馬法之萌芽，此時由神官團來擔任法的推行。

惟自共和末期至帝政初期（古典期），羅馬發展成為世界國家，因與外國之交易頻繁，除傳統的法律——市民法以外，還須制定適用於外國人間之法律規章，於是乎產生萬民法。再者，隨著時代之進步，傳統的市民法不足以配合新的社會情勢時，為補其不足，而依賴法務官等政務官

---

1 以下參閱五十嵐清，法學入門，頁182-225，一粒社，1982年；碧海純一等編，法學史，東大出版社，1976年；Konrad Zweigert, Hein Kötz, "Einführung in Die Rechtsvergleichung"。

2 戴東雄，中世紀義大利法學與德國的繼受羅馬法，臺大法學叢書 六；船田享二，ローマ法入門，有斐閣，1953年；柴田光藏，ローマ法の基礎知識，有斐閣，1973年。

之告示來創出新的法律。此法又被稱爲名譽法（ius honorarium），世所熟悉的買賣瑕疵擔保責任，便爲名譽法之創舉之一。用法務官來緩和法律之僵硬性，以適應時代之發展，此亦爲羅馬法與其他古代法主要的不同點之一。在此時代的現實裁判中，往往須徵求法學家之意見，據此意見下裁判。尤其對優秀的法學家，皇帝還授予解答權，如斯具權威性法學家之解釋，亦被認爲法源之一。惟羅馬法學家之特色，乃不做抽象性理論的解釋，而是從具體的案例，發覺其具體的妥當性，如此個案性（casistic）的傾向，亦爲羅馬法之特色之一。

　　羅馬帝國從4世紀後半，分裂爲東、西兩帝國，帝國的中心亦移到東羅馬帝國（拜占庭帝國）。這時期的法，乃藉皇帝的敕法來發展，也受到基督教與希臘哲學的影響；頒布物價統制法及社會保障法。時入6世紀，查士丁尼（Iustinianus）就帝位以後，由他發動大規模的法典編纂，嗣於西元530年代編輯完成：（一）學說彙纂（Digesta）；（二）法學提要（Institutiones）；及（三）敕法（Codex）。

　　上開學說彙纂乃法典編纂之中心，此乃將多數學者之無數的學說蒐集於一定的體系下；法學提要乃法學的教科書，具有法源的資格；敕法乃蒐集各皇帝的敕令（完成後至查士丁尼大帝死亡止之敕法則稱爲新敕法）。對於上開查士丁尼大帝之法學編纂，後世（16世紀）稱之爲《市民法大全》（Corpus Iuris Civilis），而成爲羅馬法之代表。實際上，當時的編纂者爲使古典期的羅馬法適應於當時的社會，而有所改訂，故《市民法大全》之內容與古典期羅馬法未必完全一致。

　　《市民法大全》乃以私法爲中心，今日我國民法上契約制度、侵權行爲、不當得利，以及債權之一般規定，均起源自《市民法大全》。該大全乃以個人主義、自由主義爲基礎，這點亦影響近代各國的私法。

二、中世羅馬法學

　　西歐諸國對羅馬法，隨著西羅馬帝國之滅亡（476年）而淡忘。代之而起並在西歐各地被適用者，爲日耳曼各部族的習慣法，其內容極爲素樸，乃以刑法爲中心。但中世紀的歐洲，在封建制度之下，有各地域適用

之習慣法。故在此時，並無像樣的法學。

12世紀以後，在北義大利，尤其以波隆那（Bologna）爲中心，羅馬法研究復活。歐洲各地派留學生到波城研讀法學，此時之法學者們乃對市民法大全作註釋性研究，故又被稱爲註釋學派（Glossatoren），彼等受當時支配性繁瑣哲學（Scholastic Philosophy）的影響，視羅馬法爲絕對的，而以純理論之立場闡明其意義，並解決其間的矛盾，而且還以此方法授課。這種方法還確立日後大陸法系法學的研究教學的方法。

義大利的羅馬法研究，在13世紀後半以後，開始展開新的里程。進入此時，法學者非僅須要純理論之研究，而且還須要將市民法大全適用於當時的義大利社會，亦即以實踐目的，對市民法大全加以註解，或對當前實務加以助言。故又稱之爲註解學派（Kommentatoren）或助言學派（Konsiliatoren），以往又被稱爲後期註釋學派。註解學派乃將市民法大全加以修正，以資配合當時之社會創造新的制度。例如：分割所有權或「物之權利」（ius ad rem）觀念，即由此而生，此亦影響近世社會。

三、教會法

近世的大陸法也受到教會法（Canon Law）之影響。基督教本無立法之意思，然教會組織也必須要有其內部之規範。這些規範，至中世後半數量亦增多，可將它集成法典，其中以12世紀的哥拉提安（Gratianus）之教會法規集爲最著名。哥氏在波隆那與註釋學派同樣活躍，兩者間亦有其共通之基礎。從13世紀至14世紀間，有幾個法規集之編纂，1580年以來總稱爲《教會法大全》（Corpus Iuris Canonici）。

教會法非僅拘束教會內部關係，其在私法的領域裡，尤其對於婚姻之成立與解除，以及動產遺囑等有其管轄權；有關這些問題，近世以後之西歐亦長遠地受此教會法的支配。除此以外，教會法之理論，對於世俗法之倫理化或對社會弱者保護之推進，亦有很大的貢獻。例如，教會法還承認，羅馬法尚未承認其效力之諾成契約、禁止利息，並引進買賣正當價格之理論（即標的物與價格非均衡不可之理論），在雙重買賣中爲保護第一買受人而承認其物權之取得，以及承認契約締結後因情勢變更致契約失效

之所謂「情勢變更原則」等。這些均爲羅馬法源中所未規定之制度，乃藉教會法及註解學派之協力創出，而對近世之私法史予以很大的影響[3]。

參 近世大陸法之發展[4]

一、羅馬法之繼受

歐洲近世法乃從羅馬法之繼受（reception）開始。12世紀以來，西歐諸國普遍地派留學生到義大利北部諸都市的大學，研修羅馬法及教會法，歸國後大都擔任祖國的行政官或司法官，爲求祖國行政司法之近代化（羅馬化），乃將羅馬法普及於歐洲各地。

又，受羅馬法的影響程度也因國家而有所不同。法國南部所受的影響較濃，羅馬法在此，以普通法（即無地方特別的習慣法時，以此爲補充適用）廣泛被適用，可稱此地爲成文法地帶（即將羅馬法當成「書寫的理性」來被適用）。至法國中部以至於北部，則習慣法的勢力較強，尤其以巴黎爲中心；因國王的中央集權，有其習慣法爲基礎之獨自發展，可稱此地爲習慣法地域。這些習慣法在近世初期，因國王之命令而編纂成公式習慣法，尤其巴黎的習慣法成爲習慣地帶的普通法。然對他們習慣法之編纂，羅馬法所給予之影響力亦不少，蓋以當時的法學家，均具有羅馬法與教會法之素養。

另一方面，德國從中世後期至近世初期，全面地繼受羅馬法，其原因無非爲當時統治德國的神聖羅馬帝國，乃自稱爲羅馬帝國的後繼者，故推行羅馬法；且當時德國領邦國家的行政及司法官僚，由留學義大利習得羅馬法者所獨占，故繼受羅馬法亦較方便。但此均非根本的原因，其根本的

3　耶林的大著《羅馬法的精神》第一卷，開宗明義云：「羅馬三度對世界發號施命；三度統一諸民族。一度是在羅馬民族充滿活力狀態時統一國家；二度在羅馬民族沒落後招來教會統一；三度因繼受羅馬法的結果，在中世造成法的統一。初回乃藉武力依外部的強制，其他二次乃依精神力量。」故人云：「羅馬三度征服世界，一度乃依賴武力；二度依賴宗教；三度即依賴法律。」故羅馬之榮光迄今還照耀著世界。

4　村上淳一，近代法の形成，岩波全書，1979年；Wieacker著，鈴木祿彌譯，近世紀法史（Privatrechts Geschichte der Neuzeit），創文社，1961年。

原因，還是當時德國的實質上的獨立國家，乃是分散於各地之領邦國家，而各有各自的習慣法，神聖羅馬帝國僅爲名稱上的存在，爲求法的統一，最好的辦法即繼受羅馬法。故當時稱羅馬法爲普通法，而當時所謂「普通法」，意爲：作爲各邦間共同的法規。

德國所繼受的羅馬法，乃經註釋學派或註解學派註釋之查士丁尼大帝的市民法大全。故公法幾乎未被繼受；在私法之中，亦以債務法爲中心。除羅馬法以外，還繼受若干的教會法與封建法。羅馬法在德國以普通法來被繼受，故還是以地方的特別法爲優先。然當時的法實務家僅接受羅馬法的訓練，故實際上即使有固有的習慣法，學者們還是慣用羅馬法。羅馬法之繼受，非僅爲德國特有之問題，羅馬法對整個歐洲的近代化、合理化現象亦有莫大的影響。

羅馬法除影響法國、德國以外，還普及至西部的西班牙、葡萄牙，以及北部的丹麥、瑞典等歐洲諸國。因此，今日的大陸法正與未受羅馬法影響之英美法相互對立，成爲一獨立的法系。尚且，歐洲大陸法系內部受羅馬法影響之程度亦非完全一樣，故大陸法系中，又可分爲法國爲中心的羅馬法群，德國爲中心的羅馬法群，以及北歐之羅馬法群等。

二、近世自然法與法典編纂

（一）近世自然法

繼受羅馬法以後之近世歐洲法實務家，大都以習慣法或羅馬法爲素材適用於當時的社會。唯在學說史上，當時還是受到自然法論的支配。中世的自然法論，乃從神處求其永久不變之法；對照近世的自然法論，則藉人類的理性，來發現其永久不變的法，故稱之爲理性的自然法。近世自然法乃創始於國際法的鼻祖格羅秀斯，他曾著《戰爭與和平法》（1625年）而聞名於世；並經由霍布斯（Thomas Hobbes, 1588-1679）及普凡道夫（Samuel Pufendorf, 1632-1694）而予以體系化。近世自然法嗣後再與啓蒙思想相結合，而進入具體化之道。例如：托馬修斯（Christian Thomasius, 1655-1728）努力於自然法的具體化，廢止拷問的魔女裁判，促進法的合理化與人道化；伍爾弗（Christian Wolff, 1679-1754）則確

立，依公理演繹方法之實定法體系，而完成法典編纂之準備。他們均認為羅馬法或習慣法之規定亦有很多不合理之處，而主張還須依賴人類的理性，制定合理無缺的法典，以便推進社會的改革。

（二）法典編纂

近世自然法論與18世紀的專制啓蒙君主的理想相結合，促進歐洲各國的法典編纂，18世紀末葉至19世紀初葉，有普魯士、法國、奧地利之法典編纂，在此略就代表德意志之兩大強邦，普魯士與奧地利之立法介紹如下：

1.普魯士一般地方（Land）法典：普魯士從18世紀初葉，國王腓特烈‧威廉一世（Friedlich Wilhelm I）計畫編纂統一私法典，但眞正法典編纂，還是由腓特列（Friedlich）大帝之名義下進行，終於在1794年腓特烈‧威廉二世的時代裡成立《普魯士一般地方法典》。這部法典除私法以外還包含公法，共有19,000多條，全部貫通啓蒙自法的精神。此亦為普魯士對近代化的貢獻，對於這些法典的制定，立法者與當時的特權身分階級相互妥協，故還保留很多當時普魯士的身分制度，這些法典直至19世紀末葉，以現行法典適用於大部分的普魯士；2.奧地利民法典：奧地利亦於18世紀末葉，以當時的專制啓蒙君主瑪麗亞特蕾莎之名義編纂法典。法律草案一度完成後，又被修改，接著在約瑟夫二世之下又制定一部分，最後於1811年李奧彼得二世時才正式成立《奧地利一般民法典》。本法典之起草，得力於自然法學家馬爾蒂尼（von Martini, 1726-1800）及蔡勒（Franz von Zeiller, 1751-1828），故含有濃厚的自然法色彩。尤其第16條規定：「所有的人類依其理性，現已明瞭與生俱來的權利」一點，有其特別的意義。本法典乃限於民法。

嗣後，奧地利經由1848年的革命，實現農民解放；1867年改訂憲法，隨著民法典亦求其與社會的現實相互一致。該民法典除奧地利本國以外，對當時被奧地利支配下的東歐諸國亦有適用。第一次世界大戰後，民法典經數次修改，但基本上還維持立法當初的形式。家族法方面，主張男女同權及對庶生子地位之提高。其到最近，還有一連串之修改。

三、法國拿破崙法典之成立與其後之發展

（一）拿破崙法典之成立

法國於1804年頒布民法典，世人稱之爲《拿破崙法典》，這部民法典成爲近代市民社會之基本法典，而予全世界很大的影響[5]。

法國自中世紀以來，連續著法地域的分裂狀態，尤其是北部的習慣法地帶，各有其不同的法律，然亦有藉巴黎的習慣法逐漸統一之趨向。在17世紀後葉、路易十四時代，制定民事程序、刑事程序，以及商法等王令，接著在18世紀前葉、路易十五時代又制定贈與及遺囑之王令。

直至1789年革命爆發，發布《人權宣言》，制定民主憲法並急速社會改革，廢止封建制，授予農民土地，所有權的絕對性與契約自由受到保護，接著改革並實現結婚與離婚之自由化，以及諸子（不問嫡生或非嫡生）平等的繼承權。惟進入革命後期以後，對前期之「矯枉過正」亦略加修正，緩和急進性格，確立資本階級的支配，也緩和所有權之絕對性等，但市民革命的基本原則還是被維持。

《拿破崙民法典》亦在這時期（革命後期）裡進行。借拿破崙的威名克服各種困難，於1804年正式公布。這法典之特色乃以個人主義、自由主義爲基礎，建立於所有權的絕對、契約自由及過失責任主義等市民法的基本原理上，可稱此爲市民法之三大原理。然在另一方面，還努力於傳統性的調和，以及調和南北二法域之對立（可謂中庸性創作）；但在家族法方面，仍強調夫權與父權，非嫡生子受到差別，離婚原因因男女而有差別等，處處可以看到，以當時的資本主義家族爲背景，並配合拿破崙的權威主義意向之色彩。

當時除民法典以外，還相繼制定商法典、民事訴訟法典、刑法典，以及治罪法典（刑事訴訟法）等，此又被稱爲拿破崙之五法典，各部門的法典編纂大致完成。拿破崙法典除法國本土以外，廣被受當時拿破崙支配下的歐洲各地（如比利時、荷蘭、德國西部、義大利等）適用；其在拿破

---

5 野田良方，フランス法概論（上卷），再版，有斐閣，1970年。

崙垮臺以後還繼續適用。再者，19世紀中葉，歐洲各地〔如：荷（1838年）、義（1868年）、葡（1868年）、西班牙（1889年）等〕，亦仿照拿破崙法典相繼制定其民法典。拿破崙法典還渡越大西洋到美洲大陸；曾為西、葡殖民地之中南美諸國，在其獨立後，也相繼制定以拿破崙法典為模型之民法典；美國本土的路易斯安那州，以及加拿大的魁北克省，亦制定拿破崙模式的民法典，而形成在英美法（Common Law）法系中的「獨自」存在。甚至還影響日本明治初期的舊民法草案〔因該草案乃聘請法國人博依索納德（Gustave Boissonade），於1825年至1910年起草，以法國民法為範本〕。如斯拿破崙法典遍及全世界，而形成羅馬法大支流下的法國法群；其主要原因，還是同法典之具備市民社會的基本原理，其內容正適合於當時工商起飛中的社會。

（二）其後的發展[6]

法國在19世紀裡，經過數度政治型態之變遷，憲法亦隨之而數度修改，然基本的民法迄今還是被維持。1870年前後，乃屬於資本主義的上升期，可以看出民法典所預定的經濟社會之發展。對於財產法之缺失處，則藉特別法，如商法的改正（1867年公司法制定）、不動產登記法的制定（1855年）以補充之。另一方面，對家族法則再加強夫權與父權，而有權威主義的傾向；對勞動關係則壓制勞動運動，直至1864年勞工團結權才被默認。

在法學方面，這時期乃註釋學派的全盛期，以拿破崙法典為金科玉律，完全依照立法者的意思來詮釋，因忽略社會之實情，故與德國之概念法學相通；這種解釋態度因具預測可能性，故很適合於當時資本主義上升期之社會環境。

但自1870年左右，社會事態開始變化，資本主義高度發展結果，社會進入資本集中化、獨占化之階段，以至發生各種社會問題。昔日民法典之「基調」已不能維持，為適應社會之變化，判例應運而生；為限制所有權之絕對性，產生限制權利濫用之法理；侵權行為則以無過失責任代替原

6　江川英之編，フランス民法の一九五〇年（上），有斐閣，1957年。

來的過失責任。學者也關心判例的研究，主張對法律作科學的探求〔科學學派代表者：沙勒紐（Raymond Saleilles, 1855-1912）及捷尼（François Gény, 1861-1956）〕。

為修正民法的基本原理，逐漸增多特別法的制定。尤其第一次世界大戰以後，為處理住宅問題及農業問題，加強不動產租賃權之立法。在家族法的領域裡，為求妻與子的人格獨立，在限制夫權與親權上，進行小規模的改正。惟直至第二次世界大戰，民法典本身並無多大的變化。

第二次世界大戰以後，法國除在憲法方面有數度大幅變化以外，還有財產國有化的傾向、勞動者之企業參加、社會保險制度之確立等。民法方面，則為求男女同權、離婚自由、子的保護與獨立，亦予大規模的修正，與制定當初相較，修正後的內容可謂面目一新。財產法方面，亦有若干改正，主要乃藉判例與特別法的制定來發展。雖然曾有民法典之全面改訂計畫，但受到挫折。

四、德國和法學之發展[7]

（一）19世紀德國和法學之發展

德國在1871年因俾斯麥的「腕力」，實現國家的統一。1896年成立民法典，我國現行民法典受德國民法典之影響很大；德國民法典乃19世紀德國私法學的成果。概觀其發展如下。

德國經19世紀初葉的解放戰爭（打敗拿破崙）以後，人民對於國家統一的願望急速地增高。海德堡大學的教授提保特趁此呼籲，於1814年提倡「在德國一般民法典的必要性」，主張德國國內也應模仿拿破崙法典，制定統一民法典，以此實現德意志民族之統一與近代化。對此，歷史法學派之創始者薩維尼持相反見解，立即發表「關於立法以及法學的任務」一篇論文。在此論文中，著者力主：法者，不應為人為的創造物，而是應該由民族精神逐漸的形成，在德國的現階段，還不是立法的時期。對此法典論爭，薩維尼獲勝；因提保特的主張，就當時德國情況言，為時尚早，故法

7　載著前揭書頁151以下；笹倉秀夫，近代ドイツの國家と法學，東大出版會，1979年。

典之統一被延至19世紀末葉；足見德國社會受薩維尼歷史法學派支配一段時間。

根據薩維尼的學說，德意志民族法的歷史亦繼受羅馬法而形成，故應溯及自羅馬法。將羅馬法體系化而適應於當時的德國社會，為當時最大的工作。當時的德國有很多地方仍以羅馬法為現代法，羅馬法之體系化，乃由普赫塔（Georg Friedrich Puchta, 1798-1846）為始，而經其後繼者發揚光大，由「潘德克頓」（Pandekten）法學達到最高峰（「Pandekten」者，本為羅馬法上「學說彙纂」之希臘名，對此為研究對象之學問，被稱為「Pandekten」法學）。故，潘德克頓法學乃將羅馬法源整理成體系化，藉抽象演繹之推理方法適用法律；後世亦有人批評其為概念法學。在當時資本主義上升期之德國而言，與法國註釋學派一樣，對於法的安定性之貢獻具有積極的意義。

19世紀德國的私法學分成二派，一派以羅馬法為研究對象，此稱為「Romanist」為當時的主流；相反地另一派則以德意志民族的固有法——日耳曼法為研究對象，此稱為「Germanist」。

19世紀後半葉，在德國發生對「潘德克頓」法學之批評，其代表者為耶林，他於1872年發表「為權利鬥爭」（Der Kampf ums Recht）演講，主張法非如歷史法學派所說是自然生成的，而是經由鬥爭戰勝而來。接著於1884年又發表「法之目的」（Zweck im Recht），立於功利主義的立場，主張「目的」才為所有法的創造者也。而批評當時的「Pandekten」法學為「概念法學」（Begriffsjurisprudenz）。耶林之學說在當時的學界，仍屬於少數說，但對於後世的自由法運動等法學之革新，予以很大的影響。

（二）德國民法典之成立

德國於1871年如其所願實現國家之統一；在帝國憲法下，計畫各種立法，在1848年制定票據法，1861年制定德國一般商法典。

關於民法典之編纂，在1874年成立委員會，該會之中心人物為「Pandekten」法學家溫沙伊特（Windscheid），該委員會於1887年完成第一次專案，附理由書公布於社會。本草案遭受激烈的批評，尤其日耳曼派（Germanist）之代表者吉爾克（Otto von Gierke, 1841-1921）批評第一次

草案爲對羅馬法的個人主義性色彩太濃，而忽略德國固有法上團體主義性。社會主義名教授門格爾（Anton Menger, 1841-1906）在其所著《民法與無產階級者》（1891年）一書中，批評第一次草案偏重於資本主義利益之保護。因此於1890年成立新的委員會，對第一次草案加以修正成爲第二次草案。第二次草案於1896年經帝國議會通過而成爲今日的民法典；第二次草案比第一次草案多加社會性要素，惟並無變更第一次草案之精神。我國的民法即參照此第二次草案；日本民法則主要參照第一次草案而制定。

德國民法典，乃以精緻的理論體系與嚴密的專門用語來組成，充分地表現出「Pandekten」法學之性格，但非屬於大眾化。在另一方面，德國民法典之精神，與法國民法典相似者多，均立於所有權絕對性、契約自由、遺囑自由，以及有過失賠償責任之基礎上，而注重當時的支配階級（即資本主義者）之利益。例如，對於促進俾斯麥之社會保障政策，在民法典中並未反映出來。此乃德國民法典爲19世紀的「結果」，而非新世紀的「開端」。然德國民法典，在當時被世人讚許爲很傑出的法典，影響各國的法理論與法解釋。在法典編纂方面，受其影響者有：日本、中華民國、希臘以及巴西等。但以受影響者之多寡言，還不如法國的拿破崙法典。

（三）瑞士民法典之成立[8]

隨著德國民法典之誕生，瑞生於1907年亦制定瑞士民法典。瑞士民法典制定得很好，而頗受世人的好評。將其成立過程與特色介紹如下：在瑞士並未有羅馬法之全面繼受，因各地區有其固有法，進入19世紀，各地區（Kanton）開始其法典之編纂；成其中心者有經日耳派的伯倫知理（Johann Kaspar Bluntschli, 1808-1881）所編的蘇黎世（Zürich）私法典。19世紀後半，開始計畫制定瑞士聯邦統一法典，於1881年已經有統一瑞士債務法。民法典則委給日耳曼派的胡伯（Eugen Huber, 1849-1928）來編纂；他對瑞士的傳統法做詳細的調查以後，編制富於民眾性、社會性的法典，斯乃1907年成立的瑞士民法典。法典的債編部分，則將1881年的統一

8　石田穰，スイス民法一條の法源イデオロキー，民法學の基礎，有斐閣，1976年。

債務法做若干的修正以後，附加於1911年民法典的第五編。因此，瑞士民法典乃民商統一之法典也。

瑞士民法典比起德國民法典，富於民眾俗民的性格，而且在其民法第1條第2項、第3項中，明白地承認，法欠缺之難免，而肯認法官的立法作用，其乃具有劃時代性的意義。除此以外，還承認一般人格權等，作為將來立法之榜樣。瑞士民法典影響Liechtenstein（德國南部Würtenberg之城名）、土耳其、希臘、蘇聯等民法典之編纂；尤其1927年土耳其為近代化所制定的民法典，完全乃仿照瑞士民法典。

（四）德國民法典嗣後的發展

德國民法典施行以後十數年，德國經歷第一次世界大戰，體驗社會經濟之大變動，對民法典也遭遇一大考驗。然對民法典條文本身的修正倒不多，乃以特別法的制定及判例來補救；判例則藉一般事項（如誠信原則等）之活用，形成新的法理論；其中以「情事變更原則」之創出，最引人注目。第一次世界大戰後之德國，法的特徵為「所有權之伴有義務」，踏襲威瑪憲法之路。本意想修正個人主義自由主義為基礎的民法原理，但因政局之不安終被擱置。

1933年納粹掌握政權，重公法而忽視威瑪憲法，實施希特勒之獨裁體制，在民法上也可以看到若干的修正，如拉倫茨（Karl Larenz, 1903-1993）為開端之革新私法學者，進行納粹私法學理念的建設。他們尤其強調與人種相結合之協同體理念，否定所有權之絕對性（尤其承認所有權之社會制約性），限制契約自由之原則，且主張從大學教育之改革著手，即首先欲將民法典抽象性的Pandekten體系解體，配合契約、侵權行為、土地等現實生活體系，來改變以往的授課方式，以致影響民法之修改，然除1938年的婚姻法以外，並無重要之立法。有意制定民族法以代替民法典之計畫，也隨納粹之垮臺而受挫。

第二次世界大戰以後，德國被分成東西德；西德在波昂基本法（即憲法）之下，繼續發展其社會性法治，民法典之財產法部門，則仍維持其制定當時之姿態，然主要以特別法來適應新的社會要求，不動產所有權之大幅度限制，契約自由亦為保護消費者也受到各種限制，尤其後續制定頒布

的「一般契約條款之限制法規」（AGB-Gesetz, 1976, 12）最受人注目；在侵權行為之領域，則制定無過失責任法。在家族法則依據基本法所倡的男女同權、諸子平等之精神，迄今曾有對離婚法等數度之大修正，尤其在1976年對民法第四編——親屬編，做全面性的修改。

惟東德則以社會主義國家體裁，做與西德相異之獨自發展。與社會主義體制不能兩立之民法典上諸規定都被忽視，尤其在家屬法的領域，將違反男女同權之規定一概視為無效。1965年制定新的家族法，財產法的部分亦流於形式；直至1975年被德意志民主共和國（東德）的民法典所取代[9]。

以上之發展情形，在奧地利、瑞士等雖有程度上差異，但亦有共同之點。一般稱此三國（德、奧、瑞）為德國法群（或日耳曼法群），而與羅馬法群相對比。但就民法典而言，德國民法典未必為其他二國之代表，這點還不如羅馬法群之具有其統一性。

（五）法學方法論之新發展

19世紀的德國法學被稱為概念法學，以耶林所發之批評為契機，自19世紀末至20世紀初，提倡新法學方法論，其可首推「自由法運動」。其主要擔當者為德奧之埃利希（Eugen Ehrlich, 1862-1922）與康特羅維奇（Hermann Kantorowicz, 1877-1940）以及法國的沙勒紐（Raymond Saleilles, 1855-1912）與捷尼（François Gény, 1861-1956）。他們都批評概念法學：1.承認國家制定法（實證法）以外，妥適於現實社會的「活法」（Lebendes Recht）；2.否定法體系的完結性，承認法的缺陷，為填補其缺陷，提倡對「活法」之科學上的探求；3.提倡法解釋學上的實踐性，認為法解釋不應偏重於形式上之理論，而強調對利益衡量與目的思考之重視；4.主張裁判上的法創造機能的存在。如此自由法運動之意義，乃配合著成為「Pandekten」法學基礎之資本制社會之變化，對在往日的方法論下，無法達成妥當的結論，主張藉此能夠對新的法學注入新的氣息。然在

---

9 1990年10月，東德併入西德，完成德國統一，先是建立貨幣、經濟和社會聯盟；而東德除了修正其法律外，因其統治而衍生的問題，則均由西德法院依照聯邦德國的法律解決。

自由法運動下，往往又擔心，法官借自由之名，恣意地裁判，故其並未成為永續性的運動。

　　比自由法運動稍後，在德國提倡出「利益法學」[10]，其創始者為海克（Philipp Heck）。本說認為，法律乃由來自各集團諸利益之合力作成，法解釋僅僅借文言上的論理還是不夠的，其還須依據利益狀況來解釋，以此批評概念法學。法官也應受立法者利益判斷之拘束。立法者應重視何利益？應借諸歷史之探求，法有缺陷時，原則上亦應從立法者所持利益觀來判斷補充之。

　　戰後西德之法學方法論亦承繼此利益法學。利益法學主要乃比較衡量利益之「量」，但對於利益之「質」（價值），漸亦受到重視。因此，現不再稱之為利益衡量，而稱之為價值判斷；「評價法學」亦為有力的方法論。然到底應該以何為究極的價值？雖有各種不同的見解，但不應限於一種價值，而應傾向於多元性的價值判斷。以上情形，非僅是德國，亦可稱為大陸法系之共同傾向。

五、歐洲共同體簡稱為EC和歐洲聯盟就法的統合[11]

（一）歐洲共同體

　　歐洲在第二次世界大戰以後，一致同感必須要有經濟的統合，1950年法國外相舒曼發起，對西德與法國的煤炭與鋼鐵共同機關之管理，也承認他國之加盟。這種提案除德、法兩國以外，還有荷蘭、比利時、盧森堡（此稱Benelux三國）及義大利之加入。於1951年4月在巴黎簽訂歐洲煤炭鋼鐵共同體設立條約（巴黎條約），於翌（1952）年7月生效。此即後來的歐洲共同體（European Community, EC）之起源。

　　這些加盟國此後對原子能與經濟統合加以檢討的結果，於1957年3月在羅馬又簽訂歐洲經濟共同體（European Economic Community, EEC）以

10　小林直樹，利益法學，尾高朝雄等編，法哲學講座，第四卷，有斐閣，1957年所收。

11　大木雅夫，ヨーロッパ共同體におけるの統一，立教法學二號，1962年；植村榮治，EC法の研究，ジュリスト六五九號，1978年。

及歐洲原子能共同體兩個條約（羅馬條約），嗣於1967年7月1日合併成為單一化之歐洲共同體（EC）。繼之還有英國、丹麥、愛爾蘭、西班牙、葡萄牙等國加盟。EC與加盟國之間，為一超國家的組織，主要機關有理事會、委員會、議會及法院等。理事會乃由各加盟國的代表組織而成，其有對EC政策之實質的決定權及立法權，委員會為EC之內閣機關，其任務在實現EC的條約與推行理事會之決議。EC法院則由9名的法官構成，對EC的各種問題具有管轄權，但強制執行則委託諸加盟機關。

EC之諸條約則成為EC法之法源中心。此有共同體設立條約，加盟國間之條約、議定書、新加盟國加盟條約，以及EC與第三國之間的協定，這些都被稱為基本法。歐洲從中世紀起，以羅馬法為普通法（共同法），17、18世紀則以自然法論超越國境求其共同的妥當性。然進入19世紀則成為國民國家，各國均相繼編纂本國的法典，後因EC法之發展，歐洲之法與法學亦無形中潛在著再度歐洲全體化的可能性。

再者，EC於1993年11月1日為經濟與貨幣的統合，簽署《馬斯垂克條約》（Maastricht Treaty），將EC（歐洲共同體）名稱改為EU（歐洲聯盟），迎接新時代，據此於1999年發行歐洲共同貨幣（EURO）。

（二）歐洲聯盟

歐洲聯盟（European Union, EU）最初源於早期建立的歐洲煤鋼共同體，1993年《馬斯垂克條約》後，彼此漸由貿易關係轉變成經濟和政治聯盟。1999年又簽署《阿姆斯特丹條約》（Amsterdam Treaty），除經濟外，還包括共同外交與安全保障等政策，並將民主、自由、人權、法治等理念，作為條約的基礎。

歐盟成員最多時計28國，2020年2月因英國脫歐，現有27個國家。其主要機構為由成員國領導人組成的歐盟高峰會，以及理事會、執委會、議會、法院、中央銀行等。

歐盟成員國有其獨立性，可自行決定外交政策和軍隊等，但必須遵守共同制定的統一法律。在法的統合方面，歐盟法院為歐洲聯盟的法院系統之總稱，涵蓋「普通法院」（General Court）、專門法庭（specialized courts）、「歐洲法院」（Court of Justic）三者。普通法院所作出的裁

決，僅能以法律問題爲由向歐洲法院提起上訴。歐洲法院由各個歐盟會員國所推派的法官組成，掌理一般案件的法律審上訴，以及特殊案件的初審。

歐洲法院有獨立的訴訟規則，在起訴階段，當事人可以自由選擇使用歐盟成員國中的任何一種官方語言，法官和當事人的陳述將被同步翻譯。歐洲法院就普通案件，一般會由3位或5位法官所組成的法庭加以審理，但在某些特定或特別重大的案件中，則會由全體法官組成大審判庭加以審理。

肆 英美諸國之法的發展

一、英國法之發展[12]

英、美、加、澳、紐等諸國形成今日的英美法系（又稱爲Common Law法系），而與大陸法系（又稱爲Civil Law法系）相對立；惟兩者均立於資本主義、社會基礎上。英美法系乃以英國法爲母法，藉英國之殖民傳播至世界各地，其特色亦可由英國法的歷史看出。

英國法的特色即受羅馬法的影響很少，而具有其獨自的發展。英國法之起源，應溯自11世紀的諾曼王朝，此期已確立國王的中央集權。在司法方面，國王裁判權之遍及於全國，而對地方習慣法的統一有所貢獻。過去在13世紀裡，既已藉國王法院，確立全國統一適用之法規——即普通法（Common Law）。此乃得以排除受羅馬法影響之首要理由；再者，在英國法學家之培養方法，並不像大陸法系諸國依賴大學教育，而是依賴著律師團體法曹學院（Inns of Court）來行使，此亦爲阻止羅馬法入侵之理由。如此，英國法乃藉「Common Law」法院的判例來表現其獨自的發展。

又在英國，自中世末期至近世初期，「Common Law」逐漸與時代社會產生距離。尤其「Common Law」對信託前身「Use」之受益者並未

---

12 高柳賢三，英米法源理論，有斐閣，1938年；新井正男，イギリスの原理，文久書林，1973年。

加以保護。當時，有些人為避免英國封建的負擔，將自己所有的土地，作「Common law」上的讓與；此時往往會與土地受讓人訂立為讓與人或為第三者之利益保有特約，此即「Use」（稱為「信託」）。然讓受人若違反特約時，「信託」之受益人（讓與人或第三人），即使訴請於「Common Law」法院，法院往往都以受讓人為完全之所有人為理由，拒絕保護。因此，受益者向國王請願，該請願終被國王之代官——大法官（Chancellor）接受。大法官認為，雖屬於「Common Law」上之權利，但與人類之良心有違背時，應依從良心，若違背良心則應受到處罰。英國藉此方法來個別解決，依「Common Law」無法獲得公平處理。如此藉大法官個別處理公平事件之增加與累積，而成立另一判例法體系。累積該大法官的判例而成立之法體系，便為「Equity」（衡平法）。此乃道德影響法律之表現。對於「公平」的問題，大陸法乃在一般法的發展中（尤其是受教會法之影響下）求其實現；然英國則在「Common Law」體系外，相平行的另行發展「Equity」（衡平法）的法體系。

近世英國，「Common Law」與「Equity」乃作兩相對立的個別發展；然兩者間仍以「Common Law」為基礎，「Equity」乃立於修正的地位，兩者各屬於其獨立的法院與法系。尤其「Equity」乃以「信託」為始，形成英美法特有的法律制度。時至1870年代藉著一連的法院法，實現「Common Law」與「Equity」之融合，結果變為由同一法院來受理該兩種案件。

以上足見「Common Law」與「Equity」在英國均藉實務家的個案以求其發展，故受法學家的影響並不大，此與大陸法有所不同。但自中世紀有很著名的法官曼斯菲爾特（William M. Mansfield, 1705-1793），將中世紀以來藉習慣法處理之商法，吸收到商法中，而求契約法之近代化。同一時代之布萊克斯頓（William Blackstone, 1723-1780）在英國首創在大學裡講授法學，他的著書《英國法的解釋》（1765-1769），首度將英法體系化，此對以後的法學發展予以很大的影響。時入19世紀，因為受到德國歷史法學派之影響，產生奧斯丁（John Austin, 1790-1859）之分析法學，還有主張法的發展法則，乃「由身分到契約」之「古代法」（Antient Law,

1861）的著者梅因（Henry j. s. Maine, 1822-1888）之歷史法學派等。然英國的「Common Law」還是經實務家來發展，確立先例拘束性的原則，在19世紀末葉，刊行公式判例集，19世紀的「Common Law」內容，乃以個人主義、自由主義為真理，此與大陸法所共通。

然進入19世紀末葉，隨著社會問題之發生，先例拘束性的原則，無法獲取社會之要求。於是由議會伸出援助之手，在英國確立國會優位之原理。藉國會的制定法（Statute）修正判例法，自19世紀末葉以來，制定很多的制定法，對「Common Law」做若干的修正，1925年的《財產權法》（Law of Property Acts）。英國至今猶未有如大陸法統一體系的民法典；有關民法之諸事項，委諸契約法、不當得利法、財產（不動產或動產）法、家族法等各自獨立的存在，而且大都以判例法的形式存在。

二次大戰以後之英國，踏入福利國家之途。因此，法律亦有做全面性檢討之必要。1965年設立法律委員會，藉著制定法來修正判例法，並將有組織性的判例法法典化；對家族法、消費者保護法、損害賠償法等的改革。再者，在1966年經大法官傑拉爾德‧加德納（Gerald A. Gardiner）宣布，最高法院（即貴族院）必要時亦得變更先例，將判例法開始有動態的發展。

二、美國法之獨自性[13]

美國法本來亦從英國法派生，但也有其獨自的地位。蓋以美國與其他的殖民地不同者，因戰勝英國而獲得獨立，故自始就有其獨自性。尤其美國是採取聯邦制，承認各州的立法權與司法權，在美國，聯邦與州或各州與各州間往往會發生複雜的法律問題，尤其離婚法因州而有異，故往往有由較嚴的州之州民旅行到較寬的州辦理離婚之情形。因感到州際間商法不統一之不便，而制定全國性的《統一商法典》（Uniform Commercial Code, UCC）。

13　伊藤正己，アメリカ法入門，日本評論社，1961年；田中英夫，アメリカの社會と法，東大出版會，1972年；早川武夫，アメリカ法學の展開，一粒社，1975年。

　　又英國在「法的支配」下，有國會優位的現象。惟美國自19世紀就有聯邦最高法院之違憲審查權，而承認司法權之優位性。而且，先例拘束性（Ratio decidendi）在美國並未確立，蓋以美國得由最高法院的多數決變更以前的判例。因此，美國最高法院對政治問題之關心，對美國法給予彈性的發展。美國最高法院即曾經為黑人的公民權問題，制定一連串的判例，充分展現其「法官造法」的法律文化。

　　現在美國乃位於資本主義之先端，故對於交通事故、環境保護、消費者保護、隱私權侵害等多數的重要問題，都先從美國開始議論。對於這些問題，僅依賴傳統性的法律過程還是無法解決。因此對於法學士，美國亦立於世界之先端。19世紀末葉的霍姆斯（Oliver Wendell Holmes, 1841-1935）主張：「法者乃法院會作如何處置之預言也」。這種現實主義，另一方面還藉著龐德為代表，發展法社會學；龐德藉其著作發表：「法者乃為統治社會的手段也」；其主要任務在於調整相對立之社會諸利益，以求最少的犧牲而實現並確保最大的利益為目的。霍姆斯的見解他方面經由魯恩林（Karl Nickerson Llewellyn, 1893-1962）及弗蘭克（Jerome N. Frank, 1889-1957）現實主義（Realism）法學而發展至極限。依其主張，裁判的「結論」，乃藉法官的「直覺」（hunch）來決定，法之適用與解釋不過是為使其（結論）合理化、正當化之手段而已；這種見解給內外很大的衝擊。在第二次世界大戰以後，還有很多將新的科學方法也採用到法學上，例如：實驗主義法學、行動科學法學，以及計量法學等是。

三、英美法之特色[14]

　　與大陸法相比較下，概觀之，首先兩者乃出自不同的歷史背景。大陸法乃受羅馬法的影響下發展而成；英美法則並沒有受到羅馬法的影響，而求其獨自的發展，後來為補救普通法之僵硬化（無法達成公平）而產生衡平法，衡平法亦與大陸法不同的法體系來求其獨自的發展，而制定出很多獨特的法律制度。英美法的傳統，非僅在實體法上，在其裁判制度或法曹

14　五十嵐清，比較法入門，頁103以下；同著者，法學入門，頁218。

制度上也表現出其特徵，尤其他的陪審制度，充分表現出與大陸法相異的
特色。

　　再者，大陸法乃以制定法，尤其以法典爲第一次法源；英美法則以傳
統的判例爲第一次法源。但對於先例拘束性之強度，同在英美法系中亦有
不同，英國較嚴格；美國則較寬。又在英美法系裡，對制定法之數量及重
要性亦逐漸的增加，以資對判例法之修正與法典化，但其仍以判例爲第一
次法源。相反地，大陸法（尤其是法國與西德）最近也因主要法典之不合
時宜而增大判例之功能，並以此爲實質的法源，以便補充制定法之不足。

　　第三點，大陸法系的法思考方法，乃以法典的抽象規範爲基礎，據此
藉演繹性的操作以求其結論；相反地英美法則以判例爲中心，根據具體的
事實（case by case）作其具體歸納思考爲其特色。但今日英美諸國隨著判
例的增加，會逐漸地感到統一理論之需要；相反地大陸法諸國則隨著判例
的重要性之增加，也逐漸感到具體歸納思考之必要性；因此也可以看出兩
者今後之相接近。

　　過去一般認爲，英美法與大陸法乃出自完全不同的法體系，兩者間的
架橋（接近）乃不可能。但時至今日，已令人覺得此乃錯誤的想法，該兩
者之主要不同點乃出自法技術方面，然對於具體問題之解決面而言，兩者
有令人驚訝之一致之點。分析其原因，無非是屬於該二法系之多數國家的
社會經濟體制，有其共通點，故我們也可以將今日的英美法與大陸法概稱
爲西歐法系。我國與日本亦同以資本主義經濟體制爲基礎，這點與西歐亦
有共通性，故就此而言，我們不應該單研究大陸法，也應該從英美法中截
其所長。

　　與西歐法系相對立者，主要乃立於相異社會經濟體制上之社會主義的
立法。茲將社會主義法亦附此簡介如後。

伍 社會主義法之發展

一、蘇維埃法之發展[15]

（一）蘇維埃法制度之變遷

　　蘇維埃法乃由自1917年的十月革命。在此以前的俄羅斯（Russia）法乃受到拜占庭法的影響，19世紀也曾仿效法國法而實施其法典之編纂，但不算很成功。革命以後的蘇維埃將傳統的俄羅斯法廢止。

　　蘇聯從1917年，20年間，渡過戰時共產主義時期，在這期間，相繼的立法，實施土地及生產設施之國有化，貫徹家族的自由與平等，且廢止繼承權等。然進入1920年代以後，迎接新的經濟政策，一部資本主義復活，在這時期開始憲法、民法、刑法、家族法等法典之編纂。這些法典之編纂在形式上還是繼受大陸法，故蘇維埃法在法技術方面乃與大陸法相近。從1920年代後半，蘇聯進入計畫經濟時代，推行工業化及農業集體化，而具備社會主義型態，1936年的史達林憲法便為其宣言。

　　第二次世界大戰以後，隨著史達林的批判，強調社會主義的適法性；從1950年代的末葉，正式完成刑法、刑事訴訟法、民法、民事訴訟法、家族法、勞工法、土地法等法典的編纂。此乃首先制定聯邦性的基本法，以此為基礎在各邦中按其特殊性進一步地制定更詳細的法規，以此方法完備蘇聯的社會主義法體系，懸宕已久的新憲法亦於1977年被採用，戰後的法典編纂也告一段落。

（二）蘇維埃法理論

　　蘇維埃法乃源自馬克斯主義，但馬克斯與恩格斯對於社會主義法敘述得不多，故對於社會主義法之理解在蘇聯有所變遷。依據古典的馬克斯主義認為，法者乃支配階級抑壓被支配階級的工具。然隨著共產主義社會之完成，階級的對立亦消失，法也會隨著國家而消滅。這種對蘇維埃法的消極見解，隨著蘇維埃社會主義體制之確立，以及對法規制的重要性的提

----

[15] 稻子恆夫，ソビエト法入門，法律文化社，1965年；藤田勇，ソビエト法，ヅユリスト增刊「法學案內」，有斐閣，1976年。

高而受到批評。進入1930年代由維新斯基之提倡，社會主義法的存在積極地獲得肯定。然維新斯基的法理論，在刑事法上因否定罪刑法定主義，戰後隨著史達林的批評而受到批判，社會主義的適法性亦重新被強調。以往支配著蘇維埃法學之教條主義，亦因後續的社會學方法以及比較方法之導入，而逐漸緩和。

　　概括而言，蘇維埃法系（或稱社會主義法系）是指共產主義的國家普遍使用的法律體系。主要是源於馬克思、列寧的思想，並基於歐陸法系彙整而衍生。惟社會主義法系是否算是一獨立的法律體系？以及何謂社會主義法法學？在當前均還是一個問題。

（三）蘇維埃法之特色

　　對於蘇維埃法之特色，因論者而有異。依據蘇聯的法學家云，蘇維埃法乃處於比上開資本主義法更高層次的階段，其即使有與資本主義法類似之法律制度，亦會因社會經濟基礎之相異，而處於與資本主義法相異之機能。西方之學者中，亦有曾經否定蘇維埃法之法性格者，但大部分的學者還是承認其社會主義法的獨特性。

　　蘇維埃法主要可從其社會主義所有權及計畫契約，探求其特徵。在蘇聯並不承認土地及生產財之私有；其大部分乃屬於國家或公共團體（公社）所有，此可稱為社會主義性的所有。因此，其企業亦均屬於國營企業，由此亦可以推知，蘇聯型社會主義法的基本特徵。但在今日的資本主義國家中，亦有逐漸增加國營企業的比重，加強對不動產所有及企業活動之國家規制者，然其仍以私有財產制為基礎，故還是與社會主義法有異。再者，蘇聯的市民亦被承認對住宅或消費財之私有及繼承，然蘇聯之這種個人所有權，亦以社會主義所有權為基礎，故此與資本主義國家的私有，亦未必相同。

　　在蘇聯時期[16]，國營企業內之商品交換，亦因契約而被承認。然蘇聯的經濟乃以計畫經濟為前提，故該企業間之交易仍被認為是遂行計畫經濟

16　蘇維埃社會主義共和國聯盟，簡稱蘇聯，成立於1922年，曾經是完全奉行社會主義制度，20世紀晚期各加盟國紛紛宣告獨立，於1991年12月瓦解。嗣由俄羅斯聯邦延續其國際地位。

之一環。因此,這種契約(計畫契約)之自由亦極端地受到限制,故到底其是否得視為契約?蘇聯內部亦對此懷疑。惟計畫契約之存在為蘇聯法之特徵之一。但今日資本主義國家,對契約自由亦大幅度地受到限制,故僅在這一點,兩者亦有相接近之一面。

其他,就蘇聯的學者云,在其家族法中亦有其特色。蘇維埃家族法,自革命後迄今有數度的變遷,其中最明顯者為,對男女平權的貫徹與兒童福祉的提高。尤其是男女平權,以往資本主義國家乃立於社會不同任務之前提下,承認其平權;但蘇聯則很早就實現其完全的男女平權。然今日西歐先進諸國亦有實現完全男女平權之趨向,故此是否為社會主義法之特色?亦難免有疑問。

二、社會主義法系之形成

在第二次世界大戰以前,蘇聯幾乎為唯一的社會主義國家;但在第二次世界大戰以後,在東歐諸國形成社會主義圈,再進而東亞的中共、北韓、越南、高棉(即今日之柬埔寨)、中南美的古巴,以及若干非洲的新興國家,在世界各地亦成立社會主義國家(亦可稱為共產主義國家),而由這些國家形成社會主義法系。尤其東歐,以蘇聯型的社會主義法為典範,在各國制定憲法、民法以及其他的法典;但從南斯拉夫的勞動者自立管理論,亦足見東歐圈中亦有獨自步其社會主義之道路。尤其中共,自始就步其獨自的社會主義之道,而形成中蘇之對立。嗣亦有其獨立的法律制度。由此足見,社會主義諸國之社會主義法,亦未必一樣的。

第二編

主要法律概述

第一章　憲法

壹　國家與憲法

一、國家

　　國家是一具複雜結構之政治組織體，其本質有多種說法。一般而言，國家乃爲一具有一定地域（領土）爲基礎，有其固有之支配權（主權），及一定範圍之人民（國民）的統治團體組織。即，領土、國民及主權爲組成國家之三要素。

　　在近代，組成國家之三要素中，最重要者爲主權。以主權之歸屬做標準，國家之政治體制概可區分爲專制政體及民主政體。專制政體國家，其主權之行使由國家構成成員之少數爲之，如基於血統之君主專制、貴族寡頭制及基於實力之獨裁制；民主政體國家，其主權則由多數國民行使，又可分直接民主制及間接民主制。

　　或者可區分爲君主政體及共和政體，前者如由君主一人行使主權，不認同國民之政治參與，即爲絕對君主制；如國民可參與部分主權之行使者，則屬限制君主制或立憲君主制；至於共和政體，則係由國民多數行使主權之政治體制。

　　國家之政治體制雖有上述種種類型，但不論是何種體制之國家，其權力之行使均應以法規範爲基礎。亦即，國家之組織及作用，須全部由法規範來加以秩序化。因此，法理上，國家乃是由法規範所統一之法秩序體。而作爲統一國家之法秩序的基本法規範，即爲實質意義之憲法。

二、近代憲法

　　近代社會因個人主義、自由思想之興起，使絕對主義之君主專制政體垮臺，西洋諸國陸續發生之市民革命，使君主、政府之權力受到法之約制，以法規範作爲政府行使權力之根據與界線。於是，各國紛紛制定憲法規定國家主要機關之組織及國家之基本作用，以爲國家組織與行動之最高

規範。政治自由主義之原理亦被採用，編入憲法之中，成爲一時之要求。政府之權力受憲法之約制，殆爲近代憲法之基本原則。

近代憲法在其內容上具有三大特徵：

（一）國民之政治參與

近代憲法首先之要求，即國民並非僅是國家政治之客體而已，應能直接或間接參與政治，而將國民之意思反映於政治之實行中。由於國家機能複雜，國民直接參與政治有所困難，所以除了特殊場合之外，皆採用間接參與之代表民主制，由國民選出代表，代表人民參與政事。即由議會之方式來行使政治參與。

（二）權力之分立

權力如過於集中，則法規範對其約制，將有所困擾，權力如經分散，則可相互抑制，防止權力濫用，恣意行使。權力分立之具體表現，則依行政、立法、司法權力種類，各設獨立之機關行使其權力，以維持均衡。

（三）基本權之保障

基於對個人尊重之立場，禁止國家權力介入侵犯人民之基本權，是近代憲法之重要部分。

以上三原則，乃是對權力約制之消極機能，現代憲法之發展，已由消極趨向於積極，權力分立非爲對立之消極牽制，而爲積極之協力合作。且現代社會所需要之政府，係能爲民服務之萬能政府，而行政權因而擴大，政府爲謀人民之福利，自有必要積極干預人民生活，使國民實質之自由平等能充分實現。

三、成文憲法

近代憲法形式上之特色，即是憲法之成文化。成文憲法典成爲憲法最重要之法源。最早樹立近代憲法者爲英國，其關於國家根本組織及權力關係等事項，並無一部有系統之獨立法典，乃散見於單行法規、判例、習慣之中，而爲不成文憲法。近代市民革命後，有關國家權力機構、人民權益，則被明確地成文規定於獨立之法典中，以確保權益之行使，自美國憲法成文化後，各國亦陸續隨之，19世紀後，成文憲法已居多數。

　　成文憲法如由君主以獨斷之權力制定者，則爲欽定憲法；如由人民直接或經由代表制定者，爲民定憲法；如憲法是由君主與人民協議而制定者，則爲協定憲法。

　　成文憲法，除少數例外之外，其憲法之修訂，較通常之立法手續來得嚴格，亦即其爲剛性憲法。其最大之理由，乃在於憲法是規定國家組織與規制權力行使之根本規範，故爲保障憲法所規定之權利，使憲法具有固定性，憲法之修訂手續乃較爲困難，惟因其修改困難，內容不易變更，有時無法適應社會經濟之變遷而做適當的改革，以至於阻礙社會之進步。

貳　我國憲法之歷史

一、清末之立憲運動

　　清末清廷內政腐敗，外力侵凌，日俄戰爭之後，效法日本立憲之呼聲，甚囂塵上，且孫中山先生領導之革命，日益強大，清廷遂思藉立憲以緩和各方壓力。光緒31年，清廷派5名大臣出國考察，33年又派3名大臣出洋，34年清廷頒布《憲法大綱》，並宣告擬以9年爲期，完成憲政。但因清廷並未有立憲之意，僅假立憲之名，保全君王之實力，因此革命運動仍續而未止。辛亥年革命成功，清廷雖頒布十九信條代替憲法大綱，做甚大之讓步，然大勢已去。

二、臨時約法至訓政時期約法

　　武昌革命後，各省相繼獨立，於是爲求彼此之聯繫，各省都督代表聯合會成立，於辛亥年10月13日，議決《中華民國臨時政府組織大綱》21條，同年11月，孫中山先生被選爲臨時大總統，翌年參議院成立，以臨時政府組織大綱有所欠缺，遂於1912年3月公布中華民國《臨時約法》56條，採責任內閣制，中央政制分爲立法、司法、行政三部。

　　1913年國會成立，完成天壇憲草。時袁世凱任總統，不滿意該草案，遂捕殺議員，解散國會、修改臨時約法，期實現帝制。袁氏皇帝夢破滅後，中國政制一片紛亂，張勳復辟未成，北方爲軍閥控制，孫先生於廣

州倡議護法。1923年國會復會，繼續討論天壇憲草，三讀完成，是為1923年之憲法。惟因通過憲法之議員多為受賄選舉曹錕為總統之議員，因此，該憲法不為人所重視，此即為曹錕憲法或稱賄選憲法。

1928年，統一全國，國民政府組織法制定，訓政規模樹立，開始實行五權分立制度。1931年，中央在首都召開國民會議，制定訓政時期臨時約法。此為自臨時約法為袁氏毀滅之後，延續近20年始正式產生之約法。

三、五五憲草

1933年憲法起草委員會成立，著手起草憲法，屢次易稿修訂，1936年5月5日該草案公布，世稱「五五憲草」。內容分為總綱、人民之權利義務、國民大會、中央政府、地方制度、國民經濟、國民教育、憲法之施行，共八章147條。該草案以建國大綱及訓政時期約法為精神，較近於孫中山先生權能區分之理論。

四、中華民國憲法

「五五憲草」公布之後，原擬於1936年11月12日召集國民大會，以憲草為基礎、制定憲法。唯抗戰軍興，國民大會未能召集，制憲工作陷於停頓。1945年勝利後，原擬召開國民大會，又因共產黨及其他黨派不滿憲草內容，於是於1946年1月10日召開政治協商會議，對「五五憲草」內容加以變易，立法院儘量採納政治協商會議之建議，對「五五憲草」加以極大之修改，1946年11月15日，國民大會在首都南京開幕，廣泛地討論審查憲草，於12月25日通過，1947年元旦公布，同年12月25日施行，即為《中華民國憲法》。

惟為因應時局之需要，並回應台灣民主化的呼聲與本土化等政治情勢，於1991年5月1日經總統公布《中華民國憲法增修條文》。該增修條文與憲法本文分開，在不變更原有憲法架構的原則下，修改並凍結部分憲法條文。嗣先後計有七次之增修，目前施行的為2005年6月10日所公告的第七次增修版本。

五、動員戡亂時期臨時條款

憲法公布施行後，以當時之時局，如依憲法之規定及程序，實難應付非常緊急情勢。因此為使政府之能力能充分發揮，以應付艱難處境，又為避免剛制定之憲法即受到修正，遂於1948年5月10日，由第一屆國民大會通過《動員戡亂時期臨時條款》，公布施行。其後，經1960年、1966年兩次及1972年之修訂。

《動員戡亂時期臨時條款》，乃是由國民大會依修憲程序制定，排除憲法上一些條文之適用，具有根本法之性質，故一般認為臨時條款為特別憲法，優先於憲法而適用。惟動員戡亂時期已由總統於1991年5月1日宣告終止，該臨時條款也隨之終止。

參　國民主權、國父遺教

一、國民主權

統治權之行使，由國民自身為之，即政府是以國民為國家意思之最終決定者之政體，是為民主政體，民主政體之主權屬於全體國民。

17、18世紀之自然法思想及國家契約說，影響美國獨立及法國大革命，1776年之美國《獨立宣言》及1789年之法國《人權宣言》，皆倡言主權屬於人民，其後，國民主權說遂成為近代立憲國家之憲法規定。我中華民國之主權，亦屬於國民全體（憲法第2條）。惟因我國幅員袤廣，國民直接全面參與國家政事，有所不能；所以，《憲法》規定人民選舉代表參與政治，而採間接代表制。然而，其仍以人民之意思為主。《憲法》前言開宗明義即指出，中華民國國民大會受全體國民之付託，而制定憲法；且憲法制定之目的，乃為鞏固國權，保障民權，奠定社會安寧，增進人民福利，其無一不以人民為主。所以，《憲法》第1條規定我中華民國是基於三民主義之民有、民治、民享之民主共和國。第二章並規定人民之權利義務，以保障人民之基本人權。

法學入門

二、國父遺教

　　我國《憲法》前言中指出，我國憲法是依據孫中山先生創立中華民國之遺教，而由國民大會所制定。其說明了中華民國憲法依據之原則。國父關於憲法之遺教，不外乎三民主義與五權憲法，其主要基本原則有：（一）權能區分，即政權與治權之劃分。使人民有權、政府有能、人民運用四種政權，以控制政府之五種治權；（二）五權分立，歐美政治思想乃為行政、立法、司法三權分立制，國父為免除行政權兼考試權，立法權兼監察權之流弊，乃採取中國固有監察、考試之優點，創立五權分立制，治權分為行政、立法、司法、考試、監察，以謀各治權之協力；（三）均權制度，即依事務之性質，凡事務有全國一致之性質者，劃歸中央，有因地制宜之性質者，劃歸地方，不偏於中央集權或地方分權。

肆　國民之權利義務

一、基本人權

　　我國《憲法》第二章規定人民之權利義務，對於人民納稅（憲法第19條）、服兵役（憲法第20條）、受國民教育（憲法第21條）之義務，及人民之基本權利自由，做了詳細之規定。

　　人權保障之理論，早先出自天賦人權說，其後又有功利說、社會聯立關係說，國父則主張革命民權說。二次大戰後，則有基本人權說。基於近代自由主義，個人尊嚴之重視，一民主國家之人民，應享有其基本之權利，而受恆久之保護，國家權力不應侵及之（憲法第22條）。

　　近代憲法對於人權之保障，首先基於打倒絕對專制主義，由國家極力介入以保護個人之自由。其後，19世紀因民主制度之發展，人民享有參政權使得重要之人權更得以確保。20世紀之後，因資本主義高度之發展，經濟之自由競爭引起失業、貧困，因此，為確保國民生存為目的之社會權，亦應運而生。

　　憲法中明定人民之生存權、工作權應受保障，即是指此而言。憲法雖明定多種人民之基本權利，然因社會之急劇變化、高度發展之下，新的人

權不斷發生，如現今之知的權利、隱私權、環境權之主張，則已成為憲法所保障之人權之新課題。

人民之權利固應予以保障，然亦非無限制。為求國家全體之公共福祉起見，亦不容一方努力追求人權之保障，而他方卻濫用其基本權利。如個人行使權利及公共福祉，則其應受到限制，以維持全體之安全、秩序（憲法第23條、第24條）。

二、憲法所保障之人權

憲法所保障之人權範圍，概可分類為：

（一）平等權

早在1789年法國《人權宣言》第6條，即有「法律對任何人之保護或懲罰，應為平等」之規定。我國《憲法》亦明示平等之原則，禁止差別待遇。對中華民國之人民，無分男女、宗教、種族、階級、黨派，在法律上一律平等（憲法第7條）。按不平等之事實，可分為自然之不平等與人為之不平等。**前者如才智愚劣等天賦上之不平等；後者則如貴族平民奴隸等身分階級上之不平等。**憲法上之平等即不承認人為之不平等，而使人人在法律上一律平等。更且不僅著重於理論上之平等，亦兼及事實上之平等，如我國《憲法》第153條第1項規定：「國家為改良勞工及農民之生活，增進其生產技能，應制定保護勞工及農民之法律，實施保護勞工農民之政策。」即出於平等精神，對體力上、經濟上之弱者，加以特別之保護，而助其社會地位之提升，經濟生活之安全，故不能謂其為違反憲法平等之規定。

（二）自由權

1. 精神之自由

人類精神活動之自由，是個人人格形成之基礎，也是構成民主社會之必要條件，憲法基於此重要性，遂對精神之自由權予以明文保障，人民得以有言論、講學、著作、出版之自由（憲法第11條），有秘密通訊之自由（憲法第12條），有信仰宗教之自由（憲法第13條），有集會結社之自由（憲法第14條）。

在上述各項自由權中，較具爭議者，為出版之自由，因早年《出版

法》第40條、第41條，規定主管機關得對違法出版品予以定期停止發行，及撤銷其登記之處分。此種規定是否違憲，於1964年間經大法官會議解釋，認爲《出版法》所規定之情形，係依《憲法》第23條規定之必要情形，對出版自由所設之限制，且憲法對違法出版品之處分方式並無限制，《出版法》爲貫徹其限制之目的，由主管機關採用行政處分方式，而未經司法程序，尚難謂爲違憲。

然上開《出版法》已於1999年1月25日宣布廢止，出版自由所受限制，亦再放寬，可見隨著時代之更迭，社會對於自由的要求，已更開放。

2. 人身之自由

人身自由爲一切自由之基礎，必須人身自由獲得適當之保障，而後始可享受其他之自由，我國以往對人身自由之保障，不甚周密，故現行憲法特對人身自由予以詳細規定，以表對其之重視（憲法第8條參照）。

人身自由之保障最主要者，乃在於除現行犯之逮捕外，任何人非經司法或警察機關依法定程序，不得逮捕拘禁。非由法院依法定程序，不得審問處罰。非依法定程序之逮捕、拘禁、審問、處罰，得拒絕之（憲法第8條第1項）。1943年10月1日施行之《違警罰法》，則將有關人身自由之拘留等處罰，由警察機關爲之，其期間更可長達14日之久，顯有違《憲法》第8條之規定。故大法官會議解釋認爲：「由警察官署裁決之拘留、罰役，係關於人民身體自由所爲之處罰，應迅改由法院依法定程序爲之，以符合憲法第8條第1項之本旨。」（釋字第166號）。故違警罰法於1991年6月29日廢止，另由《社會秩序維護法》，以取代之。

人身自由之保障，只由法院依法定程序始可審問處罰。另外，《憲法》第9條雖規定：「人民除現役軍人外，不受軍事審判。」惟軍事審判制度與一般刑事訴訟制度相較，其程序較簡，僅有初審及覆判程序，不似一般程序有三級三審，對被告之保障，自以後者較周密。1997年大法官解釋軍事審判法相關規定違憲後，軍事審判法第1條已修正爲：「現役軍人戰時犯陸海空軍刑法或其特別法之罪，依本法追訴、處罰。」亦即如非「戰時犯陸海空軍刑法或其特別法之罪」，現役軍人即使犯罪，亦不受軍事審判。

3. 經濟之自由權

封建社會之拘束經解放後，近代社會對經濟活動之自由建立其保障，經濟之自由權亦成為近代憲法之核心，也保障了資本主義體制之發展。我國憲法對於此類自由權亦加以保障，故而，人民有居住遷徙之自由（憲法第10條），其財產權亦應受到保障（憲法第15條）。特別在財產權之保障上，承認私有財產制，確立了所有權絕對、契約自由、過失責任之原則，成為19世紀以來最受重視之權利。然而，財產權雖神聖不可侵（財產神聖），但如其權利之行使與公共福祉相衝突，則亦應受限制，如私有財產為公共之用而得予以徵收，但為保障個人權利，亦應予以補償。

（三）受益權

現代國家之任務，並非僅單純地、消極地排除對自由之侵害，而是人民之權利得要求國家以積極的行為來加以保障。受益權是人民得向國家請求為一定有利於己之行為之權利，現代憲法對於人民之受益權，大多有明文規定，如人民之請願、訴願、訴訟權（憲法第16條）、生存權、工作權（憲法第15條）、受國民教育之權利（憲法第21條）。尤其是生存權、工作權、教育權，乃請求國家盡其責任之權利，又稱之為社會權。

（四）參政權

參政權是人民基於主動地位，參與國家統治權行使之權利。有選舉、罷免、創制、複決四種權利（憲法第17條）。行使此四權之人民，必須具有公民權始可（憲法第130條）。藉由此四種政權，人民可對政府加以管理，不使其濫行治權，亦不至於導致無能政府之情況。

伍 政治組織

一、權能區分

五權憲法之精義乃在於權能區分。國父孫中山先生認為舊日專制政治，權力集中於政府，毫無民權可言。而議會政治又使政府能力受到議會過分之牽制，成為無能之政府，無法善盡現代社會生活發達、公共事務增加時代的政府使命。且在議會政治下，人民只有選舉議員之權，不能行使罷免、創制、複決之權，談不上民主政治。是故倡立權能區分制度，欲使

人民有權以控制政府，政府有能，以盡心國務。於是，國家之權力即分為兩種：一為屬於人民之政權，有選舉、罷免、創制、複決四種；一為屬於政府之治權，包括行政、立法、司法、考試、監察五種。人民運用四種政權以管制政府，而政府則運用五種治權來為人民服務。

人民行使政權之方法，在地方由人民直接行使，以縣為自治單位。「一完全自治之縣，其國民有直接選舉官員之權，有直接罷免官員之權，有直接創制法律之權，有直接複決法律之權」（建國大綱第9條）；而在中央，早年因我國幅員遼闊，無法由人民直接行使政權，故由每縣於地方自治政府成立之後，選舉國民代表組成國民大會，代表人民行使政權，對中央政府官員有選舉權、罷免權，對於中央法律，有創制權、複決權（建國大綱第14條、第24條）。但有關國民大會之規定（即憲法第25條至第34條），已經於憲法增修條文第1條第2項明定停止適用。

基於前述理念，我國《憲法》第25條原有「國民大會依本憲法之規定，代表全國國民行使政權」之規定，並曾於1947年11月舉行第一屆國民大會代表選舉，而國民大會之憲法層級，係在五院之上。但國民政府遷台後，國民大會的職權漸受質疑，嗣又因總統改由全民直選，故國民大會改為任務制，任務完成隨即解散。2005年6月，實行58年的國民大會制度正式廢除。

二、總統

（一）地位

總統為國家元首，對外代表中華民國（憲法第35條）。國家係法人，其對外意思表示由總統綜括為之。我國憲法分為五權，與三權憲法不同，乃在謀各種治權之協力，以打造成為民服務之萬能政府。因此，於五院之外，特設總統，調節維繫五院之關係，以發揮治權之功能。共和體制國家採三權分立，以總統為其元首，對外代表國家；然因制度不同，總統之職權亦不一致（委員制總統、內閣制總統、總統制總統）。我國憲法上之總統雖具有內閣制之性質（憲法第37條、第57條）；但亦具有總統制之特性（憲法第55條、第57條、第79條、第84條、第104條）。因此，論者

對於我國憲法上總統眾說紛紜，有主張內閣制，有主張總統制，亦有主張折衷制者。

依照憲法，我國最高行政機關是行政院，由憲法的角度觀之，我國採行的制度應該是偏向雙首長制。但因我國的行政院院長，是由總統直接任命，無須經由國會同意，似應總統才是真正的行政首長。另依現行的制度，立法院只能監督行政院院長，無法監督總統[1]。故我國憲法上總統有其獨特之地位。且我國是採五權分立，與三權制國家有所不同，實不可依三權分立制度以評斷之。

總統由於其地位重要，因此除犯內亂或外患罪外，非經罷免或解職，不受刑事上之訴究（憲法第52條）。

（二）選舉及任期

1. **選舉**：總統為國家元首，地位崇高，責任重大，所以被選為總統之資格亦有限制，其須為中華民國國民，年滿40歲者，始得被選為總統、副總統（憲法第45條）。其選舉方法憲法規定另依法律定之（憲法第46條）。1947年公布有《總統副總統選舉罷免法》，總統、副總統之選舉即依其規定為之，由國民大會代表全國國民選舉，在每屆總統、副總統任滿前60日舉行選舉，先選舉總統，再選舉副總統。惟自1996年第九任總統、副總統由中華民國自由地區全體人民直接選舉之，任期4年，連選得連任一次（憲法增修第2條第1項）。

2. **任期**：在動員戡亂時期，因國家情勢複雜，故動員戡亂時期臨時條款中，規定總統、副總統得連選連任，不受憲法第47條連任一次之限制，但該條款已於1991年5月1日廢止，茲依《憲法增修條文》第2條第6項之規定，總統、副總統之任期為4年，連選得連任一次。

3. **繼任與代理**：總統為國家元首，地位極為重要，因此如總統缺位時，則由副總統繼任，至總統任期屆滿時為止。如總統、副總統皆缺位時，則由行政院長代行職權，且依《憲法增修條文》第2條第1項規定，補

1　參閱The News Lens關鍵評論，值得我們思考的憲政問題：台灣到底是「總統制」還是「雙首長制」？網址：https://www.thenewslens.com/article/78430，最後瀏覽日期：2021年11月15日。

選總統、副總統，補足原任總統未滿之任期。

同樣地，總統因故不能視事時，亦由副總統代行職權；總統、副總統均不能視事時，由行政院長代行職權（憲法第49條）。且如總統於任滿之日解職時，次任總統尚未選出，或選出後之總統、副總統均未就職時，亦由行政院長代行總統職權（憲法第50條），行政院長代行職權期限不得逾3個月（憲法第51條）。

4. 職權：我國憲法下之總統，雖然不如總統制國家之總統具有實權，但亦非如內閣制之虛位元首，其仍有各種之職權。在外交方面，總統代表國家（憲法第35條），且得行使締結條約、宣戰、媾和之權（憲法第38條）；在內政方面，其在軍事上統率全國陸海空軍（憲法第36條），並可依法宣布戒嚴（憲法第39條）；在行政上，可依法任免官員（憲法第41條）；在國家遇有天然災害、癘疫，或國家財政經濟上有重大變故，須爲急速處分時，於立法院休會期間，得經行政院會議之決議，依緊急命令法，發布緊急命令，爲必要之處置。但須於發布命令後1個月內提交立法院追認。如立法院不同意時，該緊急命令立即失效（憲法第43條）；在司法上，總統可依法行使大赦、特赦、減刑及復權之權（憲法第40條）；在立法上，其有公布法律權（憲法第37條），並核可行政院對立法院之決議移請覆議權（憲法第57條第2款）。在其法他方面，總統依法授與榮典（憲法第42條）、咨請立法院開臨時會（憲法第69條）、召集各院院長會商解決院與院間之爭執（憲法第44條）。

總統依憲法規定雖有各種權限，但其公布法律、發布命令（但發布依憲法經立法院同意任命人員之任免命令例外），須經行政院院長之副署，或行政院長及有關各部會首長之副署，此類似內閣制之總統。由於副署之故，行政院向立法院負實際上之行政責任（憲法第57條），總統並不負責任。但總統之其他權限，如提名權（如提名司法院院長、副院長）、核可權等，則不須經副署，仍有其實際職權與地位，故亦與純粹內閣制國家之虛位元首有所不同。

三、行政院

（一）地位

行政院為國家最高行政機關（憲法第53條）。憲法之規定易使人望文生義，誤以為行政院之上已無更高行政機關，事實上我國憲法上所規定之總統地位，其雖不似美國之總統制總統之權力，但亦具有行政之權力，對於行政院有相當之指揮權，故憲法所指行政院為國家最高行政機關，應指其為行政之中樞機關。

（二）組織

行政院設有院長、副院長各1人，各部會首長若干人，及不管部會之政務委員若干人（憲法第54條）。依憲法第55條第1項，行政院長是由總統提名，經立法院同意任命之，惟1997年修訂之《憲法增修條文》第3條，取消行政院院長經立法院同意任命之規定，此後立法院對行政院院長之提名不再行使同意權。至於副院長、各部會首長及不管部會之政務委員，則由行政院院長提請總統任命之（憲法第56條）。行政院院長辭職或出缺時，如行政院院長人選尚未提名任命，則其職務由副院長代理（憲法第55條第2項）。

（三）職權

行政院既設有各部會首長，其下自有各種部會組織，惟憲法並未限定行政院之內部組織（憲法第61條），行政院各部會依行政院組織法，設有內政、外交、國防、財政、教育、法務、經濟及能源、交通及建設、勞動、衛生福利、文化、農業、環境資源、數位發展等十四部；國發會、國家科技及技術委員會、陸委會、金管會、海洋委員會、僑務委員會、退輔會、原民會及客委會等九個委員會，以及主計總處和人事行政總處、中央銀行、故宮博物院。但為應需要，行政院另設有3個相當二級中央獨立機關：中央選舉委員會、公平交易委員會、國家通訊傳播委員會。

另外，行政院組織中施政之神經中樞，則為行政院會議。行政院組織龐大，為求各部會政策之統一協調，則設行政院會議，由院長、副院長、各部會首長及不管部會之政務委員組織之，以院長為主席（憲法第58條

第1項），對於應行提出於立法院之法律案、預算案、戒嚴案、大赦案、宣戰案、媾和案、條約案及其他重要事項，或涉及各部會共同關係之事項，院長、各部會首長須先將之提出於行政院會議議決之（憲法第58條第2項）。

　　行政院之職權，憲法並未設列舉之規定，因此，除憲法所規定之提名權（憲法第56條）、副署權（憲法第37條）、代行總統職權（憲法第49條至第51條）、行政院會議職權（憲法第58條）外，概凡性質上非專屬於總統之職權，又非其他四院之職權者，均可視為行政院之職權。

（四）行政院與立法之關係

　　行政機關與立法機關之關係，是中央政制之重要問題，我國憲法所規定之行政院與立法院之關係，有其特殊處，依副署制度言，行政院具有內閣色彩，而覆議制度則又有類似總統制之處（憲法第57條）。

　　行政院與立法院之關係，其最主要部分，原規定於《憲法》第57條，惟目前主要規範於《憲法增修條文》第3條第2項：

　　1.行政院應向立法院提出施政方針及施政報告，而立法委員在開會時，得行使質詢權；2.對於立法院所決議之法律案、預算案、條約案，行政院如認為有窒礙難行時，得經總統核可，在該決議案送達行政院10日內，移請立法院覆議，如經出席立法委員二分之一以上決議維持原案，行政院院長應即接受該決議；3.立法院得經全體立法委員得經三分之一以上連署，對行政院院長提出不信任案。不信任案提出72小時後，應於48小時內以記名投票表決之。如經全體立法委員二分之一以上贊成，行政院院長應於10日內辭職，並呈請總統解散立法院；不信任如未獲通過，一年內不得對同一行政院院長再提出。

　　憲法上所規定者，雖僅行政院院長應接受決議或辭職，然實際上行政院所提之政策法案等，均須經行政院會議議決，故而副院長、各部會首長、政務委員等亦連帶負責。

四、立法院

（一）地位

　　立法院為國家最高立法機關，由人民選舉之立法委員組織之，代表人民行使立法權（憲法第62條）。依五權憲法權能劃分原理，立法院應為治權機關，然而，立法委員為人民所選出，其有議決法律案、預算案等之權，有行政院院長人選之同意權，與一般國家之國會之權力，並無遜色處，故立法院實亦具政權機關之色彩。

　　我國憲法係依據孫中山先生之遺教而制定，採五權分立制度，與三權分立制度，本難比擬。嗣雖因時勢變遷而頗有變革，但與三權分立制度一樣，立法院仍為國家最高之立法機關；至於監察院則為國家最高監察機關，其所分別行使之職權，亦為民主國家國會重要之職權，雖其職權行使之方式，不盡與各民主國家相同，但就憲法上之地位及職權之性質而言，應認憲法所明定的國民大會、立法院、監察院，共同相當於民主國家之國會（參考釋字第76號），惟依憲法增修條文，國民大會之規定已停止適用。

（二）組織與集會

　　1. 組織：立法院是合議制機關，由立法委員組成（憲法第64條）。立法委員由人民選出[2]。立法委員任期3年，連選得連任（憲法第65條、憲法增修第4條）。因立法院為合議制機關，故須有對外代表並主持院內事務之人，因而設有院長、副院長職位，由立法委員互選之（憲法第66條）。

　　立法院並設置有各種委員會，其得邀請政府人員及社會上有關係人員，到會備詢（憲法第67條）。立法院為代表人民行使立法權之機關，其

---

[2] 立法委員自2008年第七屆起設113人，連選得連任，採單一選區兩票制。選出之立法委員分為3種：區域立法委員（各直轄市、縣市）73人，依各直轄市、縣市人口比例分配應選名額，並按應選名額劃分為73個單一選區選出之，每縣市至少1人：自由地區平地原住民及山地原住民各3人，不另分選區；全國不分區及僑居國外國民34人，依政黨名單投票選舉，由獲得百分之五以上政黨選舉票之政黨依得票比率選出之。全國不分區立法委員各政黨當選名單中，婦女不得低於二分之一。選舉人在投票時可圈投2張選舉票，一票圈投區域或原住民立法委員，另一票圈投政黨。其

制定法律或審議預算案，均具有專門與技術性質，如任何法案皆交大會審理，則恐難獲定論，故設置委員會，由其調查審議各種法案，然後擬具意見，提報大會討論。

2. **集會**：立法院之集會亦分為常會及臨時會，常會之會期每年兩次，自行集會，第一次會期自2月起至5月底，第二次自9月至12月底，如有必要亦可延長（憲法第68條）。臨時會之召集，則由總統之咨請，或四分之一以上之立法委員之請求（憲法第69條）。立法院開會時，關係院院長以及各部會首長得列席陳述意見（憲法第71條）。

（三）職權

立法院是國家最高立法機關，其主要職權自應為立法工作，但我國所賦予立法院之職權，已非單純之立法權。立法院依憲法規定，有議決法律案、預算案、戒嚴案、大赦案、宣戰案、媾和案、條約案，以及國家其他重要事項之權（憲法第63條）。其中主要經常行使之權力，為議決法律案之權。立法院法律案通過後，移送總統及行政院，總統應於收到後10日內公布之（憲法第72條），但總統可依《憲法增修條文》第3條之規定，移請立法院覆議。另外，如立法院之同意權（憲法第55條）、質詢權（憲法第57條）、不得為增加支出行政院預算案之提議（憲法第70條）等等，亦皆為立法院之職權。

（四）立法委員之保障與限制

立法委員代表人民行使立法權，其在議會中所應給予之保障，即立法委員應具有言論免責權（憲法第73條）及不得逮捕或拘禁（憲法第74條）。惟立法委員因經常行使職權（憲法第68條），所以，其言論免責權，不以在會期中為限，只要在院內所為之言論及表決，對院外不負責任。

又立法委員不得兼任官吏（憲法第75條），但非謂官吏以外任何職務，即得兼任，仍須視其職務之性質，與立法委員是否相容。如立法委員兼任官吏，其如願就任官吏，則應辭去立法委員，其未經辭職而就任官吏者，亦顯有不願續任立法委員之意思，則應於其就任官吏之時，視為辭職（釋字第1號）。

五、司法院

（一）司法獨立

法官負平亭曲直責任，因此，其執行職務是否適當，影響人民權益、國家社會秩序甚鉅。故而，法官審理案件時，應不受任何干涉或壓迫，而僅依據法律獨立審判。所謂司法獨立，即指審判獨立，我國《憲法》第80條即明示其意旨。惟法官之依據法律獨立審判，並非除法律之外，與憲法或法律不相牴觸之有效規章，均行排斥而不用（釋字第38號），且對於各機關就其職掌所作有關法規釋示之行政命令，亦未可逕行排斥而不用，仍得依據法律表示其合法適當之見解（釋字第137號）。

（二）職權

司法院為國家最高司法機關，掌理民事、刑事、行政訴訟之審判，及公務員之懲戒（憲法第77條）。民刑訴訟由普通法院審理，行政訴訟則由行政法院為之，公務員之懲戒由懲戒法院負責。《憲法》第16條規定：「人民有請願、訴願及訴訟之權。」故由司法院掌理之，以保障人民權益。

司法院並有解釋憲法，統一解釋法律及命令之權（憲法第78條）。依《憲法》第79條第2項，此解釋權屬於司法院大法官會議權責。惟司法院之解釋權，於憲法曰解釋，於法律及命令則曰統一解釋，兩者意義顯有不同。中央或地方機關於其職權上適用憲法發生疑義時，即得聲請司法院解釋。但適用法律、命令發生疑義時，則該適用之機關應自行研究，以確定其意義，惟如其適用法律或命令時所持見解與其他機關適用同一法令有異時，則同一對法律或命令之解釋，將發生歧異之結果，始得聲請司法院統一解釋（釋字第2號）。

2022年1月4日憲法訴訟法施行後，司法院大法官成立憲法法庭，依憲法訴訟法審理法規範憲法審查案件及裁判憲法審查案件、機關爭議案件、總統副總統彈劾案件、政黨違憲解散案件、地方自治保障案件、統一解釋法律及命令案件。其他法律規定得聲請司法院解釋者，其聲請程序則依其性質，分別適用解釋憲法或統一解釋法律及命令之規定。

（三）組織

司法院設院長、副院長各1人，由總統提名，經立法院同意任命之，並設大法官15人，亦由總統提名，立法院同意任命之（憲法增修第5條）。另因司法院掌理民刑訴訟、行政訴訟及公務員懲戒，故設有普通各級法院、行政法院及懲戒法院。普通法院為三級三審制，又分最高法院、高等法院及地方法院。早期，司法院僅司最高法院、行政法院及公務員懲戒委員會（現改成懲戒法院）之行政監督。高等法院、地方法院行政則由行政院司法行政部（今之法務部）掌理，整個司法行政系統分割為二。後經大法官會議解釋，以司法院為國家最高司法機關，掌理民刑審判，高等法院以下各級法院，既分掌民刑訴訟之審判，其自亦應隸屬於司法院（釋字第68號），故自1980年起，高院以下各級法院之行政監督，皆改隸司法院管理。

（四）法官身分之保障

法官職司審判工作，其應超出黨派以外，依據法律獨立審判，不受任何干涉，故其工作亦應受有保障。憲法規定法官為終身職，非受刑事或懲戒處分或禁治產之宣告，不得免職，非依法律，亦不得令其停職、轉任或減俸（憲法第81條）。惟憲法上所稱之法官，除指擔任審判工作之法官（含行政法院法官）外，前行政法院評事、公務員懲戒委員會之委員亦屬之[3]。又檢察官並不包括在法官之列，但實任檢察官之保障，依法院組織法規定，除轉調外，則與實任法官同（釋字第13號）。

六、考試院

（一）考試制度

我國自西漢時，已實行公開競爭之考試制度，歐美各國則在19世紀之後，始見諸施行。舊日各國法例有關公務人員之考試任用，皆由行政機關掌理，但因政黨政治之運作結果，常因人而為，循私援引同黨者任事。

---

[3] 目前行政法院已無評事，改置法官；公務員懲戒委員會已於2020年7月17日改制為懲戒法院，並置法官。

故而，考試任用，即難期其公允。因此，有關人事行政之機關之獨立於行政系統之外，即成爲20世紀以後之要求。我國考試制度獨立於行政系統之外，設置考試院，使其爲中央五治權之一，與其他四院平峙分立，且於考試之外，兼握人事銓敘之權力。

（二）組織

考試院主要人員爲院長、副院長及考試委員，憲法有明文規定，其由總統提名，經立法院同意任命之（憲法增修第6條）。其餘組織則依考試院組織法規定設置，設有考選部、銓敘部、公務人員保障暨培訓委員會、公務人員退休撫卹基金監理委員會，以及考試院會議。考試院會議由院長、副院長、考試委員及考選、銓敘兩部部長組織之，決定《憲法增修條文》第6條所定職掌之政策及有關重大事項。考選部掌理全國考選行政事宜，銓敘部則掌理全國文職公務員之銓敘，及各機關人事機構之管理事項。另依《典試法》規定，有關各種考試，則依典試法組織與考試委員會，辦理典試事宜。

（三）職權

考試院爲國家最高考試機關，掌理考試；公務人員之銓敘、保障、撫卹、退休；公務人員之任免、考績、級俸、陞遷、褒獎等法制事項（憲法增修第6條）。且考試院關於其所掌事項，亦得向立法院提出法律案（憲法第87條）。

考試權是考試院最重要之職權，憲法規定對於公務人員之選拔任用、公務人員任用資格、專門職業及技術人員執業資格皆須經考試決定（憲法第85條、第86條）。

七、監察院

（一）監察制度

中國古代即有御史專司監察，以規正朝廷之違失。近代外國政制，則多以議會之立法機關兼有監督權限，往往使得議會以此權力挾制政府。孫中山先生乃採取中國舊日監察制度，將監察權獨立於國會權力之外，使其成爲一獨立的職權，故設置監察院。

 法學入門

（二）組織

　　監察院設監察委員29人，並以其中1人為院長，1人為副院長。任期6
年，由總統提名，經立法院同意任命之（憲法增修第7條）。

　　監察院並得依行政院及其各部會之工作，分設若干委員會調查一切設
施，注意其是否違法或失職（憲法第96條、第106條）。

　　監察院並設有審計長，由總統提名，經立法院同意任命之（憲法第
104條），審計長應於行政院提出決算後3個月內，依法完成審核，並提出
審核報告於立法院（憲法第105條）。

（三）職權

　　監察院是國家最高監察機關，行使彈劾、糾舉及審計權（憲法第90
條、憲法增修第7條），以及監察權、調查權、糾正權（憲法第95條、第
96條、第97條）。

　　1. **彈劾權**：彈劾，是監察院對於中央及地方公務人員之違法失職
者，敘明其事實理由，向掌管罷免或懲戒機關提出，予以懲處之制度。監
察院所行使之彈劾權之對象範圍相當廣，包括了中央及地方公務人員、司
法院、考試院或監察院人員（憲法第97條、第99條），其如有違法或失
職情事，監察院均得彈劾之（憲法增修第7條第3項、第4項）。至於民意
代表是否為彈劾權行使之對象，大法官會議認為立委、監委為民意代表，
非監察權行使之對象，但立、監兩院之職員，仍屬於監察權行使之範圍內
（釋字第14號）。

　　彈劾權之行使，應經監察委員2人以上提議，並須經提案委員以外之
監察委員9人以上之審查及決定之成立後，即向懲戒法院提出（憲法增修
第7條、監察法）。

　　2. **糾舉權**：此為監察院對於中央及地方公務人員之違法失職者，認
為情節重大，有先予以停職或急速處分之必要時，向其主管長官或其上級
長官提出，請其處理之制度。糾舉權與彈劾權之不同，乃在於糾舉案是向
該公務人員之主管長官或上級長官提出，而非向懲戒或罷免機關提出。其
僅為臨時之措施，對公務人員之糾彈，應以彈劾為主。

　　3. **糾正權**：監察院依行政院及其各部會之工作，設有若干委員會，

調查一切措施，如經各該委員會之審查決議，得提出糾正案，移送行政院及其各有關部會，促其注意改善（憲法第96條、第97條）。糾正案行使之對象，係屬對事，而非如糾舉、彈劾是對人而為，其主要目的，乃在促使行政院及其各部會注意改善其工作及設施。

4. **調查權及審計權**：調查權乃監察權之附帶權力，蓋監察院欲行使監察權，必須調查政府各機關之工作，故得行使調查權，調閱行政院及其各部會所發布之命令及各種有關文件等（憲法第95條、第96條）。而審計權則是對於國家財政收支之監察權（憲法第59條、第60條、第105條）。

（四）監察委員之保障與限制

監察委員須超出黨派以外，依據法律獨立行使職權（憲法增修第7條第5項），且監察委員亦不得兼任其他公職或執行業務（憲法第103條），以保持監察委員獨立之地位，貫徹監察權之行使，其限制較立法委員嚴格。

陸　地方制度

一、中央與地方之權限

中央與地方權限之劃分，其所採之制度有中央集權制，有地方分權制者。孫中山先生為求適合我國之國情，鞏固中央之權力，且顧及地方自治之推行，遂主張我國採行均權制，凡事務有全國一致之性質者，劃歸中央，有因地制宜之性質者，劃歸地方（憲法第111條）。

二、地方自治制度

地方自治制度，是在國家之統治團體之外，另設有地方公共團體，由地方住民在國家監督之下，參加該地區之政治活動，以管理該地方公共事務之制度。蓋地方之若干公共事務，大多由地方人民自組團體來處理較為妥當，因此，為求行政上之便利，乃允許地方自治團體處理地方公共事務。《憲法》對地方自治制度明文予以保障，地方自治政府以縣為單位，但其上則有上級自治組織「省」，對各縣自治加以監督（憲法第112條以

下、憲法增修第9條）。惟憲法第四次增修條文第9條第2項又規定，台灣省議會議員及台灣省省長之選舉自第十屆台灣省議會議員及第一屆台灣省省長之任期屆滿日（1998年12月20日）起停止辦理。此即所謂「虛省」。

柒 其他制度

一、基本國策

憲法爲國家根本大法，除有關人民之權利義務，國家主要機關之組織與職權外，由20世紀福利國家觀點言之，基本國策之規定即成爲現今憲法特色之一。

20世紀之福利國家，以最好之政府、最大之服務爲其施政方針，政府之行動改爲積極、機動，因此，立法制定之目的，即在積極地指示政府行動方針，使其能竭智盡忠，趨於利國福民之途。基本國策之規定，即是就有關國防、外交、國民經濟、社會安全、教育文化、邊疆地區地位之保障等公共事務，指示政府行動之方針。政府之立法與執行，不能違反其規定，且其所有有關之立法、執行等，亦皆應以基本國策之規定，爲其法律根源。《憲法增修條文》第10條又增列：「國家應獎勵科學技術發展及投資，促進產業升級，推動農漁業現代化，重視水資源之開發利用，加強國際經濟合作。經濟及科學技術發展，應與環境及生態保護兼籌並顧。……國家對於公營金融機構之管理，應本企業化經營之原則；其管理、人事、預算、決算及審計，得以法律爲特別之規定。國家應推行全民健康保險，並促進現代和傳統醫藥之研究發展。國家應維護婦女之人格尊嚴，保障婦女之人身安全，消除性別歧視，促進兩性地位之實質平等。國家對於身心障礙者之保險與就醫、無障礙環境之建構、教育訓練與就業輔導及生活維護與救助，應予保障，並扶助其自立與發展。……國家應依民族意願，保障原住民族之地位及政治參與，並對其教育文化、交通水利、衛生醫療、經濟土地及社會福利事業予以保障扶助並促其發展……。對於澎湖、金門及馬祖地區人民亦同。國家對於僑居國外國民之政治參與，應予保障。」爲基本國策。

二、憲法之施行及修改

　　憲法應具有其固定性，但因社會之時時變遷，故爲使憲法能適應時代所需，則可藉解釋、修改憲法等方式爲之。憲法之解釋，乃由司法院（大法官會議）爲之（憲法第173條），而憲法之修改，須經立法院立法委員四分之一之提議，四分之三之出席，及出席委員四分之三之決議，提出憲法修正案，並於公告半年後，經中華民國自由地區選舉人投票複決，有效同意票過選舉人總額之半數，即通過之（憲法增修第12條）。

　　2022年1月4日起，新的憲法訴訟法施行後，改由「憲法法庭」來審理憲法訴訟案件。

第二章　行政法

壹　行政及行政法

一、行政之意義

行政法最簡單之定義，乃是指有關行政之法律體系。因此，何謂行政，即有先行瞭解之必要。

行政之觀念，乃對應於立法及司法。立法者，其作用乃在於對國民之權利義務做一般的、抽象的規定；而行政及司法，則具有在具體之場合下適用、執行之作用。其中，司法是在解決有關國民權利義務之紛爭，而行政則在司法範圍以外之場合為法之執行。此種作用之分化，乃基於權力分立之結果，在國家作用之中，立法是委由立法委員來實施；而司法，則由獨立之法院，依各種程序法來解決紛爭，其餘由政府來實施者，即屬行政之觀念。因之，行政即是在法律之適用、執行之作用中，除去司法之部分者。惟今日之通說尚不包括監察在內，其之行政乃謂：除司法及監察外，立於法律之下，為國家一切目的而為之作用。此種定義方法，是為消極說或扣除說。然亦有，嘗試為行政下積極之定義者，其最近之積極說，則指行政是以積極實現國家之目的，而現實具體的實行，具統一性之繼續的，形成的國家活動。惟在今日，即使嘗試對行政做一積極的不同定義，仍難有成功之可能。

在行政之意義當中，實具有多種之作用，最近之學說將之分為三種作用：

第一，為侵害行政。乃是指為公共目的之利益，而以公權力來剝奪國民之自由及財產為內容之行政。租稅之課徵、土地之徵收是為最典型之例子。

第二，為規制行政。乃是指對社會經濟生活中，彼此利害之調整為目的，對於國民之自由、財產加以限制為內容之行政作用。傳統的行政警察之作用，是其中心——社會公共秩序及安全之維持為目的之作用，如營業

規則、建築規制、交通規制、衛生行政等。近日更進而包括了經濟統制及獨占禁止、公害之防治等行政作用在內。

第三，為給付行政。乃指對國民提供精神的、物質的利益為內容之行政作用。其中有：（一）國家自身經營事業以提供國民便益者，如國有鐵路、博物館等；（二）自經濟政策之觀點，提供民間事業之補助金者，如經濟輔助之貸款、補貼等；（三）基於福利國家之立場，提供國民物質之利益者，如教科書之無償供給、生活保護、失業救濟等。

在初期之自由主義經濟理論，國家之固有任務，僅限於對於國家之防衛、秩序之維持、大規模建設事業等，採取消極之立場，故稱該時之國家為秩序維持國家（又稱夜警國家）、自由國家等。惟今日之國家行政機能擴大，採取積極態度，政府之行政機能，除上述各種防衛、秩序之維持外，並擴大了其他之各種行政，提供社會服務，對於現今之國家，則稱為社會國家、福利國家、服務國家等。

然近代行政之特色，對於其行政作用之實行。必須依據法律為基礎，此即為法治主義之依法行政原理。近代以前之國家，法律之根據乃基於國王之意思，因此，其常恣意地侵犯國民之自由及財產。為此，乃由國民代表組成之議會，行使立法權，由其制定法律以規律國家權力之行使，而藉以保護國民之自由、財產，對於國民生活之法律安定性及預測可能性，亦能慮及，使國民生活之種種活動，不至於無所遵循，任由執政者之意思而改變。

二、行政法

由於有關行政之內容複雜多歧，故相對應之行政法規之數量亦頗多。憲法、民法、刑法、商法等，皆有統一之法典，而行政法卻無統一之法典，此可謂行政法與其他法之最大分別。但是，並非所有有關行政者，皆為行政法，在廣義之行政之作用中，物品之購入及政府財產之出售等，大多與私人相互間之交易具有相同之性質。因此，除其他法規別有規定外，則適用私法。

在行政法之場合，行政具有其特殊固有之法律意義，即行政法規是屬

於公法性質，如對於國民之義務，由國家一方之行爲來設定者即是。私法則有其異於公法之特殊之法支配原理。如在訴訟方面，則有不同之處理程序，公法有其公法上之法律關係之訴訟（行政訴訟法），而私法則有其私法上之法律關係之訴訟（民事訴訟法）。

貳　行政主體

一、行政主體之種類

對於國家行政上權利義務歸屬之主體，爲行政主體。由於國家自身非如自然人，其意思表示、行政權之行使須藉由自然人之行爲來實現。行政權之行使由自然人以國家機關爲之者，稱爲行政機關，以個人爲之者爲公務員。

行政主體，除國家及自然人外，尚有：

（一）**地方自治團體**：主要即地方自治政府，其不僅因受國家監督之故，而與國家發生各種行政法關係，且因其具有相當之公權力，亦與地方自治區域內之住民，發生各種行政法關係。地方自治，是受憲法所保障之制度（憲法第112條以下），故具有其重要機能。

（二）**營造物法人**：基於公共目的，而供使用之人的、物的設施之總合體之營造物，其如具有獨立之法人格，則爲營造物法人，如國立歷史博物館、臺灣鐵路管理局等，其所爲之活動，乃爲國家之活動之一部。

（三）**公共團體**：爲達成一定公共目的之利益，而基於特別之法律而設立之公的社團法人。如職業團體，其由從事同種類職業之人民爲職業利益之共同目的而組成之團體，國家以法律賦予此種團體公法上之自治權及法人人格，如農會、工會等即是。

二、行政組織

行政機關之組織爲行政組織。國家、地方公共團體等，其所處理之行政事務複雜多歧，故設有甚多之行政機關以處理之。爲使行政事務之處理適切，具統一性及高效率，一般之行政組織則採取金字塔型以組織之。

我國行政組織，在中央行政機關上，不以行政院及其所屬各部會爲限，總統仍具有相當之行政權。總統之下之行政院爲全國最高行政機關，院長之下統轄有各部會，及各種階層之行政機關，自基層以至首長，構成層層節制之體系，例如就國家租稅關係之行政組織而言，自財政部長下有國稅局長，及各地方之租稅機構之輔助，以爲租稅之賦課、徵收即是。其次，就地方自治團體之行政組織而言，縣市政府，由地方住民直接選舉縣市長，鄉鎮則由地方住民直接選舉鄉鎮長以爲地方之最高行政機關者亦是。

金字塔型之行政組織之例外者，如行政委員會，其爲準立法、準司法權限之合議制之行政機關，其權限之行使具有獨立性。在二次大戰後，因美國法制之影響，中立性之組織有其必要性，故各國亦多設立之。如我國之中央選舉委員會、公平交易委員會、國家通訊傳播委員會（行政院組織法第9條）。

三、公務員

從事國家及地方公共團體之公務者爲公務員。爲使行政工作能適切地實行，民主的、科學的公務員制度，乃有其存在之必要。以前，國家從事公務者，稱之爲官吏，其乃以君王之官吏資格從事行政工作。現今之公務員則是基於國民之意思而爲全體國民服務者。公務員之選拔，須依公開競爭之考試制度來進行，及格者始予任用（憲法第85條），人民皆有此權利（憲法第18條）。公務員有關其任用、服務等，有《公務員服務法》、《公務員任用法》等規定，對於公務員之違反其應盡之義務，亦有《公務員懲戒法》以規律之。公務員關係之成立，乃由於國家之特別選任行爲，而公務員則因此而負有執行職務、服從、忠實、嚴守祕密、保持品位等義務。然非因法定原因，非基於法定手續，其亦不受免職、停職之處分，此是爲公務員身分之保障權，保障公務員身分，使其能安心供職，而增加推行政務之行政效率。

參　行政行為、行政強制

一、行為行為

（一）意義

行政是於個別的、具體的場合適用法律之作用。行政主體，依據法律規定，從事種種行政活動，而與國民之間形成種種之法律關係。而其從事行政活動之方法，最重要者，學說上稱之為行政行為。

行政行為，是行政機關於具體之行為行使公權力，而其效果直接及於國民之權利義務之行為。例如，依《商品檢驗法》之規定，在國內生產製造或加工之農工礦商品，及輸出輸入之農工礦商品，皆應由經濟部標準檢驗局及各地方檢驗機構加以檢驗及格始可輸出輸入，或生產、製造、陳列、銷售，如其商品未經合法標示其品質等，或檢驗未合格而仍輸出輸入或生產銷售等，則應受一定之罰鍰或一定之刑事處分。

（二）種類

行政行為，一般可分為法律行為之行政行為及準法律行為之行政行為。前者，以意思表示為構成要素之行為；後者，為意思表示以外之精神作用為內容之行為。

法律行為之行政行為，更可分為命令行為及形成行為。

命令行為，是命令國民負擔義務，或免除義務之行為。其有下述種類：第一，下命行為，命令作為、不作為、給付、忍受之行為為下命行為，其中命令不作為者，即禁止其為某行為之處分稱為禁止。例如：命令除去違法建築物、禁止道路之通行，皆是下命行為之例；第二，許可行為，為禁止一般人為之之特定行為，對於特定人，或關於特定事件，解除其禁止，使其得以適法為之之行為，如某種營業之許可即是其例；第三，免除行為，係就命令一般人應為之作為，給付或忍受之義務，對於特定人，或在特定情形之下，予以免除之行為，如租稅之免除。

另形成之行為，乃是使權利發生、變更、消滅為目的之行為。其可進而分為三種行為：第一，設權行為，乃是對權利、能力等包括的法律關係予以設定之行為，如公益事業（如電力、自來水事業等）之特許及生活

保護之給付決定。反之，使已設定之權利、能力或法律關係消滅之行為，為剝權行為；第二，認可行為，乃是經由第三者之行為予以補充，而使其完成法律上效果之行為。認可，多對於公共團體、特許公司，及其他在國家特別監督之下者之法律行為為之，如有關特許事業之運費、費用等之認可；第三，代理行為，乃行政機關代其他當事人之行為，使其形成一定法律效果而歸屬於本人之行政行為，如主管行政機關對其所屬機關、團體或特許企業者，就受其監督業務所採代行措施是。如已廢止之《臺灣省各縣市實施地方自治綱要》第55條第1項規定：「縣市長鄉鎮縣轄市長去職、休職、停職、服兵役或死亡者，應分別由省政府縣政府鄉鎮縣轄市區公所派員代理。」即是一例。

準法律行為之行政行為，以意思表示之外之精神作用為其內容。其可分為：第一，特定之事實，其法律關係之存在有所爭執或疑義時，由國家以公的權威，來判斷其爭執或疑義，此種判斷內容之表示之行為，為確認行為。例如：所得稅之更正、決定，選舉當選人之決定。確認行為具有公的權威，不得隨意變更其效力；第二，公證行為，係對於特定之事實其法律關係之存否，予以公的證明之行為。其為就該存否內容之認識之表示，與確認之為判斷之表示不同，不具公的確定力，僅予以證據力，得以反證推翻之。例如：當選證書、船舶國籍證書等是；第三，對特定人、不特定多數人，就特定之事項使其得知之行為，稱之為「通知」。

（三）羈束與裁量

以上所述者，為行政行為之一般種類，其為依法而為執行之行為。然而，各種行政行為所根據之法律與其所執行之關係之決定並不一樣。法律規定之行政行為，有其要件、行為、方法等，皆無由行政機關選擇之餘地者，亦有可由行政機關自由決定者。前者，行政機關受到法規之羈束，其所為之行政行為為羈束行為；後者，行政機關可自由裁量，法規不加以拘束，其行政行為是為裁量行為。傳統上，裁量行為限於法規所認定之裁量範圍，其僅生當與不當之問題，不生違法之問題，我國《訴願法》對於違法與不當之行政處分，人民皆可對之提起訴願，而行政訴訟之提起則只限於違法之行政處分（訴願法第1條、行政訴訟法第1條）。

又，在何種場合行政機關之行政行為應受法規羈束、何種場合得自由裁量，是屬重要之問題，其區別之基準有多種見解，並未有統一，應就其行政行為應具備之要件、內容、如何決定、法之政策目的、專門之技術問題等種種觀點來總合地加以考慮解決。

二、行政強制

對於人之身體、財產有以實力加之，以實現行政作用之必要之狀態，是屬行政強制。對於人之身體、財產加以實力以實現行政作用，依法治主義之觀點，則須有法律之依據始可。我國行政法上之強制執行措施，除各別行政法規另有規定外，主要係以《行政執行法》為依據。

行政上之強制執行，依《行政執行法》可分為間接與直接強制處分兩種。

間接強制又分為代執行與罰鍰。代執行係對於得由他人代為之作為義務，其本人依法應為而不為其義務，而由該管行政機關本身，或命第三人代執行之，而向義務人徵收費用之強制執行方法。罰鍰則以強制公法上義務之履行為目的，預為倘不履行義務，則科以一定罰鍰之告誡，於其違反義務時，所科之處罰。

直接強制執行，係指行政機關在無法藉他種強制處分以達成使義務人履行義務之目的，或因有緊急情事時，運用行政上之實力加諸於義務人身體或財物，而予以適當處置，以直接實現所課義務內容之強制執行手段。其可對於人加以管束，對於物（財產）予以扣留、使用、處分或限制其處分等。

另外，在行政上之強制執行，有認為行政調查亦屬於其中之一種者。為行政活動之利益目的，而為之資料調取、質問、物件之檢查，是為行政調查行為，如租稅法上之質問檢查權。

肆　行政救濟

前述種種行政權之活動，其實必須基於法律之規定，而實際上，行政行為違反法律之規定者不在少數；或雖非違法，而屬不當（公益違反）之

場合亦甚多。在此，對國民權利、利益之被侵害之救濟手段則不能不加以考慮。例如：為公共之利益而徵收土地，適法地侵犯財產權之場合，即有予人民救濟之必要。國民對於行政權之活動，而遭受損害得要求之救濟，即為行政救濟問題。

行政救濟有二種方法：第一，對於因行政活動所生財產上之損害，而以金錢予以填補之國家補償；第二，對於違法、不當之行政行為予以撤銷，或變更之行政爭訟。前者屬於民法上的金錢賠償；後者則屬於回復原狀。

一、國家補償

因行政活動造成對國民財產上損害，而予以填補。其所以損害之原因，區別之有二種狀況：第一，是違法之行政活動所造成國民權利、利益受侵害之狀況，即基於不法行為之損害賠償；第二，為適法之行政活動所造成人民之權利、利益受侵害之狀況，即為基於適法行為之損失補償。

在第一種情形，屬於國家賠償範圍。《憲法》第24條規定：「凡公務員違法侵害人民之自由或權利者，除依法律受懲戒外，應負刑事及民事責任。被害人民就其所受損害，並得依法律向國家請求賠償。」除公務員因違法行為其自身應受之處分外，人民可依法請求國家賠償。我國《國家賠償法》於1981年公布實施，對於公務員在執行職務行使公權力時，因故意或過失不法侵害人民自由或權利者，國家應負賠償責任。公務員怠於執行職務所造成之損害者亦同。另如公共設施之設置管理有欠缺所造成之損害，國家亦應負損害賠償責任（國家賠償法第3條第1項及第2項）。前者公務員之責任屬於過失責任，而後者公共設施之責任，則為無過失責任。

國家負擔之損害賠償，其方法以金錢賠償為原則，但如以回復原狀為適當者，得依請求回復原狀。請求損害賠償時，應先以書面向賠償義務機關請求，賠償義務機關對此應先與請求賠償之人協議，並作成協議書，而得以該協議書為執行名義。如賠償義務機關拒絕賠償，或協議不成立，則請求權人得依《民事訴訟法》之程序，提起損害賠償之訴。第二種情形，為行政上之損失補償。《憲法》第15條規定人民之財產權應予以保障。因此，為公共之利益而使用私人財產，使個人受到特別之犧牲，則須由社會

全體來分擔調節，始能與私有財產之保障及公平原則相符。是故，如《土地法》、《戒嚴法》、《專利法》、《電信法》、《森林法》、《礦業法》等法規中，皆有因國家為公共利益而徵用、破壞人民不動產等之補償規定。損失補償之原因，為適法之國家行政活動，而非違法行為所加之損失。國家所以補償者，乃因國家在社會責任原則下，一方面保障人民之財產權，他方面對於因公益所犧牲之人民財產權，給予補償，故損失補償是為一種公法上之義務（行政法院43年判字第5號判例）。

二、行政爭訟

行政爭訟，是對於行政機關違法或不當之行政處分，所造成人民權益之侵害，而對此行政行為表示不服，使其失效以解決紛爭之程序。違法或不當之行政處分為瑕疵之處分，其如經實施，自具有其法之拘束力。也因而造成該行政處分之相對人或其他第三人權益之變動。故而，人民於對此有瑕疵之處分所造成權益之損害有所爭執時，對於是否維持該行政處分之效力，抑或撤銷、變更之，即有由國家做一公正判斷之必要，故有行政爭訟程序之設定。其中，對於行政機關之行政行為表示不服，而請求上級行政機關予以撤銷或變更之程序，為訴願，是依《訴願法》所為之行政不服審查制度。如訴願不成，再經由行政法院以判決決定該行政處分之效力者，為行政訴訟。

（一）訴願

人民對中央或地方機關之行政處分不服，認有損害其權益者，得提起訴願者，其不限於違法之行政處分，即令為不當之行政處分，亦允許其提出。而訴願之管轄如下：1.不服鄉（鎮、市）公所之行政處分者，向縣（市）政府提起訴願；2.不服縣（市）政府所屬各級機關之行政處分者，向縣（市）政府提起訴願；3.不服縣（市）政府之行政處分者，向中央主管部、會、行、處、局、署提起訴願；4.不服直轄市政府所屬各級機關之行政處分者，向直轄市政府提起訴願；5.不服直轄市政府之行政處分者，向中央主管部、會、行、處、局、署提起訴願；6.不服中央主管部、會、行、處、局、署所屬各級機關之行政處分者，向各部、會、行、處、局、

署提起訴願；7.不服中央各部、會、行、處、局、署之行政處分者，向主管院提起訴願；8.不符中央各院之行政處分者，向原院提起訴願。為使行政上之法律關係能早日確定，對於提起訴願設有期間之限制，如逾越該期間，則不得再行提起。訴願必須以書面提出，以便送達於原行政處分之機關。提起訴願並不影響原行政處分之效力，其仍可依該處分而為執行，但原行政處分機關或受理訴願機關，必要時可依職權或依訴願人之聲請，停止其執行。提起訴願後，應於收受訴願書之次日起，3個月內決定該行政處分之效力，必要時亦僅可再延長2個月，如未於該期間內決定其處分之效力，則訴願人可逕行提起行政訴訟。

（二）行政訴訟

　　人民不服中央或地方機關之行政處分，認為其損害其權益，經提起訴願後，如又不服訴願受理機關之決定，或訴願機關於法定期間內不為該行政處分是否有效之決定，則可向行政法院提起行政訴訟。惟提起行政訴訟，僅限於違法之行政處分，不當之行政處分則不包括在內。然逾越權限或濫用權力之行政處分，其以違法論，亦可提起行政訴訟。

　　提起行政訴訟，亦須於一定期間內提出，並以書狀為之，行政法院僅就該書狀為判決，但如有必要或當事人之聲請，亦可為言詞辯論。行政訴訟進行中，除另有規定外，原行政處分或訴願決定，並不因提起行政訴訟而停止，然行政法院或為行政處分或決定之行政機關，可依職權或原告之請求而停止之。對於該起訴，如行政法院認為有理由者，應以判決撤銷，或變更原處分或決定；如認為無理由，亦應以判決駁回，如其判決係變更原處分或決定者，則不得為較原處分或決定更不利於原告之判決，是為不利益變更之禁止。

　　對於行政法院之裁判，不得上訴或抗告。但如另具特定事由，則可向該行政法院提起再審之訴，以為救濟。惟提起再審應於一定期間（30日）內提起（行政訴訟法第273條、第276條），否則該判決即生其效力，得拘束各關係機關，且可據以執行。

　　當事人如受有損害，於提起行政訴訟時，得於同一程序中，合併請求損害賠償或其他財產上給付（行政訴訟法第7條）。

第三章　刑事法

刑罰與犯罪有關法制理論之發展

一、刑罰之近代化

犯罪是人類之一種偏差行為，為個人反社會意識之表現，其偏離社會公認之行為規範，破壞社會秩序，故須加以制裁。對於犯罪之刑罰制裁，自古即有之，然如以今日之觀點視之，其極為殘酷。如我國先秦時代之五刑：墨、劓、剕、宮及大辟。大辟即為死刑，其方式如炮烙、焚、烹、轘、車裂、腰斬、斬首、磔、梟首、醢脯、絞縊、棄市等。我國最完整之唐律，雖努力廢除苛刑，但仍有如笞、杖等之身體刑，至清初則仍有戮屍、坐屍等酷刑。歐洲古代亦有斬首、吊死、絞殺、分屍、活埋、火焚、投水，獸食、釘十字架等酷刑。定罪判刑之刑事訴訟程序，亦大異於今，如為取得自白之進行拷打，於今屬侵犯人權之行為。其時監獄並非自由刑之執行場所，只是監禁待審之犯人或即將處以死刑之死刑犯及政治犯之場所；剝奪犯人自由之自由刑，乃以增加犯人之痛苦，並與社會隔離為目的之苦役，使其終生勞動，難見天日，成為死刑之代替刑。

16世紀因重商思想與資本主義之興起，對於勞動力之重視，使英國在1552年於布華韋爾（Briberwell）設立一工作場，收容罪犯並強制為有經濟性之工作。1559年荷蘭於阿姆斯特丹（Amsterdam）設立第一個勞役場，其後自由刑始漸為各國採用，監獄之作用亦漸漸改良。

18世紀自由主義與個人主義興起，對於殘虐之刑罰體系及苛酷之刑事裁判，成為當時之啟蒙學者如孟德斯鳩（Montesquieu）、伏爾泰（Voltaire）等之攻擊目標。義大利學者貝加利亞（Beccaria）深受盧梭（Rousseau）等法國哲學思想之影響，著有《犯罪與刑罰》一書，對當時之殘酷刑事裁判及刑罰制度予以強力之斥責，其主張如罪止一身、刑罰之法定化等，對於刑法理論具有重大之影響。同時代之監獄改革先驅者英人約翰·霍華德（John Howard, 1726-1790），亦致力於獄政事務，對日後

之監獄行政改革運動立下基礎。今日刑罰制度之緩刑、假釋、罰金之徵收、保安處分等，則皆是近代刑罰之改良物。

二、刑罰理論之形成

刑罰（Kriorinalstrafe）是刑法規範使用之法律制裁手段，爲對犯罪行爲最主要之法律效果。然刑罰之本質爲何？此爲中世紀後之學者所致力之研究工作。直至19世紀，始由費爾巴哈（Anselm von Feuerbach, 1775-1833）首先完成其理論體系。在此之前之康德，對於犯罪認爲乃是有自由意思者違反道德律之行爲，刑罰即爲對其行爲當然之報應，刑罰之意義只在於對罪責之報應，故主張以牙還牙之惡害相抵理論。然刑法除建立於消極之報應思想外，尚須建立在積極的預防思想上，故刑罰不應只是對已然之犯罪行爲之報應，更且應進而建立防患犯罪於未然之效果。費爾巴哈所主張者即是以刑罰威嚇性，嚇阻犯罪於未然之一般預防理論，其以制定法主義及心理強制論爲其刑法理論中心，強調罪刑法定，「無法律即無犯罪與刑罰」，以防裁判官擅斷；並以人皆有追求愉快、避免痛苦之本能，刑法爲抑止犯罪，必須使犯罪者預知其因犯罪所得之愉快，小於其犯罪而受刑罰之痛苦，故應將犯罪與刑罰預爲規定，以刑罰造成心理之強制，而使其排除犯罪欲望，以刑罰嚇阻犯罪。此理論在19世紀之德國刑法學界，曾風靡一時。

然而，費爾巴哈之古典學派在19世紀後半期受到試煉。由於資本主義之發達，個人主義、自由主義極度發展，產生巨大之社會、經濟之變化，勞資對立、失業氾濫，因貧窮造成之累犯、少年犯罪激增，傳統之刑法理論失其規範社會之功能。是故，對古典學派之批判者抬頭興起。

對古典學派批判，而採實證方法探求犯罪原因之新派，是由義大利之精神醫學者龍布羅梭（Cesare Lombroso, 1835-1909）所創。龍布羅梭以生物學之方法，研究犯罪人之生理特徵，認爲犯罪人之生理上有所異常，如頭腦畸形、下顎長而低，鼻子平坦，對痛苦之感覺遲鈍等，而創「天生犯罪者」學說，認爲犯罪人在身體上或精神上有先天犯罪傾向，故應將之與社會隔離。龍氏之生來犯罪人見解，在今日固不能予以認同，但其主張摒

棄應報刑之理論，針對犯罪原因，予以適當處理，闡揚刑法之刑事政策功能，以刑罰對犯人之隔離有其功效之特別預防思想，對傳統見解有重大影響。

19世紀末葉，李斯特（von Liszt, 1851-1919）將特別預防理論發揚光大，以刑罰不僅經由心理強制，產生刑罰之嚇阻功能，且亦應具有教化功能，經由教育與感化，產生矯治功能，以矯治需要或可能之犯人，個別化地教育犯人或使其再社會化。故在傳統刑罰之外，為達教化之目的，應加入教育刑罰與保安刑罰。

古典學派之刑罰觀，著眼於犯罪行為之刑罰制裁，注重報應；新派則注重犯罪人將來之危險性，強調預防。然今日刑法學者則認為，刑罰之本質固不出道義之應報，但在刑法所定應報刑罰範圍內，應能兼顧特別預防及一般預防之目的，不應過分強調某一部分之功能，此即為綜合主義之思想。今日刑罰對初犯者之緩刑、對精神障礙犯人之保安處分、對少年犯罪者之特別處遇等制度，皆是預防犯罪，教化犯人之措施。

為求犯罪行為人之良好矯治教化，除於刑罰制度之改善、訴訟程序上人權保障之加強外，更應注意與刑罰有關之各種學科之發展，如心理學、社會學、精神醫學、人類學等，與刑罰學、犯罪學相互配合，而使犯罪預防之目的，能達其成效。

三、罪刑法定主義

罪刑法定主義為刑法上重要之概念，乃謂犯罪之法律要件及其法律上效果，均須以法律明確地加以規定，法律如未明文規定處罰者，即無犯罪與刑罰可言。此原則乃為求刑法能具有法確實安定性。因明確規定罪刑，而使人民預知何等行為應受何種處罰，可產生刑罰威嚇之功能，亦可使國家刑罰權之行使有所遵循，以保障人民權益。

早先歐洲帝王專制時代，刑法為帝王統治之工具，行為之處罰，生殺予奪，任憑統治者個人喜好，是為罪刑擅斷時代。其後民智日開，罪刑法定思想漸萌，1215年英王約翰（King John）簽署之《大憲章》（Magna Carta）第39條就規定：「任何自由人非依國家法律及適法裁判，不得逮

捕、拘禁、剝奪領土與法律之保護。」直至17、18世紀啓蒙時代，罪刑法定思想漸趨成熟，1789年法國大革命之《人權宣言》第8條即規定：「任何人非依犯罪前已制定公布，且經合法適用之法律，不得處罰之。」1810年法國刑法即稟承《人權宣言》之規定，將罪刑法定主義規定於其中，自此乃使罪刑法定有刑法條文之形式。之後，罪刑法定主義漸爲各國所採，並明定於其刑法中。我國暫行新刑律（刑第10條）、舊刑法（刑第11條），及現行刑法（刑第1條）亦皆採之。

罪刑法定主義條文化後，漸形成特定之涵義。如對於刑罰權之範圍，須經由立法權之運作，制定法律以明確界定之。此可避免政治上之濫權，而藉刑法爲統治工具。再者，因罪刑法定必須明文化，故未經立法程序而條文化之習慣法（Gewohnheitsrecht），不得作爲刑事判決之依據，一切罪刑之宣判，均應以成文法爲依據，且規定之罪刑亦須盡量求其明確，避免在構成要件或法律效果上使用模稜兩可或可擴張而不明確之概念。在對於適用刑法之解釋上，罪刑法定主義亦禁止以類推（analogie）方式來解釋條文之內涵，行爲人之具體行爲如非法條明文規定所能涵蓋時，法官只能判處被告無罪，不得比附援引類似該行爲之條文而予以定罪科刑，如此始可避免個人權利受國家公權力之限制或剝奪；但對於類推解釋如有利於行爲人時，依通說則認爲可不禁止其適用。另刑法之適用禁止溯及既往，刑罰之處罰，必須在行爲人事先可預見之情況下爲之，故罪刑法定之原則排斥「事後刑法」，使刑法之效力只能及於法律生效後所發生之行爲，而不得追溯處罰法律生效前業已發生之行爲。然行爲後之法律對行爲之處罰如輕於行爲時者，爲求得保護行爲人之權益，乃採從輕原則，使行爲人之行爲適用裁判時之輕法處斷（刑第2條），是屬例外。

人類文明進展之後，國家成立其初，因政治組織簡陋，爲維持秩序，往往採取嚴刑峻罰，且爲維持君主個人地位，亦不能不用嚴酷之刑罰，以資震懾，遂造成歷史上的峻刑時期，如歐洲之羅馬《十二銅表法》，即是此時期之產物。18、19世紀時，民智大開，個人的權利思想日益發達，孟德斯鳩、盧梭、洛克等，本於人道主義及民權思想，反對嚴峻的刑罰。法國大革命後，社會思潮益形澎湃，個人主義與自由思想運用於刑法之上，

罪刑法定主義思想，造成刑法巨大的影響。19世紀後，社會利益凌駕個人利益，刑法精神注重社會防衛，不僅以保障個人自由爲滿足，故刑法之理論基礎逐由個人本位之應報主義趨向團體本位的社會防衛主義，而防衛社會之制度，如保安處分制度即因而產生。爲求預防犯罪之效用，刑事政策亦加以提倡與推行，調和社會防衛與個人對於刑罰之適應。

四、我國刑法沿革

我國刑法的演進，最早有刑罰記載之典籍，爲尙書舜典：「象以典刑，流宥五刑，鞭作官，朴作教刑，金作贖刑、眚災肆赦，怙終賊刑，欽哉欽哉，惟刑之恤哉。」虞舜時期有：「帝德罔愆，臨下以簡，御眾以寬，罰弗及嗣，賞延於世，宥過無大，刑故無小，罪疑惟輕，功疑惟重，與其殺不辜，寧失不經，好生之德，洽於民心，茲用不犯於有司」之訓。嗣舜讓位禹，因有亂政作禹刑，商有亂政作湯刑。然其詳已不可知。

周行封建，以刑爲維護社會之方法，周禮記載甚詳。周穆王時，呂侯作刑，爲呂刑，規定墨、劓、荆、宮、大辟五刑。其後又加流、贖、鞭、朴四刑，合爲九刑。

自戰國後至隋朝，是我國刑法形成成文法典時期，其間著名法家如申不害、韓非子等，人才輩出。魏文侯師李悝，集各國刑典，著法經六篇，曰盜法、賊法、囚法、捕法、雜法、具法。爲我國第一部成文法典。至先秦時代，我國刑事法已脫離私刑，而確立國家之刑罰權，對於報仇，視其被殺之緣由，有時不准報仇，如父母不義或犯死罪而被殺者，子不可報仇（周禮、公羊傳）。羅馬法雖以其私法靡駕世界，但在刑事法上卻不及我國。

唐律繼往開來，蔚然成爲一部完整的刑事法典，自李唐至清末前後一千餘年。大致沿用唐律。中國刑法至唐爲集大成，唐律上承秦漢魏晉，下啓宋元明清，外則影響及朝鮮、日本、安南等國，在我國法系中，有極重要之地位。其中有些思想，更與今日刑法思潮相符，且有超前之勢。然自清末宣統時，沈家本主修新律，漸採西歐思潮，聘日籍顧問岡田朝太郎幫同起草，於宣統2年12月15日頒布《大清新刑律》，分總則及分則兩

211

篇，爲我國刑法獨立成爲法典之開始。

民國成立後，將《大清新刑律》中刪除與民國國體相牴觸之條文後頒行，因未經國會通過，故冠以暫行二字，名爲《中華民國暫行新刑律》。其後兩次修正，因國會未開，無從通過。1927年，國民政府奠都南京，改訂新法，定名爲《中華民國刑法》，於1928年公布實施，我國刑罰法令，至此始定名爲法，簡稱「舊刑法」。舊刑法施行之後，多有不合國情之處，故於1935年修訂公布「新刑法」，同年7月1日施行至今，計總則編十二章，分則編三十五章，共357條。

自1935年公布施行以來，《刑法》迄今已先後修訂過四十餘次，茲舉晚近之重要修正如下[1]：

（一）2021年1月20日修正第135條、第136條條文，係因鑑於妨害公務案件數量逐年攀升，犯罪手段及結果益趨嚴重，導致員警或其他公務員執行職務之風險及人身安全之威脅大幅增加，故增訂「加重妨害公務罪」；另配合妨害秩序罪章之修正，修正刑法第136條公然聚眾之要件，行爲人在公共場所或公眾得出入場所聚集3人以上施強暴脅迫行爲，亦科予刑責，以加強維護執法人員及民眾出入安全。同日並修正公布第240條、第241條，係因刑法、民法成年年齡已下修爲18歲，本次第240條、第241條爰配合民法之修正，將「未滿二十歲之男女」修正爲「未成年人」，並提高罰金刑數額。

（二）2021年5月28日修正第185條之4，包括將車禍「肇事」之要件修正爲「發生交通事故」，且縱使駕駛動力交通工具發生交通事故致人死傷係無過失，其逃逸者，亦予以處罰，課以交通事故當事人應停留在現場，向傷者或警察等有關機關表明身分，並視現場情形通知警察機關處理、協助傷者就醫、對事故現場爲必要之處置等責任，以免發生二次事故，確保公眾交通安全及人身保障。

（三）2021年6月9日修正第222條，增訂刑法第222條第1項第9款規定，行爲人犯強制性交罪，而對被害人爲照相、錄音、錄影或散布、播送

---

[1] 所列修正資料及修正理由，參閱立法院網站。

該影像、聲音、電磁紀錄之行爲者，處7年以上有期徒刑。

（四）2021年6月16日修正第245條；刪除第239條。其中刑法第239條通姦罪規定，對憲法所保障性自主權予以限制，與比例原則不符。刪除刑法第239條及其告訴乃論之第245條規定，完成通姦除罪化之法制程序，以保障性自主權。爾後配偶間若有違反忠誠義務、侵害配偶權等情事，縱無刑事責任，仍負有民事損害賠償責任。

（五）2022年1月12日修正第78條、第79條、第140條，以及第266條之規定。其中第78條、第79條原規定假釋中犯罪，不論輕重一律撤銷假釋，本次修正後，增訂得裁量是否撤銷假釋的規定，以提高受假釋人繼續配合更生輔導等觀護處遇的意願，期能有效降低再犯，並符比例原則。第140條，刪除侮辱公署罪，但也將侮辱公務員的刑度提高，以維護公務員執行公務及確保國家公權力的正當行使，並兼顧人民言論自由的保障。對於第266條的賭博罪，則修法提高罰金，並明定「以電信設備、電子通訊、網際網路或其他相類的方法賭博財物者，亦同」。亦即除了原本的在「公共場所」或「公眾得出入之場所」賭博財物會構成賭博罪外；透過電信設備、電子通訊（例如手機、電話、登入網站）賭博，也會構成犯罪，使得以刑法的方式規制網路賭博。

（六）2022年1月28日，爲遏止酒駕，修正第185條之3，將酒駕即便未肇事的刑責，從原本2年以下有期徒刑改爲3年以下，得併科新臺幣30萬元以下罰金。同年2月18日，又修正第87條及第98條條文；按修正前規定，精神障礙或其他心智缺陷之病犯所受監護處分期間最長爲5年，修正後可延長監護處分期間，並增設定期評估機制，以兼顧保障當事人權益及公共安全。

由前開「公然聚眾」構成要件的變動、處罰「囤積不應市」行爲、加重妨害公務罪的增訂、強制性交且散布影音罪責之明定、通姦除罪化，以及酒駕刑責之加重等修法內容，一方面可略窺當時某些社會現象的發生（例如「衛生紙之亂」促成刑法第251條及第313條修正；酒駕頻傳促成刑法第185條之3修正），一方面也可感受社會觀念之演變（例如通姦除罪化），法律之與時俱進，由此可見。

貳 刑罰保護之法益

「法益」（Rechtsgut）一詞乃指法律所保護之利益，是刑法上之重要概念，即為刑罰法規保護的對象。例如：殺人罪所侵犯之法益乃為人的生命；竊盜罪所侵犯之法益是被害人的財產；而無故侵入住宅罪（刑第306條）所侵犯之法益即為生活住居的安全平穩。

刑罰法規，除刑法法典之外，另有許多特別法存在，例如《貪污治罪條例》、《懲治走私條例》等等，但主要之犯罪類型，大致上仍依《刑法》規定。我國《刑法》對於法益保護，以國家法益為先，次為社會法益，末為個人法益。對於保護國家法益所設之法規，有如對破壞國家存立與安全之罪、對於破壞公共秩序之罪、對於政治權力非法行使之罪等之處罰；對於社會法益之保護，有如對維持社會存立及其機能之健全運用、保障社會制度、維持社會道德善良風俗等，設立其可能受害情事之刑罰法規以保護之；而對於個人法益之保護，有如對侵害生命法益之罪、侵害身體健康法益之罪、侵害個人自由及生活安謐之罪、侵害財產法益之罪、侵害名譽信用法益之罪等。

一、侵犯個人法益之罪

（一）侵害生命之犯罪

個人法益之保護，最重要者即為生命法益之保障，我國《憲法》第15條即規定人民之生存權應予保障，乃為對國民生命之尊重。《刑法》對此亦採絕對保護原則，對於殺人者，處以死刑、無期徒刑或10年以上有期徒刑（刑第271條）；且對預備犯亦加以處罰（刑第271條第3項處2年以下）。惟對於殺人者之犯意，除其是當場激於義憤而殺人者外（刑第273條），其是否出於謀殺、故殺或殘忍殺人等則不加區分，而委由法官依行為者之手段、惡性等來作為刑罰裁量時加重或減輕的依據。此與民國17年舊刑法之對以支解折割或其他殘忍方法殺人者，另設有專條，處以唯一死刑者不同，亦與外國立法例之分有故殺（Vorsätzliche Tötung）、謀殺（Mord）不同。

　　被害者如為殺害者之直系血親尊親屬，則基於倫常觀念，加重其刑至二分之一（刑第272條）。此之直系血親尊親屬指己身所從出之人（民第967條）；且不僅指自然血親，亦包括了擬制血親。然如母親於生產時或甫生產後殺害其幼嬰，因犯此罪行者大部分基於特殊原因，例如畏羞恥而殺之，其凶性不同於一般之殺人，故科以較輕之刑（6月以上5年以下，刑第274條）。

　　殺人罪另有較輕刑罰之加工自殺罪。教唆或幫助他人使之自殺者，處5年以下有期徒刑；受其囑託或得其承諾而殺之者，處1年以上7年以下有期徒刑（刑第275條）。自殺者無論既遂未遂，刑不加之，然如加工他人之自殺，則不能不罰，蓋不鼓勵自殺也。此之加工自殺必被教唆或受幫助之人，其本身自由意思決定願否自殺，如其之自殺，非由於自由考慮之結果，則加工自殺者，應有依殺人罪處置之可能（最高法院29年上字第2014號判例參照）。

　　得承諾或受囑託而殺人者，必囑託之人，具有自由意思能力始可。對於本人因身體之苦痛難耐，且無法醫癒，為了縮短其痛苦，而受其囑託或得其承諾而結束其生命之安樂死行為，則時常涉及本罪，而科以本罪之刑。

　　又謀為同死而犯加工自殺罪者，例如情侶未能如願結合而雙雙殉情者，如其未死，則可免除其刑（刑第275條第4項），此謀為同死罪，必以行為人及其謀為同死者雙方同謀自殺為先決條件，如一方本無自殺之意，而藉謀為同死以達其殺害對方之本意，其仍應負殺人罪責。

　　殺人罪常與其他罪行併合發生，例如擄人勒贖而故意殺害被害人、強姦殺人、強盜殺人、海盜殺人等，對生命法益之侵害加上對財產法益之侵害，往往構成較重之刑責（死刑或無期徒刑）。

　　《刑法》對生命法益之保護，除直接殺害行為之處罰外，第二種保護規定，即是與傷害致死罪同類之規定。傷害致死罪，乃是對人之身體之傷害，而產生被害者死亡之結果，為結果加重犯，處以無期徒刑或7年以上有期徒刑（刑第277條第2項）。殺人罪之處罰，必以行為人有殺人之故意；而傷害致死罪，其行為人只有傷害之犯意，卻造成被害者死亡之結

果，而此結果非爲行爲人所不能預見者，以其傷害之「結果」重大，故處以較重之刑罰。與傷害致死罪相類規定破壞生命法益之致死罪有：濫用職權追訴處罰致死罪（刑第125條第2項）、凌虐人犯致死罪（刑第126條第2項）、妨害公務致公務員死亡罪（刑第135條第4項、第136條第2項）、公共危險之往來妨害致死罪（刑第185條第2項）、飲料水毒物混入致死罪（刑第190條第2項）、強制性交猥褻致死罪（刑第226條）、遺棄致死罪（刑第293條第2項、第294條第2項）等等。

上述致死罪是屬結果加重犯，皆出於故意行爲而產生其加重結果，行爲人如非出於故意，而是因過失而致被害人死亡者，則爲過失致死罪（刑第278條）。過失行爲之處罰以有特別明文規定爲限，生命法益之受侵害，雖出於過失，但因事關重大，故仍加以處罰。過失致死罪與傷害致死罪之結果毫無不同，但於行爲人主觀上應受非難之責任條件，則有不同，過失致死爲純粹之過失，因單純過失行爲而誘發一定之結果，而傷害致死之結果加重犯則因故意犯他罪，而誘發超過預期之結果。過失致死罪大多爲交通事故肇禍者所易觸犯者，故其與交通事故有密切關係。另刑法第276條原來針對從事一定業務之人（如醫生、計程車司機）因業務上過失致人於死，規定其刑責較重於一般之過失致人於死罪。惟因學說認從事業務之人因過失行爲而造成之法益損害未必較一般人爲大，且對其課以較高之注意義務，有違平等原則等理由，已於2019年5月修法，將所爲業務過失致人於死之規定刪除。

（二）侵害財產之犯罪

財產權爲《憲法》第15條所保障之基本權利，《刑法》上規定處罰侵害財產之犯罪，即是憲法保障財產權之具體規定。在承認私有財產制之國家，對財產權之保護皆有周密之規定，我國《刑法》亦設有竊盜、搶奪強盜、海盜、侵占、詐欺、背信、重利、恐嚇，擄人勒贖、贓物、毀損等罪責規定，以保護財產法益。

竊盜罪自古即存，即使在現今仍占財產犯罪的首位，《刑法》對竊盜之處罰爲5年以下有期徒刑（刑第320條、第321條），然此種處罰對此類犯罪並未能有嚇阻作用，故對於竊盜之慣犯，另可施以保護管束、強制工

作等保安處分（見《竊盜犯贓物犯保安處分條例》）。

竊盜罪之構成要件，必須具有「意圖爲自己或第三人不法之所有」之主觀違法要素；而「竊取他人之動產」，「竊取」行爲乃是乘人不知而竊取他人動產（33院2661號）。竊盜罪侵犯之標的「動產」，乃指土地及其定著物等不動產以外之物（民第66條、第68條），但對於竊電行爲亦加以處罰，將電能、熱能及其他能量論以動產（刑第323條）。而對不動產之侵犯則非竊取行爲，而爲竊佔罪，仍屬竊盜罪章（刑第320條第2項）。

竊盜罪之處罰，必行爲人主觀上有爲自己或第三人不法所有之意圖始可成立，如行爲人僅具暫時使用之意圖，而未有不法所有犯意存在，則仍否論以竊盜罪，有所疑義。實務上，常見有竊取他人汽車，駕駛四處遊蕩，而後歸返原處或隨處丟棄之行爲，尤其在少年犯罪中，常有此類情形發生，此行爲在學說上稱之爲使用竊盜。在外國立法例，對於此種行爲設有專條以處罰，如西德、奧地利刑法等。我國刑法則未具明文，早期實務上曾認因其無不法所有之意圖，故不爲罪（最高法院50年度台非字第83號判決）。然目前實務上認爲，竊盜行爲人是否自始即有不法所有意圖，應以客觀狀態或物之性質判斷，甚而所有人有無可能同意其使用等情，綜合判斷（臺灣高等法院104年度上易字第839號判決），此在立法上仍有加以檢討之必要。

與竊盜罪有密切關係者，爲贓物罪（刑第349條），其爲對竊盜等行爲人所竊取之客體予以收受、搬運、寄藏，故買或媒介，對該贓物予以處分之行爲。其使財產犯易於銷贓，並使財產犯之犯罪意圖得以實現，故加以處罰。惟如竊盜行爲人於竊取財物後之銷贓行爲，乃爲竊盜行爲之不罰後行爲（Straflose Nachttat），不另成立贓物罪。

在財產犯罪類型上具有暴力犯之性格者，如恐嚇取財、強盜、搶奪、海盜、擄人勒贖等。其出以脅迫等方式，而使被害人交付財物，尤其強盜罪則使被害人不能抗拒而取其財物或使其交付，其犯行較重，故刑罰亦較竊盜罪重。在強盜故意殺人場合，則科以無期徒刑或死刑。海盜殺人、擄人勒贖而故意殺被害人亦科死刑或無期徒刑。

在財產犯罪上，通常亦具有智慧犯罪之色彩，如侵占、詐欺、背信

等。甚多具經濟犯罪之態樣，尤其在今日工商發達社會，經濟犯罪之狀況愈來愈嚴重，其不僅破壞個人財產法益，亦破壞了國家整體經濟運作之機能，故有些破壞經濟秩序之行為，除侵犯個人之法益外，亦具有侵犯社會法益之現象。

二、侵犯國家法益之罪

　　國家本身之存立及其統治運作機能之保護，亦是《刑法》所保護之重點。內亂罪（刑第100條至第102條）、外患罪（刑第103條至第115條之1）及妨害國交罪（刑第116條至第119條）侵害國家存在，危及國家內外之安危，故犯罪重者可處死刑。國家統治運作賴《刑法》妥以保護，始能維持一定之秩序，不致使國家之機能受腐蝕，間接侵害人民之權利，進而動搖國家之存在。尤其國家或公共團體之權力作用，皆以公務員之執行職務來實現，故公務員之執行職務應為國家或公共團體之全體成員之利益而為之，不可不盡其應盡之職責，或濫用職權，或背其應忠實廉潔之義務，而褻瀆公務員職務之尊嚴及其正當。《刑法》瀆職罪即是對公務員職務之不正當執行之處罰，尤其貪污罪責，不論其違背職務與否（刑第121條、第122條），凡是因此而要求期約或收受賄賂或其他不正利益者，皆處以既定刑責。更且，為了遏阻公務員之不廉潔，另定有《貪污治罪條例》，對貪污犯行加重處罰。對於公務員職務之廉潔，由法律加以規範並制裁之，誠有其必要，然可議者即《貪污治罪條例》本身之不公平性，該法第6條之1、第10條違反刑止一身之理論，實值得檢討。

　　公務員職務上之犯罪除賄賂罪外，對於職權之濫用，亦是《刑法》加以制裁之對象。古代公務員充滿官尊民卑之思想，故對人民權益之保障，總認為會影響公權力之行使，即使在今日，仍有部分公務員未脫此觀念。故對法官、檢察官、警察等在其本身職務上濫權追訴、處罰、行刑、凌虐人犯等之行為，皆應加處分，以維人權（刑第124條、第125條、第126條、第127條、第128條）。

　　與公務員有關之犯罪，除公務員本身之犯罪外，另有對公務執行加以妨害之犯罪，如妨害公務罪，施強暴脅迫於公務員執行職務時，則應受刑

罰制裁（刑第135條以下），妨害秩序、脫逃、藏匿人犯、湮滅證據、偽證、誣告等，皆使國家權力作用受到侵害。

三、侵犯社會法益之罪

　　人類社會共同生活之安全、交易信用、經濟秩序、性秩序等，除由各個人遵守維護外，亦賴國家之力予以保障，故如對人類社會共同生活之公共利益予以破壞者，應受刑罰之制裁。

　　放火、決水、危險物、妨害交通、妨害公眾衛生等行為，有時故以侵犯特定人為目的，但其亦有侵害不特定或多數人之生命、身體或財產安全之危險，為危害公共安全之行為，屬公共危險罪。此種罪行，以其是否有以「致生公共危險」為構成要件之內容，分為具體危險犯與抽象危險犯，前者如《刑法》第174條第2項、第3項後段中之「致生公共危險」者，其係將危險狀態作為構成要件之要素，而規定於《刑法》條款中，須行為人之犯罪行為對法規所保護之法益造成具體之危險時，始成立犯罪。而抽象危險犯則因行為人之行為所實現一定構成要件內容，常伴隨有公共危險性，故行為只要符合構成要件所陳述之事實，即可認定其具有此等抽象危險，不以有具體實現為必要，而構成公共危險罪，《刑法》第173條第1項之放火罪，只要行為人故意放火時，該住宅確保係供人使用者，其放火行為即有造成人命等傷亡之抽象危險，而足以成罪。

　　公共危險罪中之危險物罪（刑第186條至第187條之3），因社會變遷，不法分子依賴危險物犯罪之情況愈來愈嚴重，造成該法條不足以嚇阻犯罪之現況，故於1983年6月27日公布實施《槍砲彈藥刀械管制條例》，對未經許可製造、販賣、運輸、持有、寄藏或陳列槍砲、刀械者，處以重刑，最高可至無期徒刑。惟因武器之走私相當難遏阻，且不法分子已有傾向憑火器犯罪之現象，此條例仍難收其成效，故又有建議基於亂世用重典之觀念，擬提高此條例之罪至死刑，然立法之收效與否，是否足以嚇阻犯罪，並非單憑「極刑」即可達成，須賴社會各方面之配合，刑罰之目的除威嚇性外，另具教化矯治功能，如只著重於嚇阻作用，強調「治亂世用重典」之威嚇功能，而未探討形成犯罪之多樣原因，法規之修訂除更破壞刑

法體系外，恐仍未能達到遏阻犯罪之目的。

　　偽造貨幣、有價證券、度量衡、文書、印章印文等行為，其破壞了公共信用，擾亂經濟秩序，刑法一併處罰。偽造文書在學說上分為有形偽造與無形偽造，前者指無製作權人冒用他人之名義而製作之文書而言；後者則指有製作權人就自己所製作之文書為虛偽之記載，無形偽造除法有明文規定外，並不為罪，故除《刑法》第213條至第215條外之偽造文書罪，皆屬有形偽造（如破產法第152條、公司法第9條第1項等亦為無形偽造）。妨害風化、婚姻及家庭等行為，破壞了善良風俗，違反了性秩序之和諧，其除有侵犯個人之法益外，另造成社會道德之不安。蓋刑法與道德間，原有密接之關係，一般之犯罪如殺人、竊盜等，皆亦有損及道德之處。血親和姦、猥褻等行為對社會善良風俗也頗有影響，故即令當事人所為並未侵害他人法益，但既對社會道德造成不良影響，為保護道德秩序，有處罰之必要。

　　另妨害農工商罪侵害經濟秩序，尤其妨害商標部分，另有商標法之特別法加重處罰，我國今正邁向已開發國家，經濟上之成就被譽為奇蹟，然有甚多不良商人，仿冒他人商品、商標，破壞國家名譽，於今我國受外國交相指責「仿冒」之際，應加強此法規之運用，以遏止不良商人之行為。

　　自清末以來，我國深受鴉片之害，故針對鴉片之製造、販賣等行為，早即頒布實施《戡亂時期肅清煙毒條例》，嗣經多次修法，已於87年5月修正名稱為《毒品危害防制條例》，所規範之毒品，則泛指具有成癮性、濫用性、對社會危害性之麻醉藥品與其製品及影響精神物質與其製品，而其對犯罪行為人究責之方式，除科刑外，尚包括觀察、勒戒及強制戒治等。前節所例示者，為該當犯罪構成要件之行為。對犯罪行為之處罰，除該行為須符合犯罪構成要件外，亦須有違法性，且行為人具有對其行為負責之責任能力與故意過失之責任條件始可。因此，行為人之行為雖符合犯罪構成要件，但如有阻卻違法之事由（如正當防衛、緊急避難、依法令之行為等），且未有責任能力等，仍未可對之發動刑罰權。

參 對刑罰之限制

一、責任能力

違法行為之處罰，須行為人能憑其自由意思，辨別其行為之是非而仍為之，始加以科處刑罰，即《刑法》所處罰之行為限於有責任能力者所實施者。人如達於相當年齡，而其精神與心智並無障礙，則其應具有辨別是非，並依其辨別而決定其行動之能力，如其年齡未臻成熟，或精神、心智有障礙或衰退，則其辨別是非、決定行動之能力即有影響，故可依行為人之年齡、精神狀況而定其對其所實施之行為負責之責任能力。

精神有所障礙或因其他心智缺陷者，其人格與心智異於常人，對於認識違法及意思決定之能力，不能與一般人相同，故對其行為所負之責任，自亦與常人有殊。《刑法》第19條第1項規定：「行為時因精神障礙或其他心智缺陷，致不能辨識其行為違法或欠缺依其辨識而行為之能力者，不罰。」

然如其精神狀態或心智並非完全喪失，僅較普通人之平均程度顯為減退者，則「行為時因前項之原因，致其辨識行為違法或依其辨識而行為之能力，顯著減低者，得減輕其刑。」（限制責任能力）（刑第19條第2項）。對於此類犯罪行為人，因其精神異常狀態或心智缺陷之故，在刑事責任上予以不罰或減輕其刑，但為防衛社會仍得令其入相當處所，施以監護，實施保安處分（刑第87條）。但行為人如因故意或過失而使自己陷於無責任能力或限制責任能力狀態，且在此狀態下實施犯罪行為，則仍應對其行為負責，如施打麻醉劑、酗酒等，而使自己陷於心神喪失或精神耗弱狀態藉以實施犯罪，則仍應處罰之（原因自由行為）。

又精神之成熟程度，通常與身體之發育並行不悖，對於一定年齡之未成年人所實施之行為，自不能與成年人所實施者相提並論。故基於刑事政策之要求，我國《刑法》以14歲為其限界，「未滿十四歲人之行為，不罰。」（無責任能力）（刑第18條第1項）以14歲為刑事責任年齡之低限，超此一年齡之界限者，其非法行為，依法即得予以處罰，然14歲以上未滿18歲人之行為，及滿80歲人之行為，均得減輕其刑（限制責任能力）

（刑第18條第2項、第3項）。其自亦得不減其刑，然對未滿18歲或滿80歲人犯罪者，不得處以死刑或無期徒刑。

未滿14歲人雖不負刑事責任，但其如為12歲以上而未滿18歲者，仍有《少年事件處理法》之適用。法院依照法律規定來處理的事件，其中又可區分為「少年刑事案件」及「少年保護事件」，其中少年刑事案件較諸一般刑事案件，有許多特殊規定，例如：羈押於少年觀護所（少年事件處理法第71條），如果依照《刑法》第59條減輕其刑仍然過重時，法院可以免除其刑，而為諭知保護管束、安置輔導、感化教育（少年事件處理法第42條、第74條），對少年不可以宣告死刑、無期徒刑、褫奪公權及強制工作等（少年事件處理法第78條）。

又瘖啞之人，其聽覺、語言機能有所欠缺，致其精神之成熟受有阻礙，故「瘖啞人之行為，得減輕其刑。」（刑第20條）瘖啞，指既聾且啞之謂，其有生而瘖啞者，亦有因疾病或受傷而瘖啞者，此之瘖啞應指出生及自幼瘖啞者而言（26院1700號），蓋其生而瘖啞，乃自來痼疾，不能承受教育，能力薄弱，故其行為所應負之刑事責任，得減輕之（限制責任能力），若因疾病或受傷而瘖啞者，不過肢體不具，其精神知識與普通無異，不能適用此規定。

二、故意過失

犯罪行為之處罰，除其客觀上符合刑法分則上所規定之犯罪構成要件（Tatbestand）外，在主觀上尚須具有犯罪之故意或過失。「行為非出於故意或過失者，不罰。」（刑第12條第1項）故如甲將使用後殘餘之墨汁潑灑於窗外，適乙經過，將其所著白色上衣污染大部，無法洗清。甲之行為顯然為毀損乙之器物，而生損害於乙，觸犯《刑法》第354條之毀損罪，但甲之行為非出於故意，而係應注意，並能注意，而不注意之過失行為，「過失行為之處罰，以有特別規定者，為限。」（刑第12條第2項）刑法對毀損罪並未有過失犯之處罰規定，故甲之行為雖符合了毀損器物罪之構成要件。但因其主觀上欠缺故意，且此犯罪類型不處罰過失犯，故甲不受刑罰制裁（惟甲仍應負民事賠償之責任）。

　　犯罪之處罰，原則上以故意犯爲限，例外始及於過失犯罪，行爲人對於構成犯罪之事實，明知並有意使其發生，或對構成犯罪之事實，預見其發生而其發生並不違背其本意者，皆爲故意之行爲（刑第13條）。如行爲人雖非故意，但按其情節應注意，並能注意，而不注意，或對構成犯罪之事實，雖預見其能發生而確信其不發生者，則屬過失。《刑法》所規定者原則上屬故意犯罪行爲之類型，對過失行爲則須特別規定始加以處罰，如放火罪（刑第173條、第174條、第175條）、傾覆或破壞現有人所在之交通工具罪（刑第183條）、妨害交通往來安全罪（刑第184條）、過失致死罪（刑第276條）等等，其處罰通常較故意犯爲輕。

　　故意或過失，乃屬犯罪人內心犯罪之要素，在裁判上之證明，有相當之困難，如甲以刀將乙殺傷，而乙因大量出血身亡，則甲究爲殺人行爲，抑僅爲傷害致人於死，此則涉及甲之犯罪故意，究竟是出於殺人犯意，或僅是傷害犯意而致乙死亡的結果而不同，故在論處甲之罪責時，須詳加判別。對此，應視甲犯行之動機、態樣、兇器之性質、用法，攻擊之次數、程度，及甲之自白等等加以考慮，始可判明之。尤其在「未必故意」之場合下，要證明行爲人之犯意更有困難。

　　與故意有關者，則爲錯誤之問題，行爲人主觀之認識與客觀存在或發生之事實不相符合者，即屬錯誤（Irrtum）。早期刑法學者區分錯誤爲事實錯誤（Tatsachenirrtum）與法律錯誤（Rechtsirrtum）。然由於事實與法律難有明確之界限，對於何種錯誤屬事實錯誤或法律錯誤難以區分，故將之改稱爲構成事實之錯誤（Tatbestandsirrtum）（或構成要件錯誤），與違法性之錯誤（Verbotsirrtum）（或禁止錯誤）。構成事實之錯誤乃行爲人認識之內容，與發生之客觀事實相違誤，其影響犯罪行爲故意之成立，如甲欲射殺乙，因射擊欠準，致將乙身邊之丙擊斃（打擊錯誤），此時甲對乙之部分，因所認識之事實與發生之犯罪事實不一致，則成立殺人罪之未遂犯，至於將丙擊斃部分，則視甲有否過失，決定其應否論以過失致死罪，再依《刑法》第55條前段想像競合從一重處斷（具體符合說）。而違法性錯誤則爲行爲人對於客觀上發生之構成犯罪事實認識無誤，但對該事實在法律規範上之評價，認識有誤。即行爲人主觀上認爲其行爲是屬合

法，但在客觀上，該行為卻為法律規定加以處罰者。對於此種自認為合法之行為，我國《刑法》第16條規定：「除有正當理由而無法避免者外，不得因不知法律而免除刑事責任。但按其情節，得減輕其刑。」

三、期待可能性

行為人如具備完全之責任能力，且出於故意或過失所為之違法行為，自應受有刑責。然如行為人之行為係出於不得已，則應否對之責任非難，即有待考慮。期待可能性即是指依行為當時之具體情況，得期待行為人不實施違法行為，而為其他之適法行為，如其不選擇合法行為而選擇違法行為，則罪無可逭。按行為當時之狀況，不能期待行為人不為此項行為者，自不能令其負責任。

期待可能性最早見於1897年3月23日德國最高法院對癖馬案（Leinenfängersfall）所下之判決，其以被告甲自1895年10月以來即受僱於在G市經營街頭馬車業之乙，為其駕駛馬車。受僱期間甲駕馭雙匹馬之馬車，其中一匹馬常以馬尾繞韁，將之曳至下面，並將韁貼緊身體，此一惡習素為甲及乙所知，甲屢向雇主乙請求更換，免生意外，雇主不允所請，甲迫於生活，仍馭馬如故，一日，該劣馬又繞韁，甲試圖牽韁，反使該馬失去控制，致撞傷行人，被控過失傷害，但獲判無罪，理由係認為過失是在於雇主乙，甲服從乙之命令，其不可能違反雇主之命令而喪失其職業，故甲無過失。此事件即含有期待可能性之思想，而成為刑事責任基礎理論之一部。

我國刑法並未將無期待可能性明文規定為阻卻責任事由，但實務上，如犯人湮滅共犯之證據，即認為犯人之此等行為並無期待可能性，而不處罰之（最高法院25年上字第4435號判例參照）。

四、正當防衛與緊急避難

被害人如在他人現在不法之侵害，無法立即獲得公權力之保護時，可對該侵害行為從事必要之防衛，以排除該現在正在進行之不法侵害。此即為《刑法》上之正當防衛。其為阻卻違法之事由，對該從事正當防衛

224

之人，其行爲不成立犯罪。惟對此行爲之要件甚嚴格，必須是對現在不法之侵害，出於防衛自己或他人權利之行爲。且亦不得過當，如其防衛行爲過當，則仍應論罪，但得減輕或免除其刑（刑第23條）。至於何謂「現在」，則必須就具體行爲與客觀情狀而作判斷。且是否「過當」，亦必須就實際情節加以判斷，並非僅以侵害與防衛法益之輕重爲標準。

　　正當防衛行爲是對不正行爲之反擊，是屬權利行爲，故不法侵害者不得對防衛者主張正當防衛。然緊急避難行爲因屬放任行爲，避難行爲之相對人無忍受避難行爲破壞法益之義務，故避難行爲之相對人可對避難行爲人爲對抗行爲。在失火現場，甲爲逃避火勢，打破乙鄰房壁而逃生，則甲之行爲是爲了避免自己生命之緊急危難，而出於不得已之行爲，具阻卻違法之事由，故不論以毀損罪（刑第24條）。緊急避難行爲之實施限於避免自己或他人之生命、身體、自由、財產四種法益之受損害，餘者則不符避難要件，且避難行爲必須不過當，過當與否視避難行爲所保全之法益與其所破壞之法益而定，如所保全者大於所破壞者，則爲不過當，否則即屬過當，仍應論罪，僅得減輕或免除其刑（刑第24條第1項）。此乃因緊急避難注重法益相稱性之故，與正當防衛不同。

　　緊急避難之規定，對於在公務上或業務上有特別義務者，不適用之。如消防隊員負有救火之義務，自無於救火時放棄職責，而主張緊急避難之餘地。

　　除上述二種行爲具違法性阻卻事由，不論罪外，另明文規定有依法令之行爲，依所屬上級公務員命令之職務上行爲，及業務上之正當行爲，皆不論罪。依法令之行爲，如《民法》之自助行爲即是；業務上之正當行爲，如外科醫師之開刀手術行爲即是。

五、超法規之違法性阻卻事由

　　《刑法》上除正當防衛、緊急避難外，尚有對「依法令或者是業務上正當行爲不罰」之違法性阻卻事由之規定（刑第21條、第22條）。對執行死刑者之執行行爲，乃係依法令之行爲；外科醫生之開刀手術行爲爲業務上正當行爲，皆不成立殺人罪或傷害罪，此種適用《刑法》第21條及第22

條之事例，其行爲之阻卻違法顯可易見之；然如無直接之法令依據及非業務上行爲，其雖與犯各罪類型之構成要件相符，由於其爲社會相當行爲，雖無法規之依據，自實質違法性之概念以觀，其亦應不具違法性，例如激烈運動競賽項目，如拳擊、角力、武術比賽等，其因而造成之運動傷害，如事前得與賽者之承諾，則應可認定其不具違法性。此種未明文規定於《刑法》，而由刑法學說或判例所主張之阻卻違法事由，即稱爲超法規之違法性阻卻事由。

　　我國《刑法》並無此等超法規阻卻違法事由之明文規定，在擴大人權之保障中，此種理論之要求日增，雖自實質違法性觀點，可運用以理論，然基於罪刑法定主義，仍以明文規定此類事由之阻卻違法較妥。

肆 刑罰之種類與科處

一、刑罰之種類

　　刑可分爲主刑與從刑（刑第32條）。主刑（Hauptstrafen）是指得以獨立科處之刑罰手段；從刑則指附隨主刑科處之刑罰手段。主刑可分爲：（一）死刑；（二）無期徒刑；（三）有期徒刑；（四）拘役；（五）罰金（刑第33條）。從刑爲褫奪公權（刑第36條）。

　　死刑屬於生命刑，乃剝奪犯罪行爲人之生命，使其永久與社會隔離之刑罰手段。其被認爲是最具刑罰威嚇力，爲抗制惡性重大之犯罪行爲最有效且最具體之手段。然就現今之刑事政策而言，刑罰之目的乃在使犯人再社會化，促使其能自新，死刑之實施，使犯人縱有自新之決心亦無可能。且死刑具有殘酷性，如因審判錯誤，則可能造成無可彌補之缺憾，故現已有許多國家廢除死刑。對於生命刑之存否，正反之爭執固有其道理，但同樣之犯罪行爲，在不同時代不同狀況下，會有不同之刑罰，故生命刑之存否，應加入社會必需性來檢討。

　　無期徒刑、有期徒刑、拘役皆屬自由刑，乃剝奪犯罪行爲人之自由，使其拘禁於一定場所，接受再社會化之教育。無期徒刑爲終身自由刑，爲對重大犯罪之處罰。然受刑人於受長期拘禁而無重獲自由之情況下，其教

化矯治則難以有效進行，故而假釋制度之實施，對於服刑逾一定期間後，如表現良好，悛悔有據之受刑人，得許以假釋出獄，使受刑人心中尚有重獲自由之希望，有助於刑罰目的之實施。

　　自由刑中最為人詬病與爭論最多者，即為短期自由刑。自由刑之實施，除藉刑罰使受刑人感受處罰之痛苦，而產生威嚇功能外，另亦藉剝奪犯罪人自由之期間，來進行罪犯再教育與矯治之工作，使其能再社會化。然而，短期自由刑，因其剝奪自由之刑期短暫（通說係指6個月以下），使其刑罰之功能微弱，難以進行矯治工作；且使受刑人在拘禁期間受他犯罪人之感染，而更具犯罪傾向。另經判處短期自由刑者，多半為初犯或情節輕微，此等行為人本具羞恥心，常因入獄服刑，而自暴自棄，難啟其自新之門。甚且，有因而違犯更重之罪者，使刑罰本所預期之效果，適得其反。故而，對短期自由刑之存否，受到相當之爭執。然因交通事故等案件之增多，及其他輕微之犯罪行為，無法用罰金刑代替，以收刑罰效果，故仍有使用短期自由刑之必要，遂無法廢止短期自由刑。然於刑罰之制裁時，必須謹慎使用短期自由刑，並輔以緩刑之使用，使犯罪情節輕微者，可暫緩刑之執行；亦可擴大罰金刑之使用，使犯罪者以財產之損失所造成之無法滿足其物質享受之痛苦，代替短期自由之剝奪。

　　褫奪公權屬資格刑，剝奪犯罪者為公務員、公職候選人之資格（刑第36條），從刑是附隨於主刑科處。

　　另外，現行刑法雖已將「沒收」由從刑中刪除，但違禁物，不問屬於犯罪行為人與否，沒收之。供犯罪所用、犯罪預備之物或犯罪所生之物，屬於犯罪行為人者，得沒收之（刑第38條）。則沒收具財產刑罰與保安處分性質，對犯罪人之濫用其所有物或所有權而故意犯罪，或因犯罪所取得之不法利益，予以剝奪。在今日工商社會中，澈底剝奪犯罪之不法所得，更有其重要性存在。

　　另一輔佐刑罰以達成刑法抗制犯罪之重要手段，則為保安處分，其為國家基於維護社會秩序之必要。除刑罰權之行使外，又對特定之行為人（心神喪失、吸食毒品、無責任能力人、限制責任能力人、酗酒者等），以感化教育、監護、強制治療、保護管束、禁戒、強制工作、驅逐出境

（外國人）等手段所爲之具有司法處分性質之保安措施。其以積極性手段，進行對犯罪人之矯治、醫療等，使犯人得經矯治而能重入社會，在預防犯罪上，確爲一重要制度。

二、刑罰之科處

犯罪行爲之科處刑罰，於科刑時應審酌一切情狀，如犯罪之動機、目的、犯罪時所受之刺激、手段、犯人之個人狀況、犯罪後之態度等（刑第57條），如犯罪之情狀可憫恕者，得酌量減輕其刑（刑第59條），仍嫌過重者，亦得免除其刑，但須爲最重本刑爲3年以下有期徒、拘役或專科罰金之罪等（刑第61條）。對於未滿18歲或滿80歲人犯罪者，不得處死刑或無期徒刑（刑第63條）。如對未發覺之罪自首者，得減其刑（刑第62條）。所謂「自首」，係指犯罪行爲人向該管公務員自承自己尚未被發覺之犯罪行爲，而願受法院制裁之謂。「凡有搜查權之官吏，不知有犯罪之事實，或雖知有犯罪事實，而不知犯罪人爲何人者」皆可謂「未發覺之罪」（最高法院26年渝上字第1839號判例）。

對於刑罰之科處，如遇未有前科，且犯行輕微者，應盡量判處緩刑，使偶犯刑罰、情節輕微、有心改過者，能免受牢獄之災，且可疏減獄滿之患。而且在執行時，如受徒刑之執行，而有悛悔實據者，在其服刑逾一定期限後（無期徒刑逾25年、有期徒刑逾二分之一，但最低要在監6月），應盡可假釋出獄，以鼓勵改過遷善，此爲判罪科刑與執行上應注意之處。

第四章　民事法

一、民法之意義

民法有形式上之意義與實質上之意義，前者乃是指六法全書中所稱呼之《民法》；後者，則指還包括與《民法》有關之其他法律（亦包含判例法、習慣法），例如《土地法》、《戶籍法》、《著作權法》等是（可總稱為民事法）。一般所稱之民法，大多指形式意義之民法法典而言。

民法是私法之一般法規，私法乃是對應於公法之概念。要言之，私法是規制私人的生活關係之法律。人類所經營之家族生活、財產的保持與交易（買賣、借貸等）等行為，皆由私法來規制之。私法，對於私人間之關係，立於平等之地位，且對於私人間法律關係之形成，尊重其自由、自律（即為契約自由之原則等）。又，私法並不積極地介入私人之生活關係中，而是對於所規制之當事人採消極之態度，調整對等之個人間之利害，以紛爭之事後處理為主要目的。與私法對稱之公法，乃為規制國家、公共團體等組織間之相互關係，及其等對於私人間之關係之法規，公法，以公權力之行使，使其主體立於優位之地位，且在對於私人形成法律關係時，未必尊重私人之自由、自律。又，公法乃是積極地規制私人之行動，且多以紛爭之預防為目的，如設定廢氣排出量之基準等是。然而，公法與私法間並非截然區別而無相互交錯之領域。對於此種法域之融合現象，亦有加以注意之必要。例如，社會法、經濟法、勞工法等，其中皆有法律社會化或私法公法化之傾向，此已成為現代一般文明國家所共同之現象。

至於何謂「一般法」，其乃相對應於「特別法」。民法為私法之一般法，係規定私法關係之一般原則之法律，而適用於一般人民及一般事項，為私法之原則法、普通法。而私法關係中之商事關係，因其適用之對象限於私法關係中之特定範圍，故其相對應於民法之一般法概念，而為一特別法規；依「特別法優先於普通法，普通法補充特別法」之原則，有關商事

關係者，則先適用商法之規定，其未規定之事項者，始適用民法之規定。例如，《海商法》爲民法之特別法規，有關海商運送等事項，應先依《海商法》之規定加以適用，如《海商法》未有規定者，始適用《民法》運送章之規定。民法固將大部分民事關係予以涵蓋在內，然終未能包括全部。時代不停地進展，使新的法律關係亦不斷地產生，故有設定新的法律以規範其關係之迫切必要，也因此使得民事之特別法規數目相當多，如《土地法》、《動產擔保交易法》、《公司法》、《保險法》、《海商法》、《票據法》、《礦業法》、《水利法》、《漁業法》、《船舶法》等等皆是。

民法爲私法之一般法。但民法並非僅以成文法（民法典及其他特別法）之形式存在，其亦以習慣法、判例之形式存在，而以此成爲裁判之各種基準（民法之法源，並另包括了法理）（民第1條）。因此，對於民法之研究，僅止於民法典及其特別法（成文法），是無法包含全部之民法的。

民法之中最重要者乃爲成文化之《民法》。我國《民法》有1225條，共分五編：第一編總則，第二編債，第三編物權，第四編親屬，第五編爲繼承。其中，四、五兩編屬家族法（身分法），餘者爲財產法。第一編總則，乃規定權利主體（自然人、法人）、權利客體（物）、產生法律效果之法律行爲（意思表示、代理等）、期間、時效等。因大都適用於整部民法（身分法是否適用有所爭議，有部分適用，部分則否），故稱民法總則；第二編債編，乃規定債之發生之原因（如契約、無因管理、不當得利、債權行爲、代理權之授與等）、債務不履行之損害賠償、連帶債權債務、債權轉讓、債之消滅事由（如抵銷、清償、混同等），以及其他各種債權債務型態（買賣、贈與等各論）；第三編物權，乃規定通則、所有權、地上權、抵押權、質權、典權、留置權、占有，以及2010年民法物權編修正時所新增及新修正的「農育權」與「不動產役權」；第四編親屬，乃規定有關夫妻之關係（婚姻、離婚等）、親子之關係（婚生子女、養子、親權、監護）、扶養等；第五編繼承，乃規定繼承人之範圍、繼承之效力、繼承之承認、拋棄、遺囑、特留分等；亦即爲對何人在何種比例、

何種財產、以何種手續，而得繼承之規定。其在有關人死亡後移轉財產之規定，可能為財產法之一部，惟繼承編與親屬編被包括於家族法中。

二、民法之適用

《民法》之規定有種種權利，然其並非僅存於紙上而已，其在實際上常規制人類種種行為。此種在具體事件上，使其權利內容實現，以規範人類活動者，是為法之適用。而法律之適用，則有其一定之程序。例如，乙向甲借款100萬元，於約定之到期日後仍未返還，依民法規定，則乙應負返還借款之義務，甲對乙亦有借款返還之請求權（民第478條）。唯如權利有應可請求而不請求，於經過一定之期間後，其再行請求，對方得加以抗辯，拒絕給付，此一定期間為消滅時效（民第125條以下）。又即使是權利所有人，法律之原則是除有特殊之情況外，亦不允許以私力來實現自己之權利（自力救濟之禁止，民第151條、第152條）。故甲如未逾請求之時效，而向乙請求返還借款，其間之糾紛，可經由第三人之協調，由雙方互相檢討退讓解決（調停之解決）；亦可由甲乙雙方合意指定之第三人，不問其對自己是否有利，而服從第三人之裁斷（仲裁之解決）。如上述方式皆難以解決時，甲得以原告身分，以乙為被告向法院提起民事訴訟，請求法院判決乙返還借款，此時，則適用《民事訴訟法》規定之程序。

上例之甲，如請求法院命被告乙支付甲100萬元，此為訴之提起。此時，則開始訴訟程序，經過言詞辯論（民訴第192條以下），最後，以判決之宣判為程序終了。對此判決如有不服者，可於一定期間內聲明上訴、再審等。現行裁判制度是為三級三審制，可對判決依法聲明不服而上訴（民訴第437條以下）；逾越上訴期間，則不許其再上訴，判決因而確定（民訴第398條）。如前例之甲請求，經法院判決乙敗訴，乙未再聲明不服，則訴訟終了，甲之勝訴判決確定，亦確定了甲對乙有100萬元之請求權，乙對甲負有支付100萬元之義務。乙如對甲任意支付100萬元，則甲之目的達到；如乙不履行給付義務，則甲可經由國家機關——執行法院之力，強制實現其判決內容，此即為強制執行。

在進入強制執行前之訴訟程序中，有若干原則須先說明。民事訴訟

是私人間利益之爭執,當事人可說是訴訟程序進行中之主角,其相互竭力主張自己有利之處,而法院僅立於中立之第三者立場,來判斷當事人之勝敗,此是爲當事人主義及辯論主義。法院並不依職權主導程序之進行。然而,在法院有不明瞭之點,爲求證及促使訴訟之進行,亦可對當事人質問(民訴第198條、第199條——闡明權)。至於辯論主義,則是法院以當事人聲明之範圍及所提供之訴訟資料,作爲裁判之基礎,當事人所未聲明之利益,不得歸之於當事人,其所未提出之事實及證據,不得斟酌之。例如,甲對乙起訴請求支付100萬元,審理之後,法院依事實及心證所得,認甲是借給乙200萬元,然而法院只能判令乙支付甲100萬元,其餘100萬元不得加以判決。

對於訴訟事實之認定,必須基於證據。民事訴訟法庭原則上以當事人所提出主張之證據來認定事實,當事人必須提出自己有利之證據,始有獲勝之可能。私法關係原則上由當事人自由、自律爲之。民事事件屬私法關係,故大部分由當事人自行進行。至於調查證據之方法,有訊問證人、鑑定、書證、勘驗、訊問當事人等。其對於何種證據值得信賴而得加以採酌,則依法院之自由判斷,是爲自由心證主義。法院爲判決時,應斟酌全辯論意旨及調查證據之結果,依自由心證判斷事實之眞僞(民訴第222條)。

當事人既主張其權利之存否,則必須對其所主張者加以證明,以使其事實明白,否則當事人將因事實不明,而受不利益之判斷,於是必須就該事實提出有關證據,使法院相信其主張爲眞實。當事人對於此種不舉證即受有不利益之危險者,是爲舉證責任。有舉證責任之當事人不盡舉證責任時,法院即不得以其主張之事實爲裁判基礎,其將受有敗訴之可能。

至於強制執行,其前提必須具有執行名義,以執行名義爲確定其權利之基礎。執行名義之代表爲確定之終局判決,其對於作爲強制執行基礎之權利,已經由法院加以確定,故可對債務人之財產予以執行。另外之執行名義有:(一)假扣押、假處分、假執行之裁判,及其他依《民事訴訟法》得爲強制執行之裁判(如支付命令);(二)依民事訴訟法成立之和解或調解;(三)依公證法規定得爲強制執行之公證書;(四)抵押權人

或質權人，爲拍賣抵押物或質物之聲請，經法院爲許可強制執行之裁定者；（五）其他依法律之規定，得爲強制執行名義者（如仲裁判斷書）。當事人聲請強制執行，應提出上述執行名義之正本，以證明其權利（強執第6條）。

　　爲求強制執行而提起訴訟，在判決未確定前，對造常將財產予以處分，致使其財產狀況惡化，日後縱使判決勝訴亦無法對其執行。如此，對當事人而言，其判決之勝訴顯無多大意義。故而，爲使將來判決勝訴時，可憑判決請求法院執行債務人之財產，而獲得債權滿足，則必須依「保全程序」，在起訴前或起訴中爲之，以保全強制執行。保全程序有「假扣押」及「假處分」兩種，假扣押是債權人就金錢債權或得易爲金錢債權之債權，爲恐債務人脫產等，對債務人之財產予以扣押，禁止其處分以保全其強制執行之程序。而假處分則是對於金錢債權以外之債權，恐日後不能強制執行，或甚難執行，對於債務人財產禁止其處分之程序，兩者之標的不同（民訴第522條以下、第532條以下）。

　　又如原告在第一審已勝訴，而被告上訴使判決無法確定，以致不能強制執行。如容許被告之上訴，待被告敗訴確定時再予以強制執行，則往往被告已無財產，造成對勝訴者之不利益。對於敗訴者依上訴而阻止判決確定時，勝訴者可在判決確定前聲請法院宣告假執行（民訴第390條）。此種假執行之宣告僅限於財產權之訴訟。又其宣告假執行可依原告之聲請，亦可由法院依職權爲之。惟實際上大多由原告提供擔保聲請假執行之宣告者較多。被告亦得於假執行程序實施前預供擔保，或提存標的物，請求法院准免假執行（民訴第392條）。

　　「民法之適用」，簡言之，即指對民事事件之判決及以其爲基礎之強制執行。亦即，認定事實，並確定該事實而適用條文，進而確定特定人之間具體之權利義務關係，然後基此而強制執行，以強制實現權利義務之內容。而在適用條文時，則須先確定條文之意義，此種確定作業即爲法律之解釋，是法律在適用之際之重要的前提工作。如謂民法之研究大半皆爲法律之解釋，其實並不爲過，對於法律之解釋，因涉及法學方法論，故在此不擬予以討論。

貳 財產法

一、財產法之內容概觀

通常民法上所稱的財產法，是指《民法》上第一編至第三編而言。第一編總則，為民法典全體之通則，然其具有濃厚之財產法通則之色彩；第二編債權及第三編物權則為財產法之實質內容。物權是有關所有權和其他物權內容，以及物權相互間關係之物權秩序之規定；而債權則是以物權之取得為目的之交易行為及其有關之權利義務關係之規定。前者屬於靜的物權秩序法；後者則為動的交易法。本節財產法，主要以兩者為內容，並述及債權發生原因之一的侵權行為等。

財產法之基本原則，在具體述及財產法內容時，須先瞭解財產法之基本原理。

第一，首先即為人格之自由平等，無論何人皆有完全之權利能力（在法律上取得權利與負擔義務之資格）。《民法》第6條規定人因出生而取得權利能力，即為此意。往昔奴隸社會裡，奴隸、農奴雖為自然人，然卻不被承認有法律上之人格，而將其視同為物，屬於奴隸所有人所有。今日之自然人及法人則皆認為其有完全對等之法主體性，為權利義務之主體，而得享受權利，負擔義務。

第二，為所有權之自由原則，即所有權人得就自己之所有物自由使用、收益、處分（民第765條）。

第三，為契約自由之原則，以買賣契約為例，土地所有權人出賣其土地予買主，其有不訂立買賣契約之自由，亦有明定買賣契約之自由。如訂立買賣契約，對於契約之內容（如價金、支付之方式等）亦得自由決定。又，契約之方式，亦可自由決定作成契約書與否（通常為求證據上之方便，多數作成契約書）。契約締結之結果，當事人對於享有何種權利、負擔何種義務，皆基於當事人意思所訂立之契約，當事人應承受之。由自己之意思來決定自己所受之法的拘束，此即是契約之自由，係對於個人意思自主性之絕對尊重。

第四，為過失責任之原則，《民法》第184條規定，對於他人之權利

造成侵害者所應負之損害賠償責任，以故意過失為一要件。在債務不履行責任而言，債務人就其故意或過失之行為，應負責任（民第220條），亦以故意過失為債務不履行損害賠償責任之要件。有契約關係者其間之損害賠償責任（債務不履行），及對無契約關係者之損害賠償責任（侵權行為），皆以故意過失為其負擔責任之要件，是為過失責任原則。如所為之行為非出於故意過失者，則不負責任。此原則對促進經濟活動之貢獻，係在任何人對於經濟活動之實施，如已盡其應盡之注意力，則因而對他人所造成之損害，可不負責任。

　　以上四原則之結合，使經濟活動活潑化；而各個原則經由法律明文規定，成為法律所保障之自由，也因此反映出經濟上自由競爭之主要論點。然而，由於20世紀以來，資本主義之高度化，隨著獨占化經濟之產生，使得經濟自由主義受到批判，經濟上弱者之保護，福利國家之思想高漲，上述四原則遂不得不受到修正。就契約自由原則而言，由於經濟上之弱者，常為社會地位之優越者及經濟上之強者所壓迫，因此，實際上常無所謂契約之自由。為求實質上之自由，不得不對契約自由加以限制，如水、電之價格由國家認可，或由國家公營，以防獨占；對勞動契約有關工資、工時之設限等是。在所有權自由方面，亦加以約束，《民法》第765條所規定所有人得自由使用、收益、處分其所有物，並排除他人干涉之權利，須在法令限制之範圍內。其他有關之所有權自由之限制亦甚多，而屬於權利之一般性規定，則為權利濫用禁止以及誠信原則（民第148條）。另違背公序良俗行為，亦受法律之限制（民第72條）。又，今日之過失責任原則，因現代之技術突飛猛進，企業帶來了大規模的災害，但企業主往往以無過失而逃避責任；因此，自被害人之救濟及損害之公平分擔方面視之，縱使無過失亦應對於其所造成之損害，負擔損害賠償責任，此即為無過失責任主義，我國《礦業法》第69條、《民用航空法》第89條、《核子損害賠償法》第11條等，皆為無過失責任之規定。

二、交易之客體──財產權之種類

　　財產法，主要是規定作為交易客體之財產，以及交易主體間之權利

義務關係。而財產，就廣義而言，乃指滿足人類經濟欲望之各種手段。而私法上所指之財產，則為屬於權利主體之各種財產權之總稱。財產權之種類，為物權、債權、無體財產權。

首先，所謂債權，乃是指得對他人（債務人）請求為一定行為之權利，而擁有此權利者，則為債權人。例如，在金錢借貸之場合，貸與人對借用人有請求返還金錢之權利；買賣契約之出賣人對買受人有請求支付價金之權利；租賃契約之出租人有請求承租人交還租賃物之權利等。債權關係為債權人與債務人間之關係，原則上，其效力不及於第三人，且債權法之規定，亦多屬於任意規定，當事人可依自己之意思訂定合意之內容，惟不能違反公序良俗。又，債權是債權人對債務人請求為一定行為之權利，故而，該債務之履行須為可能。因此，如甲與乙約定，由甲於某場所演講一場；另一方面，甲又與丙約定在同時間於另一場所演講。乙對甲固有請求其履行演講義務之債權，而丙亦為甲之債權人，其亦得請求甲履行義務，則乙、丙之中必有一無法獲得債權之滿足，而不履行之結果，甲則須對之負損害賠償責任。債權之成立可以二重、三重，此乃債權無排他性所造成之結果，與物權之具有排他性不同。就讓與性而言，債權原則上亦可讓與，僅例外情形予以限制（民第294條）。又，如A、B之間訂立契約；關於A之債務由B代償，而A免除責任（免責的債務承擔）。此時，因償還者之償債能力關係債權人之債權請求，故非經債權人承認，對於債權人不生效力（民第301條）。

物權則為支配物之權利，而所謂「物」，乃是指有體物而言，其有不動產與動產之區分。不動產者為土地及其定著物（如建築物）（民第66條），而動產則為不動產以外之物（民第67條）。不動產之權利關係，必須經由登記之公示制度始能生效（民第758條）；而動產則否（民第761條）。又，動產與不動產兩者在強制執行之方式上，亦有相當之不同處；亦即，動產與不動產在法律上之處遇，有甚多之差異。

物權之中心為所有權。在法令限制範圍內，所有權人得自由使用、收益、處分其所有物，並排除他人之干涉（民第765條）。法令限制為所有權絕對原則之一約束。所有權以外之物權可分為三種：第一種為用益物

權，乃是以不動產之利用爲目的之物權。如以在他人土地之上下有建築物或其他工作物爲目的而使用其土地之地上權（民第832條）；在他人土地爲農作、森林、養殖、畜牧、種植竹木或保育之權之農育權[1]（民第850條之1）；以他人不動產供自己不動產通行、汲水、採光、眺望、電信或其他以特定便宜之用爲目的之不動產役權（民第851條）。第二種爲擔保物權，其爲確保債權回收爲目的之物權，如對鐘錶之修理，報酬未受支付前，就該鐘錶予以留置以擔保修理鐘錶報酬之留置權（民第928條）；因擔保債權，占有由債務人或第三人移交之物，而可就其賣得之價金，優先受償的動產質權（民第884條）；可就供債權擔保之不動產拍賣優先受償之抵押權（民第860條）；支付典價占有他人不動產而爲使用收益之典權（民第911條）。用益物權、擔保物權，爲限制所有權之物權，故稱限制物權。第三種爲占有，係一種事實，非屬於權利（日《民法》稱其爲占有權，屬於權利），然法律亦賦予一定之效果。

物權爲支配標的物之權利，因此，如有妨害物權之支配時，物權之所有人得請求排除妨害（民第767條）。又，同一標的物之上不許成立兩個以上不能並存之物權，此乃因物權具有排他性。例如，同一土地上不能存有二以上之所有權，故而，如甲爲土地之所有權人，則乙不能亦爲土地之所有權人。甲、乙之間必須確定何者爲所有權人（此與共有之狀況不同，民第817條以下）。另外，物權採取物權法定主義，除《民法》或其他法律有規定外，不得任意創設物權。對於不動產物權之變動，必須經登記始生效力（民第758條），以公示制度保障交易之安全（土地法第43條規定，依土地法所爲之登記，有絕對效力）。物權影響第三人之權益甚鉅，因此，物權法所規定者，原則上爲強行規定，不得由當事人之意思予以變更，此點與債權不同。

除物權、債權之外，屬於財產權者尚有無體財產權，係以發明、著作等知的創造物爲其客體之權利。著作權、專利權、商標權等屬之，設有特

---

[1]　民法第842條原規定有永佃權，2010年修正民法，將永佃權刪除，改以民法第850條之1「農育權」替代，但爲維護法律秩序，新修正的民法規定之前存在的永佃權，可以繼續存在20年。

別法（如商標法）以規範之。除著作權外，餘者多與產業有關，稱之工業所有權，與物權類似（具有產業上之排他的支配權）。

三、交易之主體

　　人為交易之主體，其可分為自然人及法人。自然人自其出生之時，即有權利能力，而得享有私權（民第6條）。惟胎兒則屬特殊情形，縱未出生仍可享有權利（民第7條）。權利能力固為享受權利與負擔義務之資格，然並非所有之個人皆得因此單獨為完全有效之交易行為。未成年人因其判斷能力未臻健全，故而，其雖具有權利能力，卻未能單獨為法律上完全有效之交易行為，此乃為保護未成年人而設之規定，以避免因未成年人之心智未趨成熟而受有損害；亦即具權利能力者，未必即有完全之行為能力。行為能力是能單獨為完全有效法律行為之資格。我國《民法》分為三種：第一為無行為能力人，其為未滿7歲之未成年人及受監護宣告之人（民第13條第1項、第15條）。受監護宣告之人指因精神障礙或其他心智缺陷，致不能為意思表示或受意思表示，或不能辨識其意思表示之效果，經法院宣告監護者（民第14條）；第二為限制行為能力人，係指滿7歲以上之未成年人（民第13條第2項）；第三為完全行為能力人，其為滿18歲之成年人（民第12條）。

　　非完全行為能力人，為求保護其利益，故法律上預定其能力之補充者，如受監護宣告之人之監護人、未成年人之法定代理人（民第76條、第78條）。

　　無行為能力人之行為無效，須由其法定代理人代為法律行為（民第76條），限制行為能力人則應得法定代理人之允許或承認（民第77條、第78條、第79條）。但其純獲法律上之利益或依其年齡及身分日常所必需者，以及經法定代理人允許之特定財產之處分、獨立營業，則毋庸得法定代理人之同意（民第77條、第84條、第85條）。為保護限制行為能力人起見，法律上規定其行為應得法定代理人同意，然如限制行為能力人為取信對方，而偽造戶籍謄本等，以詐術使對方相信其已為有行為能力人，或已得法定代理人之允許，此時，對於限制行為能力人已不值得保護，故認其行

爲有效，不須再經法定代理人之同意（民第83條）。

權利之主體除自然人外，另包括了法人。法人之成立以依法律之規定爲必要（民第25條）。

法人之分類，首先可分爲社團法人與財團法人。社團法人是人之組織體；而財團法人則如醫院、圖書館之類具備管理機構之財產之集合體。社團法人之構成員爲其社員，其意思決定機關則爲社員總會（民第50條）；財團法人則無社員、社員總會，惟必有財產。依法人之目的事業爲標準，其可分爲公益法人、營利法人。公益法人如祭祀、宗教、慈善、學術、技藝等有關公益，而非以營利爲目的之法人，其設立應取得主管機關之許可（民第46條）；營利法人則以營利爲目的之法人，其取得法人資格，應依特別法之規定，如公司之設立依《公司法》爲主（民第45條）。社團法人可爲營利或公益法人，而依現行《財團法人法》第2條第1項規定意旨，財團法人應以從事公益爲目的。故即使從事某種程度之營利，其收益亦必須使用於公益目的。至於既非營利，亦非公益之團體，如同學會、同鄉會等，有稱之爲中間法人者。

法人對於權利義務之取得，與自然人有所不同。例如，法人不能結婚、法人無親子關係等，其享受權利負擔義務之能力，須在法令限制內（民第26條）。例如，公司不得爲其他公司無限責任股東或合夥事業之合夥人（公第13條），即是對於法人之限制。又，法人自身無法自爲行爲，故須有代表機關以代表法人從事各種行爲。法人之代表機關爲董事，由董事就法人一切事務，對外代表法人。董事有數人時，則各董事均得代表法人，惟對於董事代表權之限制，不得對抗善意第三人。對於法人事務之執行，亦由董事執行之，其有數人時，則取決於全體董事過半數之同意（民第27條）。然而，第一，有關法人所生之權利，並不歸屬於社員或董事，而歸屬於法人（法人所有之不動產，應以法人名義登記）；第二，法人之義務歸屬於法人，並不成爲法人之代表者或社員之義務。法人之義務應以法人之財產負擔之，不及於社員或董事之財產（公司法第60條爲例外）。社員或董事個人之債權人，亦不得對法人之財產求償。但如董事等因執行職務，而對他人造成損害時，法人應與行爲人連帶負賠償責任（民第28

條）。

四、法律行為——契約為主

　　一般在交易場合上，當事人之間常基於契約之締結，而取得或負擔種種有關之權利義務。例如，買賣契約之締結，買受人與出賣人對於價金之多少、支付場所之確定、標的物之交付時期等等之約定，使得買受人與出賣人，各別取得其權利義務。對於當事人之買受標的物、出賣標的物、多少價金之買受、價金之支付場所等等，常需要當事人依意思表示為之。而且此意思表示，當事人須有欲賦予法律效果之意思存在。對於此種基於當事人之意思表示，而以其所欲發生私法上效果，使權利義務關係產生變動（發生、變更、消滅）之行為，即為法律行為。法律行為之最具代表性者即為契約。契約是由利害相對立之當事人的意思表示之合致（要約—承諾）而成立。其他之法律行為有因一方當事人之意思表示而成立之單獨行為（如撤銷、解除——民第92條、第258條）；亦有多數當事人以同一之目的之意思表示而成立之合同行為（如社團法人之設立行為）。下述則以契約作為法律行為之代表。

　　基於契約自由原則，當事人得就契約之內容加以約定。例如，在買賣契約，對於標的物之價金金額，當事人可以自由訂定；又如房屋租賃，對於租金之支付，應於租賃期滿時支付，如為分期支付者，則於每期屆滿時支付，但當事人得自由約定其支付租金日期（民第439條）。蓋債權法屬任意規定，當事人可以特約排除債權法之規定。然而，契約自由仍有其界限，當事人之行為不能違背強行規定及公序良俗。

　　所謂強行規定，是法律對某事項加以規定，當事人必須依此規定為之，不能有與其相反之約定，否則，不認當事人之約定為有效；與此相反者即為任意規定，亦即，當事人為與法律規定相反之約定，法律上仍承認其效力。強行規定，例如，《民法》第16條規定，權利能力及行為能力不得拋棄；又如《民法》第222條規定，故意或重大過失之責任，不得預先免除等即是。物權法、親屬法、繼承法乃有關第三人之信賴及交易安全之保護，或有關社會秩序之規定，故大多屬於強行規定，當事人不得任意

約定推翻之。違反強行規定者，除法律規定不以之為無效外，其法律行為無效（民第71條）。上開所謂「法律規定不以之為無效」者，例如原《民法》第980條規定男未滿18歲，女未滿16歲不得結婚。而《民法》第981條規定，未成年人結婚，須得法定代理人之同意，皆屬強行規定。然違反之，按《民法》第989條、第990條之規定，其法律行為僅得撤銷，並非直接無效[2]。

在無強行規定之場合，如該契約之內容與公共秩序、善良風俗有所違背，則該契約亦為無效（民第72條）。例如，人身買賣、訂約為妾等，與社會公序良俗相違，故不認其有效。公序良俗主要是為求社會之妥當性，法律行為之自由，如違反社會之妥當性，則非否認其效力不可。「公序良俗」之具體內容，則應配合時代之思潮演進來加以考慮，隨時代之演進，以往違反公序良俗之行為，在今日而言，或許已非與公序良俗有所齟齬。

在契約之法律行為中，必須注意者為：（一）契約締結之意思，是表示的完全性之問題；（二）契約不履行時，乃是對於契約關係所生之法律效果之問題。

具有完全之判斷能力者，其在契約自由之原則下，自可依其正常之判斷能力締結契約，其契約之效力亦應承認之，但如因此導致其受有經濟上之不利益時，亦應由其自行負擔。惟如在無從期待其有完全之判斷能力而為意思表示時，或因誤會其意思表示之情況下，對於其意思表示之效力，則有待商榷。

無行為能力人，因無從期待其具有完全之判斷能力，因此，其所為之意思表示無效，限制行為能力人所為之單獨行為亦為無效。即使是有行為能力人，其在受詐欺或脅迫之情況下所為之意思表示，因在其判斷之過程中，受到他人外來之影響，或壓力之實施，而無法為完全正常之表達，故民法賦予意思表示人有得撤銷該法律行為之權利。同樣地，在因錯誤之狀

2　不過依立法院在2020年12月25日修正案，將法定結婚年齡都調整為18歲，成年年齡亦下修為18歲，因此，18歲就同時成年，結婚不再需要得到法定代理人同意。但不管是成年年齡或結婚年齡，都是2023年1月1日才施行。

況下所爲之意思表示，因其與當事人本意不合，故亦得由其撤銷之（民第88條）。在當事人虛僞的意思表示時，如其僅爲當事人一方之單獨虛僞意思表示，而隱藏其眞意之眞意保留，除對方亦知其情形外，並不使其意思表示無效（民第86條），蓋爲保護相對人之故。如爲雙方之通謀虛僞意思表示，例如假裝買賣，則其意思表示無效，但不能以其無效對抗善意第三人（民第87條）。

在非由本人所爲意思表示之代理情形，其法律行爲之效果如何，亦須一提。代理制度，乃由代理人代替本人爲法律行爲，例如，甲之代理人乙以甲之名義，與丙締結契約，乙之行爲如在甲所賦予代理權之範圍內，則該契約之效果直接歸屬於甲（民第103條）。因此，如乙以甲之代理人資格，在代理權範圍內，自丙處買受土地，而訂立買賣契約，則甲直接取得買受人之地位，享有買受人之權利與負擔義務。

代理人有任意代理人與法定代理人之分，前者是基於本人之信任而委任之代理人；後者則基於法律之規定，如父母爲未成年子女之法定代理人（民第1086條）。在任意代理人，因其爲本人之信任，而予以選任，故而代理人處理事務得直接以本人之名義爲之。

在無代理權之情形下，如乙無代理權，而以甲之代理人身分，與丙締結契約時，該契約之效果並不歸屬於本人甲，此時乙爲無權代理人。然而，甲亦可對該無權代理行爲（契約）予以承認，使其效力歸屬於自己（民第170條）。如甲拒絕承認無權代理人之行爲，則相對人丙可對乙請求契約之履行，或請求損害賠償，此時無權代理人之責任爲無過失責任。

另一無權代理之特殊型態者，爲表見代理。表見代理，是在本人與無權代理人之間，因特定之關係，使無權代理人之行爲恰如正當之代理人之行爲，同樣發生有權代理之法律上效果的制度。民法上之表見代理有：（一）由自己行爲表示以代理權授與他人之表見代理（民第169條前段）。例如，甲對丙表示選任乙爲其代理人，然而實際上並未授與代理權，此時，如乙在代理權範圍內與丙締結契約，則該契約之效果仍歸屬於甲，甲不得拒絕之。惟此仍以丙爲善意無過失（未知乙無代理權，且其不知非因自己之過失——明知無代理權，或可得而知，民第169條但書）爲

要件；（二）知他人表示爲其代理人而不爲反對表示之表見代理。例如，乙對丙自稱爲甲之代理人，甲如知之則應即爲反對之表示，否則如乙以代理人身分與丙訂立契約時，則甲不能拒絕該契約之效力歸屬於本身。然仍以丙爲善意無過失，非明知亦非可得而知乙無代理權爲要件；（三）代理權經限制或撤回之表見代理。例如，乙雖爲甲之代理人，然如其代理權經甲限制或撤回，使其代理權一部或全部消滅，如乙仍以甲之代理人身分與丙締結契約，丙如善意無過失，不知乙無代理權，則甲仍不得否認該契約之效力，而應負授權人之責任。

當事人如不遵守契約之約定，則構成債務不履行之問題。契約締結後，當事人互爲債權人及債務人，其各得依債之關係，請求對方給付，如一方已依債之本旨提出給付，而另一方卻不履行其義務時，債權人即得聲請法院，依強制執行方法強制債務人履行債務（民第227條）。債權人亦得解除契約，並請求債務不履行之損害賠償（民第260條）。債務不履行之損害賠償範圍，除法律或契約另有規定外，應以塡補債權人所受損害及所失利益爲限（民第216條第1項）。「所受損害」，即爲現存財產因損害事實之發生而減少之積極損害；而「所失利益」則爲新財產之取得因損害事實之發生而受妨害，如轉賣利益之喪失之消極的損害。

契約締結後，亦常因情事變更而影響其原有效果。法律行爲成立後（契約等），如：（一）非當事人所預見，且不能預見之客觀情事發生變更，如戰爭發生致標的物毀損等；（二）其情事變更事由之發生非可歸責於當事人；（三）如貫徹該法律行爲之原定效力，會造成違反誠信公平之結果，則該法律行爲不能維持原有之拘束力，是爲情事變更原則。我國《民法》並未有一般性原則之明文規定，僅散見於《民法》第265條，第418條、第424條、第442條、第457條、第472條、第489條、第549條、第561條、第589條、第750條、第976條、第1052條、第1121條、第1201條等。惟於《民事訴訟法》第397條設有情事變更原則專條，當事人可依此原則聲請法院公平裁量而爲判決。情事變更原則適用之效果爲受不利益之當事人得：（一）依變更之情事修正其給付之內容，如增減給付、延期或分期給付等；以及（二）取得使法律行爲效力消滅或終止之權利，如終止

契約、解除契約、拒絕履行（如民第418條）。惟基於契約履行之概念，對於情事變更原則之適用，必須慎重為之，以免造成不公平現象。

　　我國於民法債編規定之契約內容有買賣、互易、交互計算、贈與、租賃、借貸、僱傭、承攬、旅遊、出版、委任、經理人及代辦商、居間、行紀、倉庫、寄託、運送、承攬運送、合夥、隱名合夥、合會、指示證券、無記名證券、終身定期金、和解、保證、人事保證等27種契約規定。此種《民法》上舉出名稱之典型契約，稱為有名契約。

　　《民法》上有名契約以外之契約，則為無名契約。在日常一般人較常接觸到之契約有買賣、租賃、消費借貸（借貸分使用借貸及消費借貸）等。僱傭契約亦為一重要之契約，然因勞動法規之發展，使其在民法上之地位漸失，尤其在《勞動基準法》公布實施後，一般勞工仍優先適用《勞動基準法》之相關規定，《民法》僱傭契約之規定已較無適用之機會。以下僅就買賣、消費借貸予以大略說明：

（一）買賣契約

　　買賣契約，乃是雙方當事人約定，由出賣人移轉財產權（如所有權）與買受人，而由買受人支付價金而成立之契約（民第345條）。

　　買賣契約成立之後，出賣人應依契約內容移轉該標的物，並使買受人取得該標的物所有權，如該標的物屬於他人所有，出賣人無法移轉其所有權時，買受人可依債務不履行規定，請求出賣人賠償損害（民第353條）。出賣人移轉標的物時，並應擔保該物無滅失或減少價值、效用之瑕疵（民第354條），如房屋買賣，賣主應擔保該建築物符合契約內容，而無積水、裂痕、漏水等瑕疵，否則，買受人可解除契約，或者請求減少價金，如解除契約對出賣人有失公平，則僅可請求減少價金（民第359條）。如出賣人出賣之物，僅指定種類者，該物如有瑕疵，買受人可不解除契約或請求減少價金，而請求另行交付無瑕疵之物（民第364條）。例如，甲出售某廠牌汽車與乙，該汽車煞車故障，則乙可請求甲另交付同廠牌之其他同種類汽車。出賣人應對買受人負交付符合契約意旨之標的物的責任，是為出賣人之擔保責任，其為無過失責任。

　　與所有權移轉有關聯者，為不動產買賣之場合，其標的物所有權之

244

移轉須經登記之手續，始能發生效力。而且必須以書面爲之（民第758條）。不動產買賣移轉所有權時，會造成物權之變動，而有關物權之變動，在不動產方面，我國《民法》採取德國立法例方式，以經登記爲生效要件，如未經登記，則該所有權移轉不生法律上效力。例如，甲向乙買受房屋一幢，乙於交付不動產時須移轉所有權與甲，此時，其移轉應以書面爲之，並向地政機關辦理所有權移轉登記，始能生效，否則其移轉不生效力。此與法、日所採之宣式主義不同，日本法例以所有權移轉登記爲對抗第三人之要件，在未經登記前，當事人間之移轉物權效力已發生。惟我國在船舶所有權移轉之登記，則非採登記生效主義，而採登記對抗主義（海商法第9條）。不動產移轉所有權之登記，稱爲物權變動之公示原則。凡善意信賴登記而取得權利者，縱令該登記與實際之存在權利不符，爲求交易安全起見，乃受法律之保護，其取得權利者不受登記原因行爲之無效或撤銷之影響，此即爲公信原則（土地法第43條，登記有絕對效力）。

在動產之物權變動公示原則，則爲動產之交付（民第761條）。凡信賴動產占有而取得動產物權（所有權等）者，縱使前主之占有無實質之權利，亦不受影響。以動產之占有具有公信力（民第801條、第886條、第948條參照）。

買賣契約，買受人有支付價金之義務，而出賣人則有移轉標的物，並辦理所有權移轉登記之義務（不動產），如其中一方不履行其義務，而要求另一方履行時，得加以拒絕。例如，買受人不支付價金，卻請求出賣人移轉標的物，此時出賣人可予以拒絕，此乃爲求當事人間之公平起見而設之規定，即出賣人與買受人間之權利義務須同時履行，否則一方可加以抗辯，是爲同時履行抗辯權（民第264條）。

（二）消費借貸

消費借貸是《民法》借貸契約中之一種，爲當事人約定，在貸與人移轉金錢或其他代替物之所有權於借用人，而借用人屆期以種類、品質、數量相同之物返還之契約（民第474條），即借用人毋庸以原來所借之物返還，消費借貸以金錢借貸爲其代表。

消費借貸可支付利息，亦可約定無利息。如消費借貸約定有利息而

其利率未經約定者，則依《民法》第203條之規定，應按週年利率5%之標準，計付利息。如約定有利率，最高不能超過週年16%（民第205條），約定利率如超過週年16%者，超過部分之約定，無效。債權人並且不得以折扣或其他方法巧取利益（民第206條）。

在金錢消費借貸場合，借用人常對該債權提供有擔保。例如，甲借100萬元（無利息）與乙，甲為防範屆期無從自乙處請求返還100萬元，而要求乙提供擔保，以作為其能確實回收之手段。此種擔保，有由乙以外之第三人作為擔保之人保，最常見者如丙與甲訂定契約，以丙作為乙之連帶保證人，乙不返還其借款時，甲可直接對丙請求支付借款，而對丙之財產予以強制執行（民第272條）。此種可以債務人以外之他人的財產求償之債務，為連帶債務。亦可由丙與甲訂定在乙不返還時，由丙代償之保證契約（民第739條），此保證契約非甲向乙求償而不可得時，不能向丙請求，即丙有先訴抗辯權（民第745條），此與連帶保證之連帶債務不同。除上述方式之擔保外，亦可由丙加入契約關係，由乙丙共同負擔乙對甲之債務，是為併存的債務承擔（民第305條、第306條），其如同連帶債務，乙丙應連帶負責。

然而，在以第三人丙為人之擔保場合，如丙本身亦無財產時——如丙之財產狀態事後惡化——甲之債權仍無回收之可能。此種人之擔保雖較物之擔保來得簡便，然亦有其危險性。因此，如以特定物之價值作為擔保，顯較容易把握債權之回收。例如，甲請求以乙所有之土地作擔保，屆期乙不返還借款，甲可處分該土地，以其代價償還借款，此對甲之100萬元借款之回收，顯較有保障。對於此種以特定之物作擔保，而能優先回收之手段，即為物的擔保。物保主要有質權與抵押權，如由乙提供名貴之寶石作為質物，或由乙提供所有之房屋向甲設定抵押。在設定質權或抵押權之場合，如乙仍未能返還借款，則甲可依《強制執行法》規定拍賣質物、抵押物，而就其拍賣價金優先受清償（強執第4條、第45條以下、第75條以下，民第873條、第893條）。質權之設定，質權人得占有質物（民第884條）；而抵押權人則不占有抵押物，抵押人仍得繼續占有利用抵押物（民第860條）。此點對抵押人甚為便利，故在不動產金融（抵押權之客

體爲不動產，然在《動產擔保交易法》此特別法中，認動產可爲抵押之標的）受到廣泛利用。抵押權有一特殊型態爲最高限額抵押權，普通抵押權乃是就特定之債權爲擔保，而最高限額抵押權乃是就屬於一定範圍之不特定債權，在一定限額內予以擔保，其債權通常由繼續的法律關係而逐次發生。例如，甲乙間訂有繼續的商品供給契約，債權人甲就其契約所生之債權——該債權之發生屬於將來，且其債權之數額現亦未確定——由乙所有之土地設定一最高限額1,000萬元之抵押權。在乙屆期未能返還時，甲得就該土地拍賣，以其賣得價金優先受償。惟如實際發生之債權超過1,000萬元，則仍以最高限額作爲抵押權所擔保之債權額，如發生者不及此限額，則以實際發生之金額，爲抵押權所擔保之債權額。

如甲以100萬元貸與乙，而約定在乙不能返還時，乙所提供擔保之不動產之所有權應移轉於甲者，我國《民法》規定此種約定爲無效，是爲流抵押契約之禁止（民第873條之1第2項）。此乃爲避免抵押人乙受有不利益之情況，而予以保護之規定。

在以動產作爲擔保客體之方法，《民法》上規定者爲質權之設定。惟質權設定後債務人不能繼續占有該標的物（民第884條），其因而未能就該標的物使用收益，而就其所得償付債權。因此，債務人可採取動產抵押之方式，例如債權人甲享有抵押權，但債務人乙仍占有標的物而得繼續利用（動產擔保交易法第15條）。亦可由債務人乙將所有權移轉於債權人甲以作爲債權擔保，而仍由乙繼續占有該動產，且得加以處分，此即所謂信託占有之方式（其處分應依契約規定）（動產擔保交易法第32條）。又，在物的擔保另一常見之情況，爲出賣人甲將商品賣與買受人乙，由乙占有動產之標的物，在價金未支付完畢前，仍由出賣人甲保留該動產之所有權，此即所謂附條件買賣（動產擔保交易法第26條），在一般工作機械之買賣中，最爲盛行。

債權人甲如對債務人乙無物之擔保，僅有100萬元之債權請求權，則於乙不返還時，甲得對乙之財產予以強制執行，由其財產拍賣所得之價金受清償。然而，如乙尚有其他普通債權人存在時，其他債權人與甲立於平等地位，甲雖聲請拍賣乙之財產，其他債權人亦可參與分配（強執第

32條），而就拍賣價金，依各人債權比例受償，是為債權人平等原則。於此，甲無從提起抗辯，故而，甲如欲排除其他債權人之分配，而求得自己債權之滿足，最好取得物之擔保。如甲就其債權設有抵押權作為擔保，則甲可於乙不履行債務時，拍賣抵押物，就其價金優先於其他債權人而受償。惟無論有擔保或無擔保債權，為保全其債權之完全，可對債務人乙之權利行使予以干涉。如債務人怠於行使權利或有害債權時，債權人可以代位權（民第242條）或撤銷權（民第244條）保全其債權。前者，為債務人有應行使權利而怠於行使時，債權人為保全其債權，得以自己之名義，代位乙行使權利。例如，債務人乙對丙有動產交付請求權，而怠於請求時，債權人甲為實行債權查封乙之財產，自可代位乙請求丙交付該動產。惟甲之行使代位權必須是以乙負遲延責任（乙之資力不能清償債權）為要件（民第243條前段）；後者之情況，例如乙以其所有唯一之不動產贈與丙，則乙乃積極地減少其財產，在乙如有其餘財產足供甲之債權擔保者，對甲固不生影響，然乙既將唯一財產無償贈送他人，則將害及甲之債權，為保全甲之債權，甲可聲請法院撤銷乙之贈與行為。但如乙所為之行為是有償行為，例如乙以不相當之對價，將其所有唯一之不動產賣與丙，此時須乙於為此行為時明知有損害甲之權利，且以丙在因買賣行為而受益時亦知此事為限，債權人始可聲請法院撤銷債務人乙之行為。

五、侵權行為制度

債權發生之原因除了契約以外，即以侵權行為較為重要，一般所稱之民事責任，大抵皆指侵權行為所產生之責任。所謂侵權行為責任，係指因故意或過失，不法侵害他人之權利者，負損害賠償責任。故意以背於善良風俗之方法，加損害於他人者，亦同（民第184條第1項）。例如，在駕車不慎撞傷人之狀況，加害人必須對被害人負擔其所受損害之賠償（如入院治療之醫療費用等）。侵權行為制度，並非僅止於加害者之制裁之觀點，而乃以損害之公平分擔為其要點。

不法之侵權行為所侵害之客體，不僅限於「權利」，凡值得法律保護之利益，皆應包括之（民第184條第2項）；又所謂之「損害」，除財產上

之損害外，精神上之損害（如痛苦、悲傷）亦在其中，對於精神上損害則以慰撫金賠償之（如民第194條）。

因侵權行為所造成之損害，如被害人亦有所過失，法院在確定損害賠償數額時，可依與有過失原則，使之過失相抵，減輕或免除加害人之賠償金額（民第217條）。

被害人因侵權行為而發生之損害賠償請求權，自請求權人知有損害及賠償義務人時起，2年間不行使而消滅（民第197條第1項前段）。侵權行為損害賠償請求權之消滅時效，其期間較短，須加注意。又此請求權自有侵權行為時起，如逾10年者，被害人亦不得再請求賠償其損害（民第197條第1項後段）。但如加害人因侵權行為而受有利益者，被害人縱使已因時效消滅而不能請求賠償，仍可依不當得利請求加害人返還所受之利益（民第197條第2項）。而且，如加害人因侵權行為，而對於被害人取得債權者，被害人對該債權之廢止請求權，雖因時效而消滅，被害人仍得拒絕履行（民第198條）。例如，甲脅迫乙簽下借據，書明欠甲10萬元，而使甲取得10萬元之債權，此時，乙本可依侵權行為之損害賠償請求權，請求廢止甲之債權，亦可行使撤銷權，撤銷該債權（民第92條、第93條），但乙因時效經過，而未廢止甲之債權，則乙對於甲日後憑借據請求10萬元之債權給付時，可以拒絕履行，以免使甲因不法行為而獲利（此乃抗辯權之永久性）。

侵權行為損害之造成，如係由無行為能力人，或限制行為能力人所為，並且行為時毫無識別能力，則對於損害之賠償，應由其法定代理人負擔。如其行為時，為有識別能力，則由行為人與法定代理人連帶負責賠償，但法定代理人可以其對於行為人之監督並未疏懈，或縱加以相當之監督，仍不免發生損害之理由免除其責任（民第187條第2項）。

侵權行為之成立要件中，應注意者為加害行為與損害間之因果關係。損害之發生必基於該加害行為，始有侵權行為責任可言，而對於因果關係之舉證責任，則應由請求損害賠償之原告（被害人）負擔之。但是在公害事件，其等損害與加害行為間之因果關係，往往甚難證明，尤其是大氣污染、水質污濁事件，其往往經年累月所造成，有時，又非精密之科學技術

無從證明。因此，如將此類損害之因果關係舉證責任，由被害人負擔，則將有所不公，對被害人之損害，將無從救濟。所以，似應將舉證責任轉換於被告（加害人），由其證明損害之因果關係不存在以求免責，始合乎公平。

侵權行為是以過失責任為原則，然在今日而言，無過失責任主義已經極力提倡，甚多特別法規已趨向於無過失責任，如《礦業法》、《民用航空法》、《核子損害賠償法》等。

由於現代工業社會之災害，在高度技術化之下，其對被害人所造成之損害，往往極大。而且，其造成損害之活動，有時為合法且必要，加上加害人是否具有過失，被害人難以證明，對於損害之填補，無法合理進行。所以，無過失責任已逐漸經由各國立法加以確認。在填補損害方面，除漸漸採取無過失責任外，責任保險制度之建立，亦有助於填補被害人之損失。透過保險制度，將損害分散於社會大眾，其已非著眼於加害人之非難，而重視損害之填補。在福利國家思想之下，社會安全制度，亦是現代社會填補損害之方法。在社會安全制度健全之國家，縱使受害人未能依侵權行為法而獲得賠償，亦可依社會安全制度，獲得國家合理之照顧。最明顯之例即為勞工保險制度及汽車強制責任險制度。亦即，今後侵權行為之無過失責任，與保險制度（責任保險、社會保險）之關係，已成侵權行為法之一大重點。

參 家族法

一、家族關係與法律

夫婦、親子等之間，因其具有家族關係，故而，縱使有紛爭發生，大皆依情誼、習俗、道德等來解決，即家族關係取代了法律。然而，如離婚訴訟之增多，繼承人之間對於遺產之眾多糾紛，僅憑家族關係來解決，恐力有未逮。所以，關於具有家族關係者彼此間之紛爭，在道德以外之解決方法，只有依賴法院之裁判。因此，以家族法作為裁判規範即有其必要之處。例如，夫對於妻，或妻對於夫，在何種場合取得何種之權利，與負擔

何等義務，皆應有法規來解決紛爭之必要。又如法律上家族關係之建立，應具備何等之要件，亦必須加以規定。《民法》上之親屬編及繼承編，即是對於家族關係等問題之規定。家族關係是社會建立之基礎，對於家族關係之規範，實屬不可缺少。

家族法係規定有關社會之基本秩序。因此，其規定屬於強行規定。惟規制家族關係之法律並不僅限於民法典。由於家族是社會存立之基礎，國家自應寄予關心。尤其自福利國家思想抬頭，國家介入家族關係，而制定各種屬於社會安全保障一環之法律，如《兒童及少年福利與權益保障法》、《老人福利法》、《優生保健法》等，此種社會安全制度之建立，是今後福利國家立法上所加強之方向。

民法第四編親屬及第五編繼承，兩者通稱為家族法（或身分法）。親屬法規制夫婦、親子等之身分關係；繼承法則規制有關遺產繼承之權利義務關係。家族法與財產法性格迥異。家族法之規制對象是家族的結合關係，其為一人格之共同體，與財產法上之結合關係不同。在與財產法相對照而言，親屬法部分姑且不論，有關繼承法部分，繼承是規定所有權移轉而取得所有權之原因之法律關係，與其說其為家族法之一部，毋寧說其為財產法之一部。然基於有關繼承問題與家族關係之特殊性，且為調整有利害對立者之間之法律關係與所有權之歸屬，其與一般之財產法性質有別，因此，亦將繼承法歸入家族法中。

我國處理家族關係之程序法規，原係依《民事訴訟法》處理。2012年1月11日《家事事件法》施行，就家事訴訟程序、家事非訟程序及家事調解程序合併立法，統合解決家事紛爭的功能，建立完整的家事裁判制度。依該法第5條規定：「家事事件之管轄，除本法別有規定外，準用非訟事件法有關管轄之規定；非訟事件法未規定者，準用民事訴訟法有關管轄之規定。」又因《家事事件法》就婚姻、親子關係、宣告死亡、監護及輔助宣告等事件皆有整體規範，故已刪除民事訴訟法第九編人事訴訟程序，包括了婚姻事件程序、親子關係程序、禁治產事件程序、死亡宣告事件程序四部分，計89條條文。

《憲法》第7條規定男女平等，因此，有關家族事項，在法律上亦應

保持個人尊嚴，注重兩性之平等。我國民法已摒棄舊律，而採取較平等觀點，過去基於風俗民情所存在的男女間不平等之規定，例如男女法定婚姻年齡之差異、婦女再婚期間之限制、夫妻之冠姓、住所、財產制、離婚後子女之監護權、離婚後夫妻財產之分割，以及子女之姓氏等等男女間之差別問題，近年來多已陸續修正，使男女平等之憲法要旨更能充分見之於法律。

　　具有親屬關係之人，異於一般無關係之人。親屬係在生活中具有特別親近關係之人。此種特別親近關係，可由血緣產生，亦可經由婚姻及收養關係產生。法律為區別此種具有特別親近關係之人與其他無關係之人，而賦予其種種之法律效果。民法上所規定之親屬有三種：（一）配偶；（二）血親；（三）姻親。配偶是有婚姻關係之男女；而血親則如父母、兄弟具有血緣關係者（惟在養子女關係，其為法律所定之血親關係，故稱法定血親，與具自然血緣關係之自然血親相對）；姻親，則為夫及其妻之父母間之關係之類，民法上為限制姻親範圍，免過於擴張，故姻親限於血親之配偶、配偶之血親、配偶之血親之配偶三種（民第970條）。

　　血親有直系、旁系之分。直系血親之關係，如父母親與子女、祖父母與孫子女等，在二人之間有血親關係，即其中一方為他方之子孫之場合是（己身所從出，或從己身所出）（民第967條第1項）。旁系血親，則如兄弟姊妹等之類，其二人之血親是為共同祖先之子孫之關係。血親之外，父母、祖父母、伯叔舅、伯叔舅母等上一世代以上者為尊親屬；子孫、姪甥、姪甥女等下一世代以下者為卑親屬。而如祖父母、父母則為直系血親尊親屬，伯叔輩為旁系血親尊親屬；子、孫為直系血親卑親屬，姪甥輩則為旁系血親卑親屬；自己與同世代之兄弟等則不分尊卑。又，計算親屬關係遠近之尺度者，為親等。直系血親，從自己上下計算，一世為一親等，旁系血親，則由自己算至同源之祖先，再由同源之祖先算至與之計算親等之血親，以其總合為其親等，如兄弟之計算，由自身算至父母為一親等，再由父母算至兄弟又為一親等，二者合計共二親等（民第968條）。因此，如父母與子女為直系一親等，祖父母與孫子女為直系二親等，兄弟為旁系二親等，姪甥等則為旁系三親等。

　　姻親亦有親系及親等之分，惟姻親間之計算乃以夫妻一體計算，皆依其配偶之親系親等爲之，如夫與其妻之父母則爲一親等直系姻親（民第970條）。姻親關係則因離婚而消滅；結婚經撤銷者亦同。

二、夫妻關係與法津

　　婚姻之成立，在主觀上必須當事人有所合意，並且有結婚能力，男須滿18歲，女須滿16歲（民第980條）[3]，且應以書面爲之，有2人以上之證人之簽名，並應由雙方當事人向戶政機關爲結婚之登記（民第982條）。有配偶者不可重婚，1人並不得同時與2人以上結婚（民第985條、刑第237條）。近親間結婚，受有法律上之限制（民第983條第1項）。近親姻親間結婚之限制，即使在姻親關係消滅後亦可適用（民第983條第2項）。結婚不具備法定形式，以及違反近親結婚之限制或重婚之限制者，其結婚無效（民第988條），但違反重婚規定之雙方當事人如善意且無過失信賴一方前婚姻消滅之兩願離婚登記或離婚確定判決而結婚者，不在此限。其餘違反者大多得撤銷其婚姻（民第989條以下）。

　　婚姻成立後，在婚姻關係繼續中，夫妻則有一定之權利義務。夫妻各保有其本姓。但得書面約定以其本姓冠以配偶之姓，並向戶政機關登記。冠姓之一方得隨時回復其本姓。但於同一婚姻關係存續中以一次爲限（民第1000條）。夫妻互負同居之義務，但有不能同居之正當理由者，不在此限（民第1001條）。在日常家務，夫妻互爲代理人（民第1003條），夫妻同一住所，由雙方共同協議之；未爲協議或協議不成時，得聲請法院定之（民第1002條）。在婚姻生活之費用，雙方皆應依其資產、收入等分擔之。

　　早期《民法》親屬編所規定之法定財產制中易生糾紛，導致男女不平等者，爲妻除其自身之特有財產，結婚時所有之財產、婚姻關係存續中因繼承或其無償取得之財產，得保有所有權外，餘則皆屬夫所有。因此，在

---

[3]　立法院在2020年12月25日三讀通過民法修正案，將法定結婚年齡都調整爲18歲，但須自2023年1月1日施行。

婚姻關係存續中所買受之不動產，縱其名義登記為妻所有，但仍認其所有權屬於夫，夫之債權人得將之查封、拍賣（59台上2227，63台上522）。即使該不動產為妻勞力所得，除妻能舉證證明為其特有財產外（舊民法第1013條），甚難逃脫被夫債權人執行之命運。尤其在一般民眾不諳法律之下，要舉證證明其為妻之特有財產，常因事過境遷，證據湮滅，造成妻之損害。在夫妻失和狀況下，夫更常恣意胡為，對妻之財產更無法保障。

1985年6月3日，民法親屬編於實施50年來首次修正，其後迄2021年1月20日止，計已再進行12次之修正。從民法親屬編之修正歷程，略可窺知近40年來，我國家庭結構、社會風氣、經濟環境、男女平權意識，顯又有重大變遷。

現行《民法》親屬編規定，夫妻得於結婚前或結婚後，以契約就本法所定之約定財產制中，選擇其一，為其夫妻財產制（民法第1004條）。夫妻未以契約訂立夫妻財產制者，除本法另有規定外，以法定財產制，為其夫妻財產制（民法第1005條）。所謂約定財產制，有共同財產制、分別財產制二種選擇。

至於法定財產制，則規定夫或妻之財產分為婚前財產與婚後財產，由夫妻各自所有。不能證明為婚前或婚後財產者，推定為婚後財產；不能證明為夫或妻所有之財產，推定為夫妻共有。夫或妻婚前財產，於婚姻關係存續中所生之孳息，視為婚後財產。夫妻以契約訂立夫妻財產制後，於婚姻關係存續中改用法定財產制者，其改用前之財產視為婚前財產（民法第1017條）。

婚姻關係，可因配偶之死亡或離婚而解消。（一）配偶死亡：配偶死亡，夫妻關係當然終了，生存者可自由再婚。生存者與死亡配偶之血親間之姻親關係並不當然消滅；（二）離婚：離婚之方法有兩願離婚與裁判離婚兩種。兩願離婚，乃是經由夫妻之合意，以書面為之，經2人以上證人之簽名，並應向戶政機關為離婚之登記，而可不問其離婚理由（民第1049條、第1050條）。在未有合意之情形，則須具有法定之原因，始可向法院請求離婚。得向法院請求裁判離婚之原因有：1.重婚；2.與配偶以外之人合意性交；3.不堪他方同居之虐待；4.受一方之直系親屬虐待，或虐待一

方之直系親屬，致不堪共同生活；5.惡意遺棄；6.意圖殺害一方；7.有不治惡疾；8.有重大不治之精神病；9.生死不明逾3年；10.因故意犯罪，經判處有期徒刑逾6個月確定。除此十項外，有前述以外之重大事由，難以維持婚姻者，夫妻之一方得請求離婚。但其事由應由夫妻之一方負責者，僅他方得請求離婚。此爲消極破綻主義之立法。在離婚之效力上，已冠夫姓者，首先當然恢復本姓。對於未成年子女，在兩願離婚時，對未成年子女權利義務之行使或負擔，依協議由一方或雙方共同任之。未爲協議或協議不成者，由法院酌定之（民第1055條）。在裁判離婚時，亦同。父母均不適合行使權利時，法院應依子女之最佳利益，酌定適當之人爲子女之監護人（民第1055條之2）。判決離婚時，如一方因此受有損害，可向他方（有過失始可）請求賠償（民第1056條）。即使他方亦無過失，如另一方因判決離婚而陷於生活困難者，亦可請求對方給與相當之贍養費（民第1057條）。離婚後，除採用分別財產制者外，夫婦各取回其結婚或變更夫妻財產制時之財產，如有剩餘，各依其夫妻財產制之規定分配之（民第1058條）。

三、親子關係與法律

子女有親生子女與養子女之分。親生子女又可分爲婚生子女與非婚生子女。婚生子女是正式夫妻在婚姻關係中受胎而生之子女（民第1061條）。因此，妻之受胎，如係在婚姻關係存續中者，推定所生子女爲婚生子女（民第1063條第1項），而從子女出生日回溯第181日起，至第302日止爲受胎期間，但如能證明其受胎期間是在回溯至第302日以前者亦可（民第1062條）。但是，如夫妻之一方能證明妻非自夫受胎者，得起訴否認之，惟須在知悉子女出生之日起2年內提起始可。但子女於未成年時知悉者，仍得於成年後2年內爲之（民第1063條）。

非婚生子女爲非於婚姻關係中所生之子女。其與生母之關係，因分娩而視爲婚生子女，然與其生父之間，除其生父與生母結婚準正[4]，視爲婚

4　準正，係指非婚生子女之生父母結婚，法律上將非婚生子女視爲婚生子女者。

生子女外，須經生父認領，但如經其生父撫育者，則視爲認領（民第1065條）。認領除由生父爲之外，亦可由非婚生子女或其生母或其他法定代理人請求生父認領（應具一定要件，民第1067條）。婚生子女在繼承法上，可繼承父母之遺產，而非婚生子女，要繼承生父的遺產，需經過生父認領，或是有經生父撫育之事實，此即爲擬制認領（民法第1065條第1項後段）。

至於養子女，其乃經收養關係而成立之法定血親（民第1073條以下，收養應以書面爲之並聲請法院認可），與養父母間之關係與婚生子女同（民第1077條）。養子女與其本生父母間之關係，則因收養關係成立，而停止其間之權利義務，除終止收養關係而恢復其與本生父母親間之權義關係外。養子女與其本生父母僅有天然血親關係，法律上彼此無任何關係可言。

養親關係可因終止收養關係而終了，而收養關係之終止，可經由雙方合意，亦可經由裁判終止（民第1080條、第1081條）。終止後，養子女回復其本姓，及與其本生父母之關係（民第1083條）。

父母親對於未成年子女（婚生、非婚生、養子女），皆有保護及教養之權利、義務，是爲父母之親權（民第1084條）。父母親有對未成年子女之懲戒權（民第1085條）、子女特有財產之管理權、代理權（民第1088條、第1086條）、居所指定權（民第1060條）。並應對社會負對未成年子女之監護、教育義務。父母對於親權之行使，由父母共同任之，惟意思不一致時，得請求法院依子女之最佳利益酌定之。一方不能行使時，由另一方行使，不能共同負擔義務時，由有能力者負擔之（民第1089條）。然如父母濫用親權時，得糾正之，並進而停止其親權（民第1090條）。父母離婚後親權之行使，可視同離婚後子女之監護問題，同樣解決。

未成年人無父母，或父母如不能行使親權時，應爲未成年人設置監護人，在保護、增進未成年子女之利益範圍，行使負擔父母對未成年子女之權利、義務（民第1091條）。

四、扶養

自己之資產、勞力不能維持生活，而需要予以生活之救助者，為扶養制度。對於生活困苦者，可由國家等公共團體予以扶助（公的扶助），此為社會安全制度問題，為今後福利國家注重之方向。而民法上所規定之扶養制度，則為私法上關係。由法律令個人負起扶養義務，再由國家之公的扶助予以補充。

民法規定互負扶養義務之親屬有：（一）父母子女等之直系血親；（二）夫妻之一方與同居之他方父母之間；（三）兄弟姊妹間；（四）家長家屬間（民第1114條）。負扶養義務者之範圍不可謂不廣。又民法明定配偶間互負扶養義務，其負扶養義務之順序與直系血親卑親屬同，其受扶養權利之順序與直系血親尊親屬同（民第1116條之1）。扶養義務可分為生活保持義務與生活扶助義務，前者如父母子女、夫妻間之扶養義務，其餘即為生活扶助義務。兩者有其不同處，如生活保持義務須供應與受扶養者身分相當之需要，不以支付其不可缺之需要為已足，如父母對未成年子女之扶養義務，除扶養之外，亦必須予以教育等。而生活扶助義務則僅以支付受扶養者不可缺之需要為已足，如對於伯叔之扶養，僅供給其維持一定程度之生活即可。

受扶養者，必須其不能維持生活，而無謀生能力為限，如其具有謀生活能力，則不能受扶養，惟對於直系血親尊親屬則不必無謀生能力，即可受扶養（民第1117條）。扶養之程度應視需要及扶養義務人之經濟與身分而定，其方法則由雙方協議，不成再由親屬會議定之，如因情事變更，亦得請求變更扶養之程度與方法（民第1120條、第1121條）。因負擔扶養義務而不能維持自己生活者，免除其義務。但受扶養權利者為直系血親尊親屬或配偶時，則只減輕其義務。

五、繼承

繼承是規制被繼承人死亡後遺產承繼之制度。被繼承人生前既得自由處分其財產，其生前決定其死後財產之歸屬自在允許之內。因此，即有遺

囑制度，允許依遺囑來決定遺產之承繼的原則，是爲遺囑自由之原則。惟爲恐被繼承人處分其遺產，使其中之某些繼承人無法獲得遺產，造成繼承人間不公，及增加社會對未繼承財產者之負擔，亦特設特留分規定，以保障繼承人。

繼承自被繼承人死亡開始（民第1147條）。繼承人自繼承開始時，承繼一切屬於被繼承人之財產——專屬被繼承人者除外（民第1148條）。繼承人對於被繼承人之債務，以因繼承所得遺產爲限，負清償責任。亦即只要沒有拋棄繼承，就是法定限定繼承，繼承人不至於因爲不知要辦理拋棄繼承或限定繼承，因而承擔大筆債務。

現行規定雖屬「法定限定繼承」，但在被繼承人留有債務之情況下，繼承人如無意拋棄繼承，仍以列具遺產清冊，向法院聲請「限定繼承」，俾預先知悉債務多寡，並好清償之分配，較能杜絕後續可能之糾紛。

被繼承人死亡後，其繼承人之第一順位爲直系血親卑親屬，若無直系血親卑親屬時，則由父母爲第二順位，父母亦無時，由兄弟姊妹爲第三順位，皆無時，由祖父母爲第四順位（民1138條），配偶則與各順位者共同繼承。

繼承開始時，如由配偶與直系血親卑親屬共同繼承，則由配偶與直系血親卑親屬平分遺產（養子女與婚生子女同）。被繼承人如有數子，其中之一在繼承開始前死亡或喪失繼承權（民第1145條），則可由其子（被繼承人之孫）代位繼承其應繼分（民第1140條）。如甲遺有100萬元，由其配偶乙與子丙、丁、戊共同繼承，應各分得25萬元（各四分之一）。但其中丙早已死亡，遺有甲孫（丙子）一人己，則己可代位丙繼承遺產，該25萬元由己繼承（民第1140條）。如皆無子之場合，則由配偶與被繼承人之孫共同繼承。如無直系血親卑親屬可繼承，則由配偶與被繼承人父母共同繼承。此時，配偶應分得遺產之一半，父母分得另一半，再由父與母二人平分該一半之遺產（各四分之一）。如無父母，則由配偶與被繼承人之兄弟姊妹繼承，配偶應分遺產之三分之二，餘者由兄弟姊妹均分。如由配偶與祖父母共同繼承時，則與兄弟姊妹共同繼承時相同，配偶得三分之二，餘由祖父母均分（民第1144條）。

　　繼承人之中，如有自被繼承人處，因結婚、分居或營業而受有贈與財產，應將該贈與財產價額加入被繼承人之遺產中，為應繼遺產。但被繼承人於贈與時有反對之意思表示者，不在此限。而在分割遺產時，再由受有財產之繼承人之應得遺產中扣除該價額（民第1173條）。此乃為避免繼承之不公平起見，對於繼承人所受之特別利益予以扣還。例如，農家之長男受有被繼承人（父）之財產贈與，助其經營農業，而使農家之資產增加，此時，如有繼承發生，則在父親之遺產中，應加入贈與長男之財產價額，然後分配與各繼承人，之後再從長男應得之遺產中扣除贈與財產之價額，餘者即為長男應得之遺產。

　　遺產之繼承，如繼承人有數人時，則在分割遺產前，各繼承人對於遺產全部為公同共有（民第1151條）。對於遺產之處分，其他權利之行使，應得公同共有人全體同意（民第828條），但可互推一人管理該遺產（民第1152條）。

　　繼承人得隨時請求分割遺產（遺囑禁止遺產分割者除外，民第1165條），其遺產分割原則上依協議為之，如協議不成得請求裁判分割（民第824條）。在遺產分割前，繼承人對於被繼承人之債務，負連帶責任（民第1153條）。遺產分割後，被繼承人之債務可移歸一定之人承受，或劃歸各繼承人分擔，各繼承人可免除連帶責任，但應經債權人同意。且連帶責任，在遺產分割後自債權清償期屆滿時起，經過5年亦免除之（民第1171條）。

　　繼承人於繼承開始同時承繼被繼承人之財產。然而，實際上皆至繼承人占有支配繼承之財產時，始真正開始繼承。在此種情況下，繼承人之繼承權常會受到侵害（如表見繼承人之繼承）。對此，真正繼承人有排除侵害之請求，是為繼承回復請求權（民第1146條第1項）。亦即，真正繼承人得基於所有權請求繼承財產之返還，或對占有物之占有請求返還等等。繼承被侵害之回復請求權，在知悉被侵害時起，因2年時效之經過而消滅，如自繼承開始時起經過10年者亦同（民第1146條第2項）。

　　繼承開始，繼承人並非必須繼承，亦可拋棄繼承、限定繼承。限定繼承應在繼承開始起，3個月內開具遺產清冊陳報法院（民第1156條）。而

拋棄繼承，則應於知悉其得繼承之時起3個月內，以書面向法院為之。並以書面通知因其拋棄而應為繼承之人（民第1174條）。如未於上述各期間內為之，則繼承人不能再拋棄或限定繼承，只能單純繼承。

繼承人拋棄繼承時，對於被繼承人之積極財產、消極財產（債務）皆不再繼承。但繼承人之拋棄繼承並不影響其他繼承人之繼承。例如，配偶與其他三子共同繼承，其中一子放棄繼承，則由配偶及其他二子繼承之（民第1176條）。

在限定繼承時，一人限定繼承，則其他之繼承人亦視為同為限定之繼承。繼承人則限定以繼承所得之遺產，償還被繼承人之債務，其本身之財產並不對被繼承人之債權人負責任。而且，限定繼承人對於被繼承人如享有權利或負擔義務者，亦不因繼承而混同消滅（民第344條、第1154條）。例如，繼承人對被繼承人亦有債權存在，則在被繼承人之債權人執行遺產時，繼承人亦可以其對被繼承人之債權參與分配。

在有無繼承人不明，或所有之繼承人皆拋棄繼承時，親屬會議得選定遺產管理人（民第1176條、第1177條、第1129條），由遺產管理人搜索其他繼承人，並管理處分遺產。如皆無其他繼承人繼承遺產，則遺產管理人應於清償被繼承人債務，交付遺贈物之後，如有贍餘，將遺產歸屬國庫（民第1185條）。

預將自己死後有關之財產上及身分上事項，以文字記載，待其死後發生效力者，是為遺囑。遺囑制度是為尊重、確保被繼承人之最終意思，使其能於其死後實現之制度。被繼承人得以遺囑指定遺產分割之方法，或託他人代定（民第1165條），亦得以遺囑指定一部分之遺產為遺贈（民第1200條）。惟我國以遺囑處分其遺產者，並不多見。

被繼承人以遺囑處分其遺產時，須注意遺囑之嚴格方式，及遺囑不得違反特留分之規定（民第1187條）。遺囑自遺囑人死亡時發生效力（民第1199條），惟該遺囑是否與遺囑人最後之真意合致，因遺囑人已死亡，而難以證實，因此不得不重視遺囑之方式，以表示對遺囑人意思表示之重視，及預防遺囑為他人偽造、變造。遺囑依民法規定有5種方式（民第1189條）：自書遺囑、公證遺囑、密封遺囑、代筆遺囑、口授遺囑（包

含錄音遺囑）。各有其一定之方式，須嚴格遵守之，此5種方式以外之遺囑，法律上不能承認其效力。

被繼承人得以遺囑處分其自己之遺產，然而對於繼承人，則必須遺留一定範圍之遺產，以保障遺族之生活（民第1187條），此即爲特留分制度。直系血親卑親屬、父母，配偶爲繼承人時，其特留分爲其應繼分之二分之一；兄弟姊妹、祖父母爲繼承人時，其特留分爲其應繼分之三分之一（民第1223條）。例如，配偶一人與子繼承被繼承人（父）遺產100萬元，原各得50萬元（應繼分），但父以遺囑將遺產遺贈給子80萬元，此時配偶只得20萬元，其特留分應爲25萬元（應繼分之二分之一），故仍應自80萬元扣減5萬元予配偶。

侵害特留分之遺贈，如上述之例並非當然無效。應得特留分之人，如因被繼承人所爲之遺贈，致其應得之數不足者，得按其不足之數由遺贈財產扣減之（民第1225條）。對於此扣減請求權，依目前多數實務認爲，其時效的計算應類推適用民法第1146條第2項繼承回復請求權之時效規定，自扣減權人「知悉」特留分被侵害之時起2年內，或自繼承開始起10年內要行使（最高法院103年度台上字第880號判決參照）。

第五章　商事法

壹　商法之概念

　　通常商法有形式與實質之意義，前者乃指具有商法名稱之成文法規；後者，則凡專以商事及其生活關係為其規範之對象者皆屬之。商法屬於民事之一部分，其偏於經濟生活方面，對於民事具有特殊性。其起源甚早，世界最古老之法典為巴比倫之《漢摩拉比法典》，即曾訂有運送、行紀等涉及商事之規定。及至9世紀時，以義大利為中心之地中海沿岸，因貿易頻繁，各地商人組合成基爾特（Guild），制定商事規範，適用於組合內之商人，而成為商事法之濫觴。

　　在商事立法之基礎上，可分為商人與商行兩大中心。前者，以商人所為，應適用民法或其他法規；後者，則以其行為之性質為定，如其行為屬於商之性質者，則適用商法。其後如日本，則採折衷看法，在原則上以商人之營業行為為商行為，但若干行為不論行為人是否為商人，如該行為之性質屬商者，則亦認屬商行為，而適用商法。

　　而在立法編制上，又可分為民商分立及民商合一兩者。前者乃於民法法典外，另訂有商事法規，各自獨立，如德、日、法等；後者則將商事與民事合一規定於民法典中，不另設商法典，如有關商事特殊之事項，則以單行法頒行，屬民事特別法規。我國採取民商合一制度，在《民法》中設有一般商事規定，另設有公司、保險、票據、海商之特別法規。而在法律上，亦不分商人、商行為、民商事溝通。國內一般言及之商事法，則大略指公司、票據、海商、保險各法，另亦有包含商業登記法者。

貳　公司法

一、公司之概念

（一）公司制度

　　公司，是企業共同經營之一方式。近代工商企業之經營，在資本主義

制度下，常由多數人結合，運用大量資本，分擔其可能發生之虧損，此種結合多數勞力及大量資本之經營型態，最常見的即為公司法上之公司。尤其是股份有限公司，其為公司法上最常見之公司型態，對近代國民經濟建設有重要之影響。然而，如對於此種公司經營制度予以濫用，亦會造成弊端，如股份有限公司之股票發行易助長投機，大企業多數權股東形成獨攬權限，經理人等之不正競業等。《公司法》一方面是為健全及維持育成公司之發展；另一方面則為除去不當濫用之弊害，使產業經濟能興盛發展。

（二）公司之定義

公司是以營利為目的，依照《公司法》組織、登記、成立之社團法人（公第1條）。公司從事商業行為之目的，乃為營利，此有別於以公益為目的而組織設立之公益法人。公司必須依照《公司法》之規定向主管機關（中央為經濟部；直轄市為直轄市政府）登記，公司非在中央主管機關登記後，不得成立。如其登記之申請，有違反法令或不合法定程式者，主管機關應令其改正，非俟其改正後，不予登記（公第388條）。設立登記後，有應登記之事項而不登記，或已登記之事項有變更而不為變更之登記者，不得以其事項對抗第三人（公第12條）。

二、公司之種類

依《公司法》規定，公司可分為無限公司、有限公司、兩合公司、股份有限公司四種（公第2條）。另如銀行則依《銀行法》之規定成立，保險公司則依《保險法》規定成立之公司，有異於《公司法》之一般性規定。如依國籍而定，則公司亦可分為國內公司及外國公司。外國公司是以營利為目的，依照外國法律組織登記之公司。外國公司，於法令限制內，與中華民國公司有同一之權利能力（公第4條）。除廢除外國公司認許制，同時明確承認外國公司之權利能力。

三、各種公司

（一）無限公司

無限公司是古代家族企業之遺物，適合小規模企業及家族企業，是

典型的家族公司。《公司法》規定無限公司應有2人以上股東組織成立，如未達最低人數，則構成公司解散原因之一（公第71條）。無限公司之股東須對公司債務負連帶無限清償責任，其公司之結合建立於股東相互信賴之上，公司之信用亦完全建立於股東個人之信用之上。故而，各股東就公司的業務，除另有約定外，在原則上對內得單獨執行，對外得單獨代表公司，是典型之以人之信用為基礎之人合公司。

（二）有限公司

有限公司是一設立簡單，股東成員不多，內部組織單純，適合中小企業採用之企業組織型態。其組織成員只要有1人以上之股東即可，各股東對公司之責任，以其出資額為限，負其責任。股東對出資之轉讓，《公司法》設有限制（公第111條）。公司業務之執行設董事以執行之（由有行為能力之股東選任之），並代表公司。如董事有數人時，可以章程特定1人為董事長，對外代表公司（公第108條）。有限公司，依現行法不設股東會，故凡《公司法》未明文規定應由股東同意之事項，一律屬董事業務執行事項，不執行業務之股東，僅得執行監察權，對公司之業務，並無參與決議之權（公第109條）。

（三）兩合公司

兩合公司是無限公司之一種變型。由1人以上之無限責任股東與1人以上有限責任股東組織成立，其無限責任股東，對公司債務負連帶無限清償責任；有限責任股東，則以出資額為限，對公司負其責任（公第114條）。由於無限責任股東對公司負直接責任，故其對公司業務當然有執行與代表之權，而有限責任股東則僅能查閱公司帳目、業務及財產之情形而已（公第118條），不得執行公司業務及對外代表公司（公第122條），故而無限公司之規定，甚多準用於兩合公司之無限責任股東（公第115條）。

（四）股份有限公司

為2人以上股東或政府、法人股東1人所組織，其全部資本分為股份，股東就其所認股份，對公司負其責任之公司。現代工商企業之經營，常需要龐大之資金，股份有限公司即利用發行股票方式，向社會大眾募集

資金，由社會大眾透過證券市場，將多餘資金以購買股票方式，投資於股份有限公司。投資者則由公司予以面額相當之股票，投資人成為股東，除享有公司之盈餘分派、新股分配、殘餘財產分配等外，並可依該股票，自由轉讓其股份。由於甚多股東之目的，並非著重在公司之經營，而在於利益之取得，具投機意味，故股份有限公司即設有執行業務之機關，使股東組成之股東會，僅能決定公司主要之營業方針，公司業務則交由董事會執行，另設立監察人監督業務之執行，故而，股份有限公司具有：1.企業所有與企業經營分離；2.企業經營與監察制衡兩大特色。

四、股份有限公司

（一）設立

1. **設立之種類**：股份有限公司之設立可分為發起設立與募集設立兩種。發起設立是由發起人自行認足第一次應發行之股份，即行成立，而不對外公開募股之設立方式，其方式較為簡單；而募集設立則由發起人向外公開招募股份而成立，一般的股份有限公司大都採此方式，其程序較為複雜。

2. **設立經過**：股份有限公司之設立，應有2人以上為發起人（政府或法人均得為發起人，且一人即可組織），由其全體同意訂立章程，記載公司成立有關之各種規定；公開募股者應訂立招股章程，向主管機關申請審核，募集股東，催繳股款，由發起人召集創立會選任董事、監察人，並依規定向主管機關申請設立登記，經登記後公司取得法人人格，公司始為成立。其中發起人對於公司之成立與否負有全責，其須對公司負充實資本之責，連帶認繳股款（公第148條），如公司不能成立時，或其他對公司設立事項造成之損害，皆須負賠償之責（公第149條、第150條、第155條）。

（二）股份

1. **股份之意義及種類**：股份是股份有限公司之股東所持有公司資本之單位。股份有限公司之資本，應分為股份（公第156條），股份為公司資本之成分，且為公司資本之最小計算單位。股份如以其證券票面所記載

之面額，可分爲面額股及無面額股。我國與美、日不同，僅承認面額股，並不承認無面額股，故在股票上應載明股份所代表之金額，而不得僅記載其與股份總額之比例；如以股東之出資種類之不同，股份可分爲現金股與財產股（公第131條、第156條）；如以公司盈餘分配等內容，可分爲普通股、優先股、後配股。凡比普通股具有優先內容者爲優先股，如比普通股之權利而不及之者，爲後配股。另外，原則上每一股份有一表決權，但亦可設有無表決權者（公第157條第1項第3款）。《公司法》以普通股爲主要，股份由股票來表彰其權利，且除公司法另有規定外，可自由轉讓（公第163條）。其轉讓非將受讓人之姓名或名稱及住所或居所，記載於公司股東名簿，不得以其轉讓對抗公司。而股東名簿記載之變更，於股東常會開會前、股東臨時會開會前，或公司決定分派股息及紅利或其他利益之基準日前的一定期間內，不得爲之。至於公開發行股票之公司辦理股東名簿記載之變更，其期間亦有所限制（公第165條）。

公司爲維持其資本，有賴於股份總額之穩定，故除法有特別規定外，《公司法》禁止公司自將股份收回、收買，或收爲質物（公第167條第1項）。蓋如公司得自將股份收回、收買，或收爲質物，則可能使公司操縱股票價格，助長投機，且亦造成主其事者之不公正。又除有特別規定外，爲求資本充實，公司非依股東會決議減少資本，不得銷除其股份；減少資本，應依股東所持股份比例減少之（公第168條第1項）。

2. **股東之平等權**：股東之平等權係指股東基於其股東之身分，與其他同類股份之股東，在法律上應受有平等之待遇。惟其平等，係指依其所持有之股份，在數額上之比例定之，是爲比例之平等。故有關其表決權之行使、盈餘之分派等，除特別股及法律規定之例外以外（公第130條、第179條、第157條），其餘一般股份皆按股東所持有之比例計算，而非按股東之人數平均計算。

（三）機關

股份有限公司採取近代國家三權分立之政治原理，將其機關分爲三部分：股東會、董事會及監察人。股東會相當於國家之議會，爲公司最高之意思機關；董事會則相當於國家之行政機關，爲公司業務之執行機關及代

表機關；監察人相當於國家之司法機關，專司公司業務之監督。惟基於企業所有與企業經營分離之原則，加上甚多股東僅具投機心態，對公司業務未有興趣，於是《公司法》遂加重董事會之職權，除依《公司法》或章程規定應由股東會決議之事項外，公司業務之執行均由董事會決定、決議行之（公第202條）。而因董事會權力加大，監察人之監督權責亦隨之增加（公第218條、第218條之1、第218條之2、第219條、第220條）。

1. **股東會**：股東會在法律上是公司之最高意思決定機關，公司內部組織及其他重要事項由其決定（公第185條、第202條）。除特別股之股東外，每股有一表決權（公第179條），然另有表決權限制之例外規定（公第178條、第179條、第180條）。股東會可分為股東常會及股東臨時會（公第170條），通常由董事會召集，但其他持有一定股份之股東、監察人亦可召集股東會。對於公司事項之決議方法有普通決議及特別決議，前者須有代表已發行股份總數過半數股東之出席，出席股東表決權過半數之同意；後者為普通決議以外之議決方法即屬之，例如應有代表已發行股份總數三分之二以上股東出席之股東會，以出席股東表決數過半數之同意行之者，即屬特別決議。須由股東會以特別決議方法決定之事項有如：公司營業政策之重大變更（公第185條）、對董事經營與公司同樣業務之行為之許可（公第209條）、以發行新股分派股息及紅利（公第240條）、變更章程（公第277條）、公司合併或解散（公第316條）等。

鑑於晚近疫情影響之不可抗力，且隨著數位科技之進步，股東以視訊方式參與股東會並行使股東權日漸普及，我國於2021年12月19日公布修正公司法第172條之2、第356條之8條文，明定未來非公開發行股票公司與公開發行股票公司只要章程訂明，都可以視訊方式召開股東會。藉以兼顧股東權益保障，並增加召開視訊股東會之彈性，此實為法律與時俱進之又一實例。

2. **董事會**：董事會是執行公司業務及代表公司之機關。董事會由董事組成，不得少於3人，並選任董事長代表公司（公第208條）。董事由股東會中有行為能力之股東選任之，其選任方式，則採取累積投票制，每一股份有與應選出董事人數相同之選舉權，得集中選舉1人或分配選舉數

人，由所得選票代表選舉權較多者，當選爲董事（公第198條）。此乃爲保障少數股東權，使多數股之股東不至於獨攬董事會，使少數股股東亦可集中選舉部分候選人，而得當選。例如董事候選人有10人，則1股有10選舉權，則可分投數人或集中選舉1人。此時如多數股股東在60股，則其有60×10＝600票，而少數股有40股，則其有40×10＝400票。多數股如支持10人，每人可得60票，少數股亦支持10人，則每人得40票，董事將全由多數股集團當選。如少數股將之集中支持4人，則每人得100票，多數股亦僅能將之支持6人，使其每人亦有100票，如此，則少數股至少有4人可當選，不致使多數股掌握董事會。董事任期最多3年，得連選連任。通常董事會由董事中選出董事長、副董事長，如另設有常務董事者，則由常務董事在董事會休會時執行業務。

　　董事會在公司具有重要地位，因此，公司法亦令其負相當責任，如損害賠償責任（公第193條）、資本維持責任（公第211條）、財務公開之責任（公第210條）。對於董事會失職之行爲，則股東、監察人可對之請求停止其行爲，並可對董事提起訴訟（公第193條、第212條、第214條、第215條）。

　　3. **監察人**：監察人負責監督董事會之執行職務，調查公司業務、財務狀況、制止董事會之失職行爲、核對簿冊等。監察人由股東選任，任期不得逾3年，得連選連任。監察人有數人時，其各得單獨行使監察權，且不得兼任公司董事、經理人或其他職員（公第222條）。如董事爲自己或他人與公司爲買賣、借貸或其他法律行爲時，由監察人代表公司（公第223條）。因監察人員監督公司業務進行之責，故如怠忽職責，致使公司受有損害時，監察人應負損害賠償責任（公第224條、第226條）。

（四）會計

　　1. **一般概念**：股份有限公司是典型的資合公司，不重視股東之人的聲望，而以公司資產爲公司債權唯一的擔保。因此，公司資產之確保攸關債權人之利害。對股東而言，公司資產作價高，其所能分得盈餘必多，股票價格必漲，反之亦然。故公司資產對股東而言，亦甚爲重要，故而對於股份有限公司必須嚴格規定其會計程序。

2. **會計程序**：董事會在每會計年度終了時，應編造營業報告書、財務報表、盈餘分派或虧損撥補之議案，提交監察人查核，並提出於股東常會請求承認（公第228條、第229條、第230條）。各項表冊經股東會決議承認後，除董事或監察人有不法行為外，視為公司已解除董事及監察人之責任（公第231條）。股東亦得聲請法院選派檢查人，檢查公司業務帳目及財產情形。

3. **公積金**：公積，係指公司自盈餘或特定財源中，為一定目的，如彌補營業虧損、實施股利政策等所保留之部分。股份有限公司除其財產之外，別無其他擔保，故為保障債權人，健全公司財務，特設公積制度，將公司部分盈餘或其他財源予以積存，非為一定目的，不可動用。

公積可分為盈餘公積及資本公積。資本公積者指超過票面發行股票之溢額、每一會計年度自資產之估價增值，扣除估價減值之溢額、處分資產之溢價收入或受領贈與之所得等等（參照商業會計法）；盈餘公積是公司每年度有盈餘時，必須提存之公積，可分為法定盈餘公積及特別盈餘公積。法定盈餘公積是公司於完納一切稅捐後，在分派盈餘時，應先提出10%為法定盈餘公積。此為強制規定，公司負責人不提出時，則科以2萬元以上10萬元以下罰鍰（公第237條）。除前述法定公積外，公司亦得以章程訂定或股東會議決，另提特別盈餘公積，此為任意規定，但《證券交易法》對此有特別規定（證交法第41條），依《證券交易法》發行股票之公司則應適用該特別規定。

公積之使用，除特別盈餘公積，可由公司章程、股東會之議決或主管機關之命令（證交法）自由決定之外，對於法定盈餘公積及資本公積，除填補公司虧損外，不得使用之。但如依股東會決議，將公積撥充資本發給新股，或依法將公積分派股息及紅利者，則不在此限（公第232條、第241條）。

4. **股息紅利之分派**：公司是以營利為目的之法人，其有盈餘時，即應分派予股東。盈餘分派之議案應於股東常會提出，請求承認。經承認後，該年度所分派之利益，即歸於確定（公第230條）。但公司非彌補虧損及提出法定盈餘公積後，不得分派股息及紅利，無盈餘時亦不可分派。

公司負責人違反規定分派時，可處以1年以下有期徒刑、拘役或科或併科罰金（公第232條）。

　　公司得由股東會之決議，將應分派股息及紅利之全部或一部，以發行新股方式爲之；不滿一股之金額，以現金分派之。亦得以章程授權董事會，依董事會之決議，將應分派股息及紅利之全部或一部，以發放現金之方式爲之，並報告股東會（公第240條）。

　　而公司依其性質，自設立登記後需2年以上之準備，才能開始營業者，其雖未營業，但如經主管機關之許可，亦得於章程中訂明於開始營業前分派股息給股東（建設股息）（公第234條）。此乃爲鼓勵建設性企業之發展，如鐵路、公路、運河、水電等之經營，因其非經相當期間之籌備，不能開始營業，爲吸引投資者之興趣，故允許其先行分派股息。

（五）資金之變動

　　股份有股公司之經營需要大量資金，因此，除設立之初已有財產，及向銀行質借外，其資金之取得，可依發行新股及發行公司債之方法爲之。

　　1. **新股之發行**：股份有限公司採行授權資本制，章程載明公司發行之股份總數，但卻得分次發行，惟第一次應發行之股份，不得少於股份總數四分之一，且每次發行之股份，其股款須一次繳納。其餘未發行部分，董事會有權以特別決議，就原定總額未發行之股份，繼續發行，不須變更章程。

　　公司發行新股如不公開發行，則由股東依其原有股份比例儘先分認，或由特定人協議認購，但應保留發行新股總額10%至15%之股份，由公司之員工承購。此新股認購權利，除保留由員工承購者外，得與原有股份分離而獨立轉讓，此種不公開發行者，不須申請證券主管機關之核准（公第267條、第268條）。但如發行新股是向外公開招募者，則應申請證券主管機關核准（公第268條）。但公司如連續2年有虧損，或資產不足抵償債務者，不得公開發行新股（公第270條）。如公司最近3年或開業不及3年之開業年度課稅後的平均淨利，不足支付已發行及擬發行之特別股股息，或對於已發行之特別股約定股息，未能按期支付者，則不能發行具有優先權利之特別股（公第269條）。公司公開發行新股時，應以現金爲股款，但

如由原有股東認購或由特定人協議認購而不公開發行者，得以公司事業所需之財產為出資（公第272條）。

2. **公司債之發行**：公司債是股份有限公司，以發行債券之方式，就其所需要的金額，向公眾籌集而負擔之債務。公司籌集資金，固可以發行新股方式為之，然如此因加入新股東，易使公司組織擴大、股東會改組、董監事易人、公司不易控制。如以借貸方式為之，其因大多只為短期信用，無法籌集長期及鉅額之資金，更且須負擔較高之利息，如以發行公司債方式籌措資金，其數額較大，利息亦較低，具有其有利之條件。

公司債僅為公司之債務，債權人並非為公司之成員，其僅能享有利息之支付，債權屆期時，公司應償還債券金額；但對於參與公司之經營、利益之分配等，公司債債權人均不得享有，此與股份持有者，得依公司之營利而受分派，或參與公司營運者不同。

公司債之性質為一種集團債務，其債權人為社會上不特定之人，為保護社會大眾之利益，對於公司債發行之數額，設有最高額之限制（公第247條），如發行公司之債信不佳，其償債能力欠缺者，則對公司債之發行亦加以限制或禁止（公第249條、第250條）。

(六) 章程之變更

章程是公司基本組織及股東權義之基本規定，公司之活動以章程之規定為準則。因此，如公司之本身營運狀況有所改變時，則須變更章程。《公司法》就股份有限公司變更章程之內容範圍等並未有規定，僅規定其變更之程序。一般而言，在不違反法律禁止規定及公序良俗之範圍內，均得變更之。其變更應經股東會代表已發行股份總數三分之二以上之股東出席，以出席股東表決權過半數之同意行之（公第277條）。

(七) 解散及合併

公司如具一定原因，則應行解散（公第10條、第71條、第113條、第126條、第315條），解散為公司人格消滅之原因。公司之解散，除因合併、分割、破產而解散外，應行清算（公第24條），在清算範圍內，公司仍有能力，得為了結現務及便利清算之目的，暫時經營業務（公第26條）。公司之合併則為兩個以上之公司，依法合併成一公司，其可分為創

設合併及吸收合併兩種。前者為二以上之公司於合併後悉數消滅，而另成立一新公司；後者則為二以上之公司合併後，僅有一公司存續，其他公司則歸於消滅。公司合併後，因合併而消滅之公司，其權利義務則由合併後存續或另立公司承受。

股份有限公司之解散或合併，應經股東會之特別決議，且為保護少數股股東，對於公司之合併不同意之股東，得請求公司以當時公平價格收買其持有之股份（公第317條）。

（八）公司重整

公司重整，是對於營運陷入困境，而有重建可能之股份有限公司，由法院調整其債權人、股東及其他利害關係人之利害關係，以維持公司及促進其再生之制度。如日本即訂有《會社更生法》，以重建陷入困境之株式會社。我國則對於公開發行股票或公司債之公司，因財務困難、暫停營業或有停業之虞，而有重建更生之可能者，法院得依股東、債權人、工會、受僱員工之聲請，裁定准予重整（公第282條）。公司重整之目的，蓋因各行業之間相互牽連，一企業之破產，其他相關行業亦將受其影響，對於股東、債權人之權益，亦會造成損害，因此，如能對該企業予以適當的救濟，其或有再生之望，對國家社會、個人亦均有裨益。

公司經聲請法院准許進行重整後，須選任重整人、重整監督人、檢查人以進行其程序（公第283條以下）。其有關之聲請、通知、送達、公告、裁定或抗告等應履行之程序，則準用《民事訴訟法》之規定（公第314條）。

經重整完成後，未依重整程序申報之債權、請求權、股票權利皆消滅。已申報未依重整計畫移轉重整後公司承受之債權、請求權，或已申報而經變更或減除之股東股權亦消滅；且重整裁定前，公司之破產、和解、強制執行及因財產關係所生之訴訟等程序，亦失其效力（公第311條）。

但公司債權人對公司債務之保證人及其他共同債務人之權利，並不因公司重整而受影響。

（九）清算

公司解散後，其財產如何處分、有關債權債務如何了結，對股東及債

權人之權益影響甚大，為保護其權益，《公司法》特規定股份有限公司之解散，必須踐行嚴格之清算程序。

1. **普通清算**：普通清算是公司解散後，必先踐行之一般清算程序。普通清算以董事為清算人，但亦可另行選任（公第322條）。清算人於執行清算事務之範圍內，除另有規定外，其權利義務與董事相同。清算人依《公司法》規定進行清算之程序，了結現務，收取債權清償債務，分派賸餘財產（公第326條以下）。於清算完結時，清算人應於15日內，造具清算期內收支表、損益表及各項簿冊，送經監察人審查，並提請股東會承認。經股東會承認後，視為公司已解除清算人之責任。

2. **特別清算**：特別清算係普通清算開始後，因清算之實行發生顯著障礙，或公司負債超過資產有不實之嫌疑，法院依債權人、清算人或股東之聲請，或依職權命令開始，在法院監督之下，所進行之清算程序（公第335條）。特別清算主要之目的，是在使解散之公司免於破產，藉以保障股東與債權人之利益。清算中之公司有特別清算之原因時，通常亦具有破產之原因，清算人本可聲請依法宣告破產，然因破產程序相當複雜，費時費力，故特設此特別清算之程序，以補救破產程序之缺陷，然此並非完全代替破產制度，法院於命令特別清算開始後，而協定不可能時，應依職權依《破產法》為破產之宣告（公第355條）。

參 票據法

一、有價證券

（一）有價證券之意義

有價證券是表彰具有財產價值之私權證券，其權利之發生、行使、移轉須全部或一部依該證券為之。此與單純證明法律關係之證書有所不同，有價證券是權利之化體，而證書（如結婚證書）則僅證明其實質上權義，具有證據力，其權利之行使不須依該證書為之。

（二）有價證券之種類

有價證券之類別甚多，以其所表彰之權利性質區分者，如提單、載貨

證券、物品證券等，乃為表彰債權之證券，為債權證券；如質權證券、抵押證券，則為表彰物權之物權證券。另如公司債，則屬一集團證券，表彰債權人對公司之債權。

有價證券中最典型者，即為匯票、本票、支票，其利用度亦最高。

二、票據

（一）一般概念

票據是以支付一定金額為目的，而依據《票據法》發行之完全的有價證券。票據權利之發生、行使、移轉皆須依證券為之，有一行為不須依證券為之，即非完全之有價證券，故票據權利之發生、行使、移轉與證券有不可分離之關係。票據是表彰金錢債權之最典型的有價證券，具有嚴格之要式要件，其作成須依一定款式，《票據法》上即規定有票據應記載之事項（票第24條、第120條、第125條），如欠缺其一，除另有規定外，原則上票據歸於無效（票第11條）。如票據記載了《票據法》所不規定之事項，亦不生票據法上之效力，唯民法上之效力，則仍無礙其發生（票第12條）。

（二）匯票

匯票是由發票人簽發一定之金額，委託付款人於指定之到期日，無條件支付與受款人或執票人之票據（票第2條）。發票人本身並非付款人。而是委託第三人代其付款，該第三人如在匯票上簽名表示承諾發票人之付款委託，則應負付款責任（票第52條）。

執票人持有匯票，自可於到期日屆至時，向付款人請求付款，而在付款到期日前為求資金流通，亦可以背書方式轉讓其票據權利（票第30條以下）。票據債權於執票人將匯票背書轉讓給被背書人後，被背書人取得該票據債權，其於匯票到期時，自亦可向付款人請求付款，付款人不得以其與被背書人（執票人）之前手間所存抗辯之事由對抗執票人，但執票人取得票據是出自惡意者除外（票第13條）。

匯票於到期日屆至時，執票人自可向票據付款人請求匯票債權之支付，到期日前之付款，執票人得拒絕之（票第72條），付款人如於到期

日前付款者，應自負其責，即無論付款人是否有過失，倘有眞正權利人出面請求時，則付款人不得以既已付款爲由，而對抗之。匯票執票人請求付款時，必須在形式上證明其票據之背書爲連續，如背書不連續，則付款人可不對之付款。如付款人對背書不連續之匯票付款，付款人應自行負擔責任，對發票人等不生效力。付款人只須對該票據之背書是否連續予以認定即可，對於背書簽名之眞僞，及執票人是否爲票據權利人，原則上皆不負認定責任（票第71條、第37條）。惟如執票人取得票據是在惡意或重大過失之情況下自無權利人處取得者，則不能依善意取得而享有票據上之權利（票第14條）。

票據債務之請求，必須由執票人提示該票據（票第69條），且付款人於付款時，得要求執票人記載收訖字樣，簽名爲證，並且交出匯票（票第74條）。蓋因票據著重其流通性，而具不要因性，如付款人對於付款後不收回票據。則日後該票據爲第三人占有時，除有得抗辯之原因（票第13條、第14條）外，票據債務人仍不得拒絕其請求付款。

匯票到期無從獲得付款時，執票人應請求作成拒絕證書，證明其曾依法行使票據權利而未達目的，而後得依法行使追索權。追索權乃爲執票人不獲付款或其他法定原因時，得向其前手請求償還票據金額利息及費用之一種票據上權利。受追索之人除原匯票發票人外，背書人依背書方式轉讓其票據權利，應依匯票文義擔保匯票之承兌及付款責任，故亦爲償還義務人，得受追索（票第85條以下）；另如保證人等亦得爲被追索人（票第58條以下）。

是即，匯票執票人所能行使之權利，一爲向付款人請求付款之付款請求權。如不獲付款時，則可向其前手行使票據追索權，而獲有雙重之保障。

（三）本票

本票是發票人簽發一定之金額，於指定之到期日，由發票人自己無條件支付與受款人或執票人之票據（票第3條），此與匯票不同者，即在於匯票之付款人爲發票人以外之第三人，而本票之付款人則爲發票人自己。匯票之付款委由第三人代其付款，或因發票人本身之不便等因素所致，尤

其在國際貿易上，往往買賣當事人委託外國銀行代為支付貨款，對發票人（債務人）較為方便。而本票則由發票人（債務人）自身為付款人，不委託第三人代其付款，故本票發票人須負擔付款之責任（票第121條）。如執票人之提示付款不獲支付時，執票人得向法院聲請裁定後對本票發票人強制執行，行使追索權（票第123條）。亦因此點，發票人於負有甚多債務時，為求脫產等，往往簽發本票偽造假債權，使本票執票人得聲請法院裁定強制執行，以達脫產之目的，使得債權人之權益受到損害。此蓋因法院之裁定本票之准予強制執行，是屬非訟事件，其並不審查發票人與執票人間實質上之權利義務，只就票據形式上審查其是否合乎追索要件而准否其聲請強制執行。

我國《票據法》是以匯票為中心，故主要規定皆以匯票為對象，而對於支票、本票，則甚多準用匯票之規定（票第124條、第144條）。

（四）支票

1. **一般支票**：支票是發票人簽發一定之金額，委託金融業者，即經財政部核准辦理支票存款業務之銀行、信用合作社、農會及漁會，於見票時無條件支付與受款人或執票人之票據（票第4條）。支票與匯票相同者，即是其皆委託第三人代其付款，僅支票之付款人有所限制而已（票第127條）。為支票付款人之金融業者等，其與發票人間，須訂有支票存款往來契約，支票發票人在付款人處須先開設戶頭，支票之開立，非僅指定金融業者等為付款人即為已足，更須發票人在其所指定之付款人處，有可處分之資金，即發票人與付款人間存有資金契約，而後依委任關係，由發票人開立支票，經付款人核對發票人所留印鑑相符後，始由付款人付款。

有關支票之轉讓、付款、追索等，大多準用匯票之規定（票第144條）。惟支票並不準用匯票保證之規定（票第58條以下），故如在支票背面加「連帶保證」之背書、依在票據上記載《票據法》所不規定之事項，不生票據上之效力，僅生背書之效力（53台上1930）。

又支票為支付證券，非如匯票為信用證券，其代替現金使用，故須能隨時兌現始可。因此，支票限於見票即付，有相反之記載者，其記載無效（票第128條），且支票之執票人須於一定期限內提示支票請求付款（票

277

 法學入門

第130條），否則對發票人以外之前手喪失追索權（票第132條）。

2. **保付支票**：保付支票是付款人在支票上記載照付或保付或其他同義字並簽名後，而負絕對付款責任之支票（票第138條）。付款人在支票上表明照付等字樣後，付款人即須負付款責任，其支票須隨時兌現，與貨幣無異。故如有喪失，執票人不能為止付之通知（票第18條），應自負責任。且縱使執票人不於提示付款之期限內提示請求付款，付款人仍應付款，即使發票人已撤銷付款之委託，或支票已發行滿1年，亦無妨礙（票第138條）。發票人及背書人對其所簽發或背書之支票，原應負擔保付款之責，如執票人向付款人提示請求付款而不可得時，自可向背書人或發票人追索，請求其償還票款及利息等。但於保付支票之情形，則付款人載明照付等字樣後，發票人及背書人即免去擔保付款責任。縱使付款人不為付款，執票人亦不得再向發票人或背書人追索。然付款人之保付不得超過付款額，或發票人與付款人信用契約所約定數目，違反者付款人應科以不超過支票金額之罰鍰（票第138條）。

3. **平行線支票**：支票表面上劃有二道平行線者，為平行線支票，此時付款人僅得對金融業者支付票據金額。換言之，平行線支票票據受領人之資格，限於金融業者等。其作用主要在於防止支票之遺失或被竊時之被人冒領。因此，執票人如非金融業者，其請求付款，付款人自得拒絕。故其應將該項支票存入執票人在金融業者等之帳戶，委託其代為取款。

平行線支票之平行線內如記載特定金融業者，是為特別平行線支票。此種支票僅能對該平行線內所記載之特定金融業者付款，其受領人資格之限制，較普通平行線支票更為嚴格。如該平行線內僅記載臺灣銀行，則付款人僅能對臺灣銀行付款，其他金融業者皆不能受領，不似普通平行線支票，可對任何金融業者付款。因此，特別平行線支票，如其執票人非為該特定之受領者，則應將支票存入該特定之金融業者之帳戶，委託其取款。然該特定金融業者如亦為執票人時，其亦可以其他金融業者為被背書人，背書委託其取款，以緩和受領人資格之限制。

平行線支票如經發票人於平行線內記載照付現款或同義字樣，由發票人於其旁簽名或蓋章，則視為平行線之撤銷，此時由平行線所生之限制即

告解除（票第139條）。

4. **空頭支票**：空頭支票非法律上名詞，乃是社會上之慣用語，即支票之發票人於付款人處並無可處分之資金，而仍發行之支票。此種支票因無法兌現，擾亂金融秩序，惟因票據刑罰原定於《票據法》第141條、第142條，嗣依76年6月29日財政部台財融字第760817570號，及法務部法（76）檢字第7423號公告，上開第141條、第142條之施行期限，業於1986年12月31日屆滿，當然廢止，故目前已無票據刑罰之適用。但如開立空頭支票，仍可能涉及刑法第339條規定之詐欺罪。

肆　保險法

一、保險之概念

保險是一種分散危險，消化損失之制度。由於人類生活往往因許多意外事故之發生，而使生活安全受到破壞，個人家庭受到嚴重損失。此種損失以個人之力常難以回復，故如藉保險制度，由個人向保險業者投保，個人交付保險費與保險人，由保險人於因不可預料或不可抗力之事故所造成之損害發生時，對投保之被保險人或受益人負賠償損失責任（保第1條以下）。因保險業者聚集多數投保之個人資金「保險費」，對個人之損失賠償，是將個人所遭遇之危險，由社會大眾來分擔，使其消化於無形。此對個人而言，可將損失減至最低，社會亦可維持安定，尤其如社會保險制度，由國家以法律強制實施，此種制度並非出於營利，而是在於社會安全政策之推行，以分散個人所受之危險。

二、保險之種類

保險可分為財產保險及人身保險。財產保險為對物或其他財產利益所受損害之保險，可分為火災保險、海上保險、陸空保險、責任保險、保證保險及其他財產保險；人身保險則為對人身損害之保險，可分為人壽保險、健康保險、傷害保險及年金保險（保第13條）。財產保險與人身保險之分，乃《保險法》上之營業保險，以保險標的之標準區分。至於社會保

險，乃國家為推行社會政策，以謀社會福利起見，依法律強制實施之一種保險。我國目前社會保險均以人為對象（如勞保、公保、全民健保），尚無以物為對象之社會保險。

三、保險契約

保險契約是當事人雙方相互約定，一方支付保險費於他方，他方對於因不可預料或不可抗力之事故所致之損害，負擔賠償財物之契約。契約之訂定由要保人為自己或他人之利益，向保險人申請，由保險人於同意後簽訂（保第2條、第3條、第44條），要保人應繳交保險費（保第21條以下）。惟人壽保險之利害關係人，亦得代要保人交付保險費（保第115條）。契約應以保險單或暫保單為之（保第43條），且應記載一定事項（保第55條）。故有認為保險契約為要式契約；但亦有認為保險契約非要式契約，僅一方要約，一方承諾，該契約即成立，保險單僅為保險契約之憑證。保險契約如於訂立之時，即將保險標的之價值，予以評定，並將其評價額於契約中載明，為定值保險契約。如以該載明之價值為保險金額，則發生全部或部分損失時，應按約定價值為標準計算賠償。如契約上並未載明保險標的價值，而僅記載該保險標的之價值須至危險發生後估計者，為不定值保險契約。此種契約於損害發生時，須按保險事故發生時之實際價值為標準計算賠償，不過其賠償金額不得超過保險金額（保第50條、第73條）。此種契約適用於財產保險，蓋因人身保險之人身無從評價之故。

又要保人如對同一保險利益，同一保險事故，於同一保險期間內，與數保險人分別訂立數個保險契約，該契約為複保險契約（保第35條）。要保人應將其他保險人之名稱及保險金額通知各保險人（保第36條），如要保人故意不通知，或意圖不當得利而為複保險，其契約無效（保第37條）。如要保人為善意，其保險金額之總額超過保險標的之價值者，各保險人對保險標的之全部價值，僅就其所保金額負比例分擔之責，但賠償總額不能超過保險標的之價值（保第38條）。

要保人於向保險人投保後，如保險人又以其所承保之危險，轉向他保險人投保，此為再保險契約（保第39條）。原保險契約與再保險契約兩者

分立，互不相干。原保險契約之被保險人（保第4條），對於再保險人無賠償請求權，再保險人不得向原保險契約之要保人請求交付保險費，原保險人也不得以再保險人不履行再保險金額給付之義務為理由，拒絕或延遲履行其對於被保險人之義務（保第40條以下）。

要保人或被保險人於投保時，必須對保險標的具有保險利益，其訂立之保險契約始為有效（保第17條）。保險利益為要保人或被保險人對於為保險標的之財產或人身所有之利害關係（保第14條以下）。保險契約之訂立須具保險利益，乃為避免道德危險之發生，如要保人或被保險人對於保險標的未具保險利益，則可能導致要保人或被保險人，為圖領保險金額，而故意造成損害事故之發生。如有保險利益存在，要保人或被保險人因保險事故之發生，其保險標的自會因不安全而受有損害，其自身亦會受有損失，自不易發生道德危險。

保險契約之訂立，除要保人或被保險人對保險標的，應具有保險利益外，要保人於訂立契約時，更須對保險人之書面詢問，據實說明（保第64條）。此為要保人之據實說明義務，如要保人不據實說明，足以變更或減少保險人對於危險之估計，保險人得解除契約。此乃因保險契約具有射倖性，對於誠信原則特別強調，以免流於賭博，規定要保人之據實說明義務，使其於訂約時先須具有誠意始可，故保險契約被稱為最大誠意契約（contract based upon the almost good faith）。

保險契約訂立後，要保人除負交付保險費之義務外（保第21條以下），對於危險發生，或危險增加時，應對保險人負通知之義務。如怠於通知，則除不可抗力之事故外，不問是否故意，保險人得據以解除契約。保險人如受有損害，亦應對之負賠償責任（保第57條以下）。保險人則對於因不可預料或不可抗力之事故所致之損害，負賠償責任。即令要保人或被保險人之過失所致之損害，亦應負責。但如事故之發生，是因出於要保人或被保險人之故意者，不在此限（保第29條，但海上保險之保險人對要保人等之重大過失所致之損失，亦不負賠償責任，見海商法第131條）。又如要保人等因履行道德上之義務，或因其受僱人，或其所有之物或動物所致之損害，保險人亦應賠償（保第30條、第31條）。對於要保人等為避

免或減輕損害之必要行爲所生之費用，亦負償還之責（保第33條）。

　　保險人於給付賠償金額後，如被保險人對於保險人應負責之損失發生，而對第三人有損失賠償請求權者，爲免被保險人受有雙重利益，保險人可代位被保險人，向該第三人請求。惟此第三人如爲被保險人之家屬或受僱人時，除損失係因其故意所致，保險人不能代位請求，蓋因此等人與被保險人有共同生活之關係，利害一致，若許保險人因此等人之過失所致之損失，而得代位請求，實與使被保險人自己賠償無異，故爲法所不許。

四、各種保險

（一）財產保險

　　財產保險是以有經濟價值並經法律認許之財產爲其標的。有以單獨一物爲保險標的者；有以一定範圍之物爲保險標的者（總括保險）；亦有以多數之物爲保險標的者（集合保險，保第71條）。財產保險契約因其所承保之危險事故不同，而可分爲：

　　1. **火災保險**：爲保險人對於火災所致保險標的物之毀損或滅失，及有關費用負賠償責任之契約。致保險標的損失之火災，依一般觀念，應爲一種異常之燃燒，而顯失通常使用火之條件及意義，即必須屬於所謂敵火（hostile fire），該火須已離其爲使用火而存在之物、處所、設備等，而導致毀損始可。該火如屬友火（friendly fire），其在爲一定目的而使用火之處所等燃燒，而致有損失，則不屬於火災保險範圍。因此，如置於火爐上之磁器因爐火發生損壞，則保險人不負責任，但如該爐火燃燒到爐外，將地毯燒壞，保險人即應負責。

　　2. **責任保險**：責任保險是保險人於被保險人對於第三人，依法應負賠償責任，而受賠償之請求時，負賠償責任（保第90條）。如汽車責任險，即爲汽車所有人因恐駕車肇事而負賠償責任之保險，藉以保全其財產。

　　3. **海上保險**：海上保險是保險人對於保險標的物，因海上事變及災害所生之毀損、滅失及費用負賠償責任。海上保險並未規定於《保險法》，而規定於《海商法》中，惟仍有《保險法》之適用（海第126

條）。海上保險較特殊之規定，即爲被保險人之委付制度，此爲被保險人於發生特定原因時，得將保險標的物之一切權利，移轉於保險人，而請求支付該保險標的物之全部保險金額（海第142條）。蓋因海上運送往往難以監督，又具相當之危險性，有時亦難對損害之發生加以證明。於此，如保險人拒絕給付保險金，則被保險人得不到賠償，其投下之資本又遭損失，對其相當不利，故規定被保險人得按保險金額請求賠償，以補救缺陷。

4. **陸空保險及其他**：陸空保險爲陸上、內河及航空保險人，對於保險標的物，因陸上、內河及航空一切事變及災害所致之毀損、滅失及費用，負賠償責任（保第85條）。此類保險有部分與海上保險相類，故航行內河船舶運費及裝載貨物之保險，準用海上保險之規定（保第89條）。

其他財產保險則爲不屬於上述各種保險範圍，而以財物或無形利益爲保險標的之各種保險（保第96條），如竊盜保險。

（二）人身保險

人身保險是以人身爲標的之保險，《保險法》規定有人壽、健康及傷害保險。人壽保險是以被保險人在契約規定年限內死亡，或仍生存時，保險人應依約負給付保險金額責任之契約（保第101條）；傷害保險則以被保險人遭受意外傷害及其所致失能或死亡爲賠償之責（保第131條）；健康保險是因被保險人疾病、分娩及其所致失能或死亡時，保險人應對之負責之保險契約（保第125條）。人身保險本質上具有儲蓄之性質，因此，縱使要保人未付保險費，保險人亦不得以訴訟請求（保第117條），而且，保險費如已付足1年以上者，要保人得以保險契約爲質，向保險人借款（保第120條），且爲免道德危險之發生，以他人之生命所訂之人壽保險契約，未經被保險人書面承認，不生效力（保第105條、第106條）。

伍 **海商法**

一、海商法之概念

《海商法》是以船舶在海上或與海相通之水面或水中航行所生之私

法上權義關係，爲主要規律對象之法規。因《海商法》屬《民法》之特別法，故如《海商法》所未規定之海商事件，則應適用《民法》及其他相關法律之規定（海第5條）。《海商法》之發展較一般商事法規來得早，在《漢摩拉比法典》中，即設有關於海商之規定。其後之《羅度海法》，可謂爲《海商法》之先河。海上商事以海上運送爲中心，並包括其他相關規定，概可分爲：海上企業組織——以船舶、船舶所有人、船長、船員爲主；海上企業活動——以海上運送契約爲中心；海上事故——包括船舶碰撞、救助、撈救、共同海損及海上保險。

二、海上企業組織

（一）船舶及船舶優先權

《海商法》之船舶，是指在海上航行或在與海相通之水面或水中航行之船舶（海第1條）。但船舶法所稱之小船（指未滿20噸之動力船舶或未滿50噸之非動力船舶）、軍事艦艇、公務船，以及海商法第1條規定以外之其他船舶，則除碰撞外，不適用《海商法》之規定（海第3條）。船舶在法律上之性質屬於動產，然而《海商法》上之船舶則兼有不動產之性質，如其轉讓、抵押、租賃等，皆如不動產般須作成書面，且應辦理登記，惟其爲對抗要件，與不動產之登記爲生效要件不同（海第8條、第9條，船舶登記法第3條、第4條）。

普通債權之受償，債權人並無優先之權利，然如爲船舶之一定債權，其債權人可以優先受償，是爲海事優先權。海事優先權具有擔保之效力，依法律之規定而生（海第24條以下），當事人不得約定，爲一法定質權，其受清償之次序，更且在抵押權之前，而且此類優先債權，不因船舶所有權之移轉而受影響（海第31條）。對於海事優先權，有認爲其爲一債權者，惟大多數皆認爲其屬一擔保物權。

（二）船舶所有人責任

船舶所有人利用船舶從事海上業務活動，多半委任船長及船員，其管理監督往往不能及之，且海上航行多具危險性，危險一發生，則船舶所有人之損害必然非常之大，故而航運國家之通例，對於船舶所有人從事海

上業務活動所生之債務，均令其負一定之限制責任，不似《民法》上採取無限責任。各國對船舶所有人之限制責任制度，有採人的有限責任（金額主義、船價主義），乃船舶所有人就一定之金額負有限之責任。債權人在船舶所有人負責之金額限度內，得就其陸上財產請求強制執行；有採物的有限責任（執行主義、委付主義），乃船舶所有人僅以特定之財產負其責任。債權人僅得就該特定財產拍賣取償，不得對船舶所有人之其他陸上財產，請求強制執行。我國關於船舶所有人之限制責任，係仿照1924年船舶所有人限制責任公約之規定，於《海商法》上設列舉事項，船舶所有人對之負限制責任。船舶所有人對於一定事項所負之責任，以本次航行之船舶價值、運費及其他附屬費用為限（海第21條以下），係採人的有限責任。惟如債務之發生是出於船舶所有人自身行為所造成者，則即無限制責任之適用，仍應負無限責任（海第22條）。

（三）船長及海員

《海商法》稱船長者，謂受船舶所有人僱用主管船舶一切事務之人員；稱海員者，謂受船舶所有人僱用由船長指揮服務於船舶上所有人員（海第2條）。

三、海上運送契約

海商是以海上運送為中心之一種商事，故以海上運送問題最為重要。運送契約可分為貨物運送、旅客運送及船舶拖帶。其中，貨物運送更是運送契約之重心。

貨物運送契約是以運送貨物為標的，收取運費，由運送人與託運人所訂立之契約。《海商法》規定有傭船契約及件貨運送契約。前者乃指運送人約定將船舶之全部或一部供託運人運送貨物，託運人於完成運送後給予運費之契約；後者則以件貨之運送為目的之契約（海第38條）。在傭船契約之狀況，運送人應提出契約所定之船舶，如運送人未得託運人之同意，將貨物裝載或轉載於契約所定船舶以外者，即為違反契約；而件貨運送則不生確定船舶之問題。

運送契約訂立後，運送人應提出具有堪航能力之船舶，此堪航能力

指包括船體之適航能力及船舶適合裝載約定貨物之設備。船舶之堪航能力須於發航前及發航時存在，如於發航後，因突失航行能力所致之毀損或滅失，運送人則不負賠償責任（海第62條）；且運送人對於承運貨物之裝載、卸載、搬移、堆存、保管、運送及看守，應為必要之注意及處置（海第63條），如運送契約等有免除運送人強制責任之約定者，其約定不生效力（海第61條）。

託運人於貨物裝載後，得請求運送人或船長發給載貨證券（海第53條）。載貨證券原可分為裝船載貨證券（shipped bill of lading）及收貨待運載貨證券（received for shipment bill of lading）。前者為貨物裝船之後始發行之載貨證券；後者則指運送人已收到貨物而尚未裝船之前所發行者。我國《海商法》僅承認裝船載貨證券。

載貨證券之效用與陸上運送之提單相同，可作為：（一）收受貨物之證明；（二）運送契約之證明；（三）表彰運送中貨物所有權。載貨證券應載明一定事項，對於依照託運人書面通知之貨物種類、品質、數量、情狀及其包裝之種類、個數及標誌，亦應載明。然此類事項，如與所收貨物之實際情況有顯著跡象，疑其不相符合或無法核對時，得不予載明（海第54條）。然此易導致「不知條款」之應用，蓋因載貨證券採文義責任（海第74條），發給人對於載貨證券上所記載者，應負其責，但如採行不知條款，則可能排除載貨證券文義責任。貨物受領時，受領人須依載貨證券請求交付貨物，運送人亦應依載貨證券之記載，交清貨物（海第56至第60條、第74條）。

運送之貨物之喪失、毀損或遲到等，除有免責之事由外（海第69條至第73條），運送人應負賠償責任，對於賠償之數額，除貨物之性質及價值於裝載前，已經託運人聲明並註明於載貨證券者外，運送人或船舶所有人對於貨物之毀損滅失，其賠償責任，以每件特別提款權666.67單位或每公斤特別提款權二單位計算所得之金額，兩者較高者為限（海第70條）。

在海上運送中，新興之運送方式，乃採取貨櫃運送，也因貨櫃運送之「door to door」方式，使得《海商法》之適用成為重要之問題。另外，基於貨櫃性質，自不可能不置於甲板上。雖然甲板裝載，貨物所生之毀損，

運送人不能免責，但因貨櫃須置於甲板上，故可視其為航運種類或商業習慣，運送人等因甲板裝載所致之貨物毀損，可不負責任（海第73條）。

四、海上事故

海上事故包括船舶之碰撞、海難之救助、撈救及共同海損。船舶碰撞因不可抗力所致，被害人不能請求賠償。如因一方之過失所引起，自由其負責；如雙方均有過失，則依其過失比例負責，即令碰撞之引起係因引水人所致，亦須負責（海第94條以下）。

救助及撈救，是指在海難之際，對於人命或貨物加以援救，使其脫險之行為。救助是指船舶或貨載尚未脫離其船長海員之占有，而由第三人加以協助救濟；撈救則指船舶或貨載已經脫離船長或海員之占有，而由第三人協助救濟之謂。船長對不甚危害其船舶、海員、旅客之範圍內，對於人命應盡力救助，違反者應受刑事處分，且不得請求報酬，但對於貨物之救助等，則可請求報酬。惟實行施救中救人者，對於船舶及財物之救助報酬金，亦有參加分配之權（海第102條以下）。

共同海損則為海難中，船長為避免船舶及貨載之共同危險，將全體之危險變為部分之危險，化全部之損失為部分之損失，其所為處分而直接發生之損害及費用，由利害關係人分擔之。船舶航行於大海中，船舶貨物等成為一共同利益團體，於發生危險時，為謀共同安全，犧牲一部分，而謀求全體之安全（例如，在緊急時船長為減輕船舶的載重，命令將一部分的貨拋入海中，以保船舶免於沉海），在此情況下所生之損失，應由全體利害關係人來分擔。因此，如倖免於難的貨物之所有人未清償其分擔額，則運送人或船長得留置其貨物（海第122條）。然對此種共同損失之分擔，應負分擔義務之人，亦得委棄其存留物而免分擔海損之責（海第124條）。

第三編

法學原理

第一章　法與正義

序說

　　法與法律一詞，各國雖有不同之用語，但其涵義頗為近似。德語稱法為「Recht」，法語則稱之為「droit」，二者皆有「正」字之涵義，亦可意為「右」。英、美稱法時用「law」；與德語之「Recht」或法語之「droit」同性質之英語的「right」一字，則專用在權利意義上。並且，英語之「right」一字與德語之「Recht」或法語之「droit」同樣有其為「右」或「正」之涵義。除德國、法國以外，尚有義大利、西班牙、葡萄牙、瑞典、挪威、丹麥等國之文字，亦均將法與權利應用同一個文字，因此亦與「正」字同義。易言之，凡與一定規範或基準相一致之狀態，便為「正」的狀態。故法之本身應該包含有「正」的觀念，內存著正義，以正義的理想構成法的主要內容。換言之，法即正義，正義乃法的本質。遺憾者在人類歷史上所存之法，未必全是正義的表現，偶爾亦會參雜著惡法、不完全的法，或不合時代潮流的法，此為無可否認；雖然如此，吾等亦不能因此而否定法之應具有正義的理念。

　　本文所指正義表現之法，應與具體的條款，或社會上所實用的法（實證法）有所區別。實證法裡所包含的特別規定或制度，雖有因時因地所具備的妥當性，然往往亦會因立法者——「人」所存有的不完全性，或因法所依存之社會、經濟、歷史的變遷，未必常能維持其正義性。因此，在矯正實證法之不完備、不完全或缺失的時候，自然會顯露更高層次的法——「正義」，並以之為基準。茲將希臘初期的正義論、亞里斯多德（Aristotle, 384-322 B. C.）的正義論，以及正義論的發展，還有平均正義與分配正義之具體實現等問題，分別加以討論，並再就自然法的觀點略加敘述如後。

希臘初期的正義論

　　如前所說，法即正義，然究竟何謂正義？有關正義的內容，古來有很

291

多學者之議論。在這些正義論中，具有現代意義之科學論述者，有亞里斯多德之正義論。亞氏之前，則有同在希臘，以數理自然哲學來說明正義的畢達哥拉斯（Pythagoras, 570-495 B. C.）。畢氏是古希臘數學之王，認為任何事物皆由數來形成，以求其平衡；宇宙萬物，均可依數理原則加以支配為前提。而正義者，得以自乘數之「4」的平方數來表現之。「4」者，代表均分、平等、均衡及公平之意。在幾何學的圖形上，「4」是形成正方形。人如違反正義，或毀損正義時，以數理的必然性，對之會產生應報或賠償。如斯正義觀念，暗示著正方形是均分公平的思想。一方面在私法上提供等價交換原理，即在私生活裡，暗示著商品與其代價之給付及反給付之均衡法則。他方面，在對等報復的思想裡，在刑事上，提供對犯罪者之科處刑罰；在民事上，對加害人之科予損害賠償責任等。象徵著犯罪與刑罰，損害與賠償之相互均衡性。此外，畢氏之正義論，並非依人的主觀好惡來判斷，或者單憑人的身體實力來規定之，而是超乎人為，具有客觀與絕對的存在性。這種思想可謂成為後世客觀自然法理論之先驅。

以上希臘初期之純樸直覺的正義觀念，已超越人類意願與主觀的判斷，但這種傾向，因「索非斯特」（Sophist，古希臘之詭辯家）之主觀見解，而被中斷一時。索非斯特的態度雖有例外，但大抵欠缺對客觀真理的科學追求；一般傾向乃採主觀主義、便宜主義的立場。因此，對於國家構成的理論，亦置於主觀主義或相對主義之判斷基礎上。即以「人為萬物之權衡」之構想，認為法與國家者，乃依人類的意願而採用之功利方便的手段罷了。故正義或非正義皆為人為的創作物，可任憑人類意願來決定其內容與範圍。

對於索非斯特派的立論，持反對見解者，有蘇格拉底（Socrates, 469-399 B. C.）與柏拉圖（Plato, 427-347 B. C.）。該二氏極力鼓吹正義之客觀性，以及超人為之絕對存在性。蘇格拉底以「人為萬物之權衡」，承認人類普遍的理性，這種理性，將與「以人類所知之神的宇宙觀為基礎」之國家法律秩序相結合。其結果，正義乃是由於人類行為高度秩序化而存在，此種存在乃客觀地被承認，人類亦應自然地加以服從。所以國家並非如索非斯特派之所謂因人類意願或利己心之產物或創造物；而是基於神的

宇宙觀。因此，人類應絕對服從國家的法律（正如蘇格拉底，爲恪守雅典法律，終於受刑之執行而飲鴆身死）。柏拉圖，亦反對索非斯特派之論調，否認正義爲人爲的相對物，他把正義視爲一種「德」，其內容則與柏氏所主張理想國家的思想相結合。惟柏拉圖之主張乃在強調，正義者非屬人爲之創造物，而是具有其客觀性認識之客體，其內容只不過成爲人類及國家的道理或原理。柏氏的學徒亞里斯多德，再進一步的藉此定立法的內容，同時還參與了科學的基礎。以下討論亞里斯多德的正義論。

貳　亞里斯多德的正義論 —— 平均的正義與分配的正義

亞里斯多德謂：人類爲政治的動物，須共同生活，尤其不能離開國家（社會）而存在；正義者，政治之德也，須對之賦予客觀的內容。他認爲，正義可謂利益與不利益之正當分配，正常的政治，乃依從於正義的政治；即，非依照「法」去規範政治不可。正義如國家之精神，國家得藉此厚植其基礎。亞里斯多德又謂，現實的國家所以偶會陷入危機，乃因有不正常政治，政治非依照民間之希望之故。尤其是對於具戰爭征服方式之暴力壓迫組織，應設法對抗之、排除之，以便確立正當的政治組織。

亞里斯多德於其立論中，進而對於正義內容作敘述，他說正義者意爲平等，各人均確實地獲得自己的平等，而設法使其並無過度或不足之狀態。他把正義分爲平均的正義與分配的正義（即均衡性正義與分配性正義）兩種，前者乃將所有的人類均具有全然同一的價值來處理，彼此間無任何的差別爲內容，其結果會導出，在共同生活裡，各人均立於等價地位，不能予以差別待遇之平等原則。在社會中保持著個人間之給付與反給付、損害與賠償、犯罪與刑罰之均衡性。對之分配的正義，乃在團體的生活下，配合各人的價值，賦予團體精神上、名譽上或物資上之利益。由於人之人格、才能、經驗、勤惰等因人而異，配合著其差別而予以公平之相異處置，此便爲分配之正義。易言之，團體、名譽、財貨或其他之文化利益等，應配合各人的能力及功績來分配。其結果，如果對人格高潔者、經驗才能豐富者及相對貧乏者，給予同等的待遇，則反而會違反正義的要求。

參 正義論之發展

如上所述，亞里斯多德的正義，在社會共同生活中，對各人以同等看待；但在團體裡應配合著各人不同的價值來作適當的分配，此乃標榜「予各人以其物」。羅馬之法學家烏爾比安（Ulpianus, 170-228 A. D.）主張，正義者，意為給予各人以其權利歸屬為確定恆常之東西。此即將「予各人以其物」一語在正義內容上表現；亦充分地表明「該等者等，該不等者不等」之公平原理。

然而，正義本為構築人類社會生活所不可欠缺之基石，在此基石上承認個人的人格與個人的自由，為促其人格的發展而保有並利用外界的財貨來維生。在團體裡配合著個人的應得分，來保障及承認其利益之享有。此即為後世英國法學家邊沁（Jeremy Bentham, 1748-1832）所主張，最大多數的最大幸福之立論。易言之，正義者，在人類共同生活裡，對物資上、精神上之遍及於各人之意。

所謂「予各人以其物」者，本來指為有關物質上有形利益而言，尤其在經濟價值之某種財貨的分配上，具有重要的意義。人類在財產利益上，相互間難免發生糾紛與對立，在此領域裡，應受到正義之法的支配。所以，人類社會之目的，非單純欲達到物質生活條件的滿足，對精神上滿足，或文化價值之實現，亦具重要的關切。故德國哲學家斐西特（Fichte, 1762-1814）主張，地球上的任何人除能安心從事於工作，為衣食住等生活的籌劃無憂外，並懷有希望能夠「眺望文化的藍天」，這就是正義之理念矣。又如德國近代法學家拉德布魯赫（Radbruch, 1878-1949）謂，各人無須將眼光不斷地往四周掃射，以資監視自己的利益；而應如同偶爾眺望天際之星與地上之花一樣，將自己保持某種程度的沉默，靜聽著良心的微聲，對於人格上、文化學術上，或道德教養為前提條件的作為上，盡力者便是法也。易言之，正義者，在人類社會生活上，非但須調整各人物質上得失，其對於精神幸福之助長，亦有貢獻之任務。

肆　平均的正義與分配的正義之具體實現

如前已述，畢達哥拉斯乃以正方形象徵正義，其觀念乃表現平衡或均衡，暗示著犯罪與刑罰、損害與賠償、給付與反給付間之相互對立。亞里斯多德亦把平均的正義之理念，利用在犯罪與刑罰、商品與價金之相均衡上。對此問題，分述如下：

一、犯罪與刑罰

對於犯罪，認為非科予刑罰不可者，乃基於人類的本能，此為應報正義之實現。即是有一定反社會行為出現時，被害人或其親屬，必會先考慮到報復或復仇。因公權力之確立，刑罰成為國家之公刑罰，這種刑罰的本質並無變更。依照以往應報的正義為基礎，對犯罪者科予相當之惡害。復仇之女神，以手持天秤的姿態出現，天秤之兩個盤子乃是用以衡量犯罪與刑罰。如斯利用人類報復的本能，而有「以眼還眼，以牙還牙」，使實害與應報同一，兩者在價值上亦應存有對等的等價報復之觀念。

將刑罰視為應報，把應報視為正義之思想，並非單純為人類本能上感情的發洩，同時亦含有社會正義的理念。亞里斯多德主張之平均的正義，乃暗示著犯罪與刑罰間之均衡。近代德國哲學家康德視刑罰為人類自由意志之應報，主張人類為道德的人格者，具有意思之自由，故須對自己行為結果負責任，基於自己之意思破壞法律而侵害他人的生命或自由財產時，須予被害人賠償，此即正義之要求；對犯罪科以應報之刑罰來相抵銷者，乃要犯罪者盡道義上責任之故。德國哲學家黑格爾亦依辯證法的立論，主張犯罪者屬法的否定，刑罰者乃「對於法的否定再予否定」，即以這種否定之否定（負負得正）來回復法的本來立場之心理過程也。其結果，詐欺他人或殺傷他人者，便是否定保護他人利益、自由之法律也；然刑罰亦為對人類自由的否定，這種自由的否定，乃對否定法者（犯罪者）所作為的「再否定」，故「再否定」是在建設自由。此乃以惡害為內容之刑罰，認為是正義的實現而被活用。

近代的思想，不以單純之應報來理解刑罰，而認為刑罰的目的在於

教育改善犯人，以之防衛（保護）社會爲其目的。即是刑罰爲適應正義實現之思想，雖置於平均正義來考慮，然而正義除平均正義外，還有分配的正義，即依犯罪者之性格、境遇、具體動機、預謀等關聯事項，考慮刑罰的內容，即是按「等者等，異者異」來處理分配的正義也。刑罰者非以單純的應報，而是以教育犯人爲中心來考慮。過去以應報主義的觀點考慮刑罰，犯嚴重殺人罪者科予死刑，與較輕竊盜則科予2月徒刑相比，罪刑關係一律以客觀定之，此即客觀主義的態度。尤其在近代權力分立主義下，法官之適用法律不許介入任意的判斷。

然而，如將殺人一概認爲是重罪，對之科予重刑，對輕微犯罪之竊盜則科予輕微刑罰，亦未必爲眞正正義實現之道。因爲，如激於義憤爲國除害而殺人，與謀財害命、強盜而殺人之責任，不得等量齊觀。竊盜亦然，有爲飢餓所逼，而竊取他人的一塊麵包，此與竊盜金庫之慣犯等，亦不得相提並論。現行《刑法》對各種犯罪定有廣大幅度的刑期，例如《刑法》第271條規定，殺人者，處死刑、無期徒刑或10年以上有期徒刑；同法第59條又規定，犯罪之情狀顯可憫恕，認科以最低度刑仍嫌過重者，得酌量減輕其刑。故有極廣泛的刑罰範圍，並非單純如過去以惡害應報而科予刑期，乃是以教導犯人改過遷善，使之能成爲有用於社會正常之人，而回歸於社會爲其目標。以教育改善之立場，論及刑事責任，是乃正確的正義理想之完全實現也。

二、侵權行爲與損害賠償

侵權行爲者，指故意或過失不法侵害他人權利之行爲，對此《民法》規定行爲人對受害人應負損害賠償之責任（民第184條）。一般侵權行爲同時犯刑責之情形亦不少。犯罪行爲乃對社會負其責任；反之，侵權行爲乃對被害人負其責任。易言之，科處刑罰，乃社會所期待，主要能獲得威嚇預防之效；民事賠償，乃被害者個人所受損害之得請求回復。本來，回復以完全復原爲理想，但多數場合裡回復已不可能，故代之以金錢賠償，亦即以回復原狀爲原則，金錢賠償爲例外（民第215條）。

侵權行爲，在社會生活中經常發生，其態樣亦千差萬別；且侵權行爲

之成立，以行爲人故意或過失之存在爲必要。過失責任之原則，乃因近代初期對個人自由活動之尊重而起。在過失責任主義下，個人對其行爲予以充分的注意始可不負責任，惟由故意過失者負擔賠償責任者，乃受到近代初期個人自由活動尊重之原則，以資確保自由競爭思想；以當時的社會而言，斯亦具有相當的重要性與妥當性。

過失責任主義者，以個人對其行爲應予充分的注意，而且應對之負責之意也；此在個人人格的尊重、個人活動自由發展上確有很大的效果。同時，對故意或過失者負擔賠償之責任，也頗爲合乎正義的觀念。

然而，隨著資本主義的發達及企業集中擴大傾向，以及機械、文明的進步、工廠的經營、交通與都市的發達，使成爲不能單憑過失責任主義，對損害的發生獲得公平妥當的解決。即如在大企業中，經營者即使已盡了萬全之策劃及監督指導之責任，但仍免不了有不能防止之危險發生。又如，在都市裡的交通機關，尤其在汽車日益增加的結果，因此所引起的損害，往往已接近於不可抗力之程度。進一步言，人類在社會裡，處於必然會發生損害之狀態中，偶因天災地變，即會遭受或大或小的損害。這種對無過失所致的損害，亦予公平分擔之法理，就產生無過失損害賠償之立論。這種立論所具的理由有二：即報償責任主義，與危險責任主義。前者乃利益之歸屬處，損害亦應歸屬之；後者乃危險物所有人，應負擔由該物所生損害。所以在工廠裡做工受傷之勞動者，或因礦毒或工廠所排出的廢液、廢氣（公害），致生活利益受損害者，亦能獲得救濟。更進一步的解決方法，如社會保險或社會保障之制度化，由有受害危險及予人損害之虞者，來組織保險團體，損害發生時由該團體來補償之制度；或由危險企業者加入責任保險，把保險費亦算入於成本的一部，由所有企業利用者全體來分擔之。這種由過失責任主義演變至無過失責任主義之過程裡，亦可看出社會上，由平均正義趨向分配正義發展。

三、契約上之給付與反給付之均衡

契約當事人雙方，各負有對價意義之義務或債務，此便爲雙務契約，例如買賣、互易、僱傭、租賃、承攬等均屬之。買主之價金給付義務與賣

主之標的物交付義務；雇主之報酬給付義務與受僱人之勞務提供義務；承租人之租金給付義務與出租人之將出租物提供使用之義務；定作人之報酬給付義務與承攬人之完成特定工作義務等，各應保持其對立的均衡。因此在原則上，雙務契約裡對於他方當事人未爲對待給付前，得拒絕自己的給付（民第264條）。此即爲同時履行抗辯權，認爲在雙務契約中之對價關係的義務，應予同時履行方爲公平。在程序上，行使同時履行抗辯時，法院通常應諭知交換給付之判決。

又如債務人之給付不能履行時，依照均衡正義之思想，也不應接受反對給付。例如，甲裁縫師與乙約定，以3,000元代價爲乙製作西裝一套，甲因意外的車禍斷了右手，無法完成工作時，甲雖可免除工作，但也不得向乙請求報酬；甲從乙處承租房屋一棟，因遭第三人之放火把該屋燒毀時，乙可不再提供房屋讓甲使用，但也不得請求甲付租金。但雙務契約當事人甲、乙一方有責任時，其結果又有不同。例如，甲購買乙的房屋，在履行期前，因甲之過失燒毀，此時甲猶不能避免價金之給付；乙在甲的工廠服務，因歸責於甲的事由，原料短缺，致乙無法工作時，乙仍得請求工資之給付。

給付與反給付之均衡關係，在雙務契約中表現得最明顯之實例爲勞動契約。勞動契約中之當事人爲僱用人（又稱爲雇主）與受僱人，受僱人根據所定的受僱條件提供勞務便爲給付，對之而生之工資等報酬爲反給付。在近代初期自由放任主義的思想下，依當事人的自由意思所定的契約而成立之給付與反給付之關係，本應合乎正義。即如對雇主所提出的勞動條件有不滿意時，受僱人得另覓自己認爲更好的雇主；雇主如欲保留、獲得理想或有能力的工人時，理應提高勞動條件，以此市場機制之自然原理，調整適當的關係。

然而，在資本主義發達的社會裡，大企業家與勞動者，未必立於平等的地位，有經濟上強者與弱者之對立。企業家有解雇勞動者之自由，然勞動者爲生活所逼，並無不勞動的自由，因勞動不似商品可儲藏起來待價而沽，故事實上，勞動者往往對企業家所提出的不利益勞動條件，非委曲接受不可。因此，單憑對等地位或契約自由原則處理二者間之關係時，無法

實現眞正平等。一般人有鑑於此，在決定勞動條件的時候，先有一定之法定基準，當事人所約定的勞動條件不得低於該基準（例如勞動基準法及早年臺灣省所實施的三七五減租條例是）。他方面也承認勞動者之團結權、團體交涉權及爭議權等（此稱勞動三權），以資提高並改善勞動者之地位。使所有的人均能適應相當程度之人類生活，以求實現實質上之平等，而非形式上平等。尤其保障工人之生活及健康，以資配合正義的要求，爲近代各國廣爲推行努力實施之目標。

伍　自然法——正義在自然法上的表現

　　如前所述，就法的內容言，法之首要意義爲正義的表現，其與正義的理想，具有深切不可分割的關係。正義的觀念，非僅在法的領域裡，尤其在法學裡更具重要的意義。惟從前未必將法與正義相關聯，尤其視法爲強者之利益或支配者之實力，至今猶留有其遺跡。一般觀念，只以實證法來形成法的觀念，然現實社會的實證法，未必常能代表正義的理想。倘如從法裡完全除去正義的要素或理念，則法學會成爲一種技術上處世之術，或可稱爲「麵包」的學問。難怪西洋有諺語謂：「好的法學家，壞的鄰居」、「法學家爲壞的基督徒」、「法之極爲不正之極」等，以此譏諷法學家。此乃將法與正義分離之緣故，在社會生活上，人類與其他之動物相異者，在於人類具有理性，內心存有何者可爲、何者不可爲之基準，無須特別指示，亦能自明。例如，勿殺、勿盜、勿欺他人、信守契約等，這些基本原理，自古人類皆以常識來承認，在社會上，任何人均無疑地承認其妥當性，並認爲社會生活之基本原理，而具有與自然法則同樣的意義。因此，自古稱這種法則爲自然法。自然法者，在法的領域裡爲正義的表現，而給予社會本質上奠定基礎，所以亦能成爲實證法的根基，以此爲指導、支配、修正或補充實證法之基本原理。

　　這種自然法，在社會上成爲實現正義之法的原理。正義的內容非但「予各人以其物」，而在予各人以其物之積極性義務下，又產生不得侵害他人之物的消極性義務。其結果當然可導致殺人、竊盜之禁止，以及契約誠實履行的歸結。斯在任何民族或任何時代裡，均能具有適用之普遍妥當

性，而這種妥當性，未必始自國家的成立或國家的具體立法，可謂與自然法則相同，本由自然而定之。易言之，只要人為社會共同生活之政治動物時，在這種社會裡，為了維持共同生活，必須制定行為的準則來讓大家遵守。即在社會正義的認識下，自應尊重他人的財產、生命、名譽等，且因而各受其拘束或限制，方能維持和平、安樂幸福的社會生活。自然法在社會生活上，並非基於人與人間的協定或約束而作成之人類生存基本條件，而是存在於喜愛自由、平等、理性之恆常不變的支配原理中，各人均基此而行為，方能遂行社會共同生活上的井然秩序，此如在自然界裡，萬物之在一定自然法則下，保持其統一秩序的運行。

昔日有人把「法」認為是主權者的命令，國家先於法而存在，因此法的內容，可由國家（政府）任意的制定，斯乃將國家的制定法擺在狹義的見解裡。其實，法並非僅待國家的制定而存在，法亦應約束國家的活動，而成為國家統治活動的基準。國家與個人之關係，亦應受法的支配。然極權國家視國家為優越的存在，相信國家為萬能，不可能有錯；在國內為支配階級的利益，犧牲國民大眾的利益，甚至於在國際上還達到否定國際法的地步。肯定國家之絕對權力者，把條約的基礎求諸於自主性之自我約束，國際間當然亦存有超越國家妥善性自然法的存在，契約非遵守不可之自然法原理之運用下，任何國家都應受到由自己所訂立之國家間條約的拘束，以此得以實現社會正義與國際和平。

第二章　自然法理論之演進

自然法以法之普遍妥當性為基本原理，對於所有的人類在任何的時代及任何的場合裡，均有其拘束力。如斯的自然法，始於希臘，經由羅馬與中世，至近代初期止，是有2,000多年的歷史，受多數人類的強調與支持。吾等可將自然法理論的沿革，分成三個階段來說明之：第一階段為古代自然法理論，主張法的普遍體系（重宇宙的條理）；第二階段為中世之自然法理論，以宗教倫理之合理性（即神的睿智）為基礎；第三階段為近代之自然法理論，以自然權（人的理性）為其理論基礎。分析討論如後：

壹 古代之自然法理論

就主要點言，古代之自然法理論首推亞里斯多德的自然法，該自然法不問人類之喜歡與否，隨處可行，非因被制定而是自然存在於人間；在其效力與原因上，與制定法有所不同。易言之，自然法者，隨時有使人行善避惡之效力；反之，制定法者，僅在立法權的範圍內有其效力。就原因云，自然法者乃是存於人性，在人類的生活與行動上所自明，及以無可否定之形式而存在；反之，制定法乃人為，藉人的思考方始出現。羅馬的西塞羅（Cicero, 106-43 B. C.）提倡超越時代民族而存在的自然法，認為在比產生制定法更早以前，社會上均已存有具有普遍妥當性，最高不成文的自然法，此為神授，內容在勸人行善避惡，深印人類的理性當中，得由人類的本性來察覺之。

貳 中世之自然法理論

中世的自然法，在思想上另產生新的發展。在此所展開的自然法，理論上雖以基督教的教義為基礎，但即使離開宗教，亦具有其本身上一般妥當的內容。其代表者湯瑪斯阿奎那（Saint Thomas Aquinas, 1225-1274），首先承認永久法的觀念，曾云：由神的理性支配萬物，人類乃依其理性參與永久法，因而產自然法。自然法者，識別吾等善惡之自然理性之光，其

第一要義在於行善避惡。自然法者有其共同之一般原則，但對萬物的關係細目，則未必同一。湯氏對自然法與實證法（又稱為實定法）關係的敘述，也被評價為具有現代的意義。在人類的社會生活裡，自然法所應支配者，不應因時、因地而有所差異。自然法之具體內容，即使在特定社會裡未被明示，但各人自始即已有心得，惟單依賴自然法的一般抽象原理，猶未能規律具體的社會關係，故有為各個場合制定具體細目規範之必要。

依湯瑪斯阿奎那言，得將與自然法相對立之實證法分為兩種：一者將自然法原理之必然歸結明確化；二者為將自然法內容細目確定。前者，以自然法之一般原則為前提，由此演繹做各項規定，例如，從予各人以其物或勿害他人之一般原則，導出勿殺他人、契約之應履行等各個原則。此等自然法必然歸結之諸原理，無須明示規定，亦能依社會各人之常識來察悉之，而具有法之無條件的妥當性，故即使未知實證法的存在，亦對各人社會行動並無妨礙。就後者，將自然法的細目確定言，自然法者，如前已述，以一般基本原理來表現，對社會生活之實際規律，太過抽象或一般，故未能對各人社會生活上具體行動提供充分的效果。

易言之，自然法者，以「予各人以其物」，使「等者等，不等者不等」為內容。但是何謂各人之物、何謂等，或不等，具體上判定辨別乃非常困難，尤其在實際分配正義之際，應依各人的價值，合理地分配其所應得的社會地位、精神名譽、物質報酬等。然，實際價值判斷之基準，因各時代之社會或世界觀，而有所不同。因此，除常識上自然法的基本原理外，還須有各種具體細目的實定法規。如斯湯瑪斯阿奎那的自然法理論，表現於現代化社會，就其原理細目之確定言，例如，由勿殺他人之自然法原理，導出有關殺人罪之刑法諸規定，對殺人區別其故意過失，而依其不同的態樣科予不同的刑罰；依契約非遵守不可之基本原理，對社會現實生活上所締結之多種多樣的契約，規定契約履行的態樣、效果等各種有關的規定。

參 近代之自然法理論

一、格羅秀斯與霍布斯之自然法理論

（一）格羅秀斯的自然法理論

被稱爲自然法之父之格羅秀斯（Hugo Grotius, 1583-1645）的根本思想，依照他所著的《戰爭與和平法》[1]之序言中云，法者社會之秩序也，其最終根底，乃求自於人類之社交性。格羅秀斯言，法者分爲自然法與意思法。自然法者，在自然道德律中，定立人類相互的行動，此與意思法，即國家制定法或萬民法相對立。自然法其性質爲絕對的，任何人均不得變更；甚至格羅秀斯曾說：「自然法是如此不可變的，甚至不能被上帝自己來改變。」自然法從格羅秀斯開始，脫離中世紀神學的傾向，而成爲近代理性的東西。

格羅秀斯亦認爲，自然法者乃基於人類本性之不變原理，其根源在於人類理性之社交性，例如，勿侵害他人之所有權、對使用他人之物取得利益之返還、賠償予人的損害、契約的遵守、因不法行爲受到刑罰的制裁等，均構成自然法的根本原則。因此，生命身體的安全、無主物的先占、契約的神聖性等，亦屬於自然法上的基本權。格氏認爲，國家的任務在於依共同力量實現共同的福祉，共同福祉者爲「共同之物」，即人類生命身體之安全之意也。國家者，實現自然法之政治上的權力機構也。

格羅秀斯雖被稱爲自然法之父，然，自然法理論非由他首創。一般認爲，他是將自然法從神學的權威解放之第一人，但嚴格言，斯非正確，因爲抱此見解者，在他以前即已存在。格氏只不過在當時大膽先覺地主張，即使神之不存，自然法亦能存在，同時他非僅爲自然法學者，對國際法以及其他法律亦有貢獻，以其法學知識及法學知識以外廣博知識的素養，還擔任過實務外交官，爲歷史上的輝煌人物，故被世人冠上自然法之父之榮

---

[1] 《戰爭與和平法》一書，是1625年由格羅秀斯撰寫並在法國巴黎出版的關於戰爭的法律地位的拉丁文書籍，被認爲是國際法的基礎性著作。參閱維基百科，網址：https://zh.wikipedia.org/wiki/%E6%88%98%E4%BA%89%E4%B8%8E%E5%92%8C%E5%B9%B3%E6%B3%95，最後瀏覽日期：2021年11月20日。

譽。尤其對於戰爭與和平之法律，他認為需要超越宗教上對立，為人類和平的實現，確立讓國家得以準據的法律。因此，提倡超乎宗教（不論為新教、舊教或無神論者），以人性為基礎之自然法。這點格氏之功績乃不可漠視，故他被稱為自然法之父，亦有其歷史上的意義。

（二）霍布斯的自然法思想

霍布斯（Thomas Hobbes, 1588-1679）係與格羅秀斯正相反者；前者以人類的反社會性為出發點，形成其獨自的自然法理論。霍氏以其有名的自然狀態之觀念為基礎，制定自然法體系。在自然狀態裡，人類惟賴本能與熱情行動，以及依人類無限制的欲望追求，而發展至萬人對萬人的鬥爭。在此不斷的鬥爭場合中，人類因具有理性，故懂得犧牲或放棄個人的自然權來進入國家狀態。人類本來即反社會的動物，各自為自己的利益行動。因此，人類本來的生活為萬人對萬人的鬥爭，嗣為從自己保存的本能脫離鬥爭的狀態起見，乃締結契約進入國家生活。此際為抑制人類的利己心，使之不予活動之機會，遂將個人所具本能上的自由權，移交予國家的支配者，而要大家服從於國家的絕對權利。霍氏之意思，易言之，即依人類的理性，在自然狀態裡，放棄個人得行使之權利（自然權），交予國家，而不再由自己行使；據此，導出自然法的觀念。

霍氏把自然法分為三部：第一，自然法乃為求和平，要求熄滅他所指「萬人對萬人鬥爭」之自然狀態的東西；第二，自然法者，乃命令各人拋棄各人在自然狀態中侵害他人，或掠奪他人之財物等的自然權之東西；第三，自然法，乃命令契約的履行，故各人應遵守契約，不再行使依上開第二點中自然法已拋棄的自然權。總之，霍氏之自然法，乃是「己所不欲勿施於人」的概念。即契約必須被遵守，如人類違反自然法，將自己已放棄的自然權再度提出來行使，如殺人、傷害人或掠奪他人財物，則為不正，故應禁止之。

霍氏乃在人類社會的研究上，適用自然科學方法之最初的思想家，他以確立如幾何學般正確的政治哲學或國家哲學為抱負，將自然科學方法使用到社會科學上，將自然狀態之論理實證化，在歷史的存在上再構成，因這種思想的實際歸結而產生絕對主義，為後世所批評。對人類社會的救

濟，不以宗教傳統上理論來求之；而是藉離開宗教的實證態度，以求和平秩序的幸福社會為其特色。此乃霍氏之得與格氏同列而語之不朽的功績。

二、近代諸國中之格羅秀斯與霍布斯的自然法理論

　　格羅秀斯與霍布斯的自然法思想，在歐洲諸國裡產生無數的思想承繼者。經德國之普凡道夫（Samuel Pufendorf, 1632-1694）及托馬修斯（Christian Thomasius, 1655-1728）等發揚，而成為啟蒙主義的絕對主義之理論根底。另一方面，還影響英國的洛克（John Locke, 1632-1704）及法國的孟德斯鳩（Montesquieu, 1689-1755）與盧梭（Jean Jaques Rousseau, 1712-1778）等思想，成為個人主義或自由主義觀念的踏腳板或支柱，對近世市民社會的實現予以很大的作用。

　　（一）首先在德國，有普凡道夫成為格羅秀斯的後繼者。實際此說乃立於格羅秀斯與霍布斯間的折衷說，認為人類本具有社會性，同時亦擁有反社會性，其結果對現實生活會覺得不安或不確實，為防止其危險，以擁護權利起見，乃締結國家契約。托馬修斯把人類行動之終極目的，解為在求福祉，以此觀察自然法，該思想排斥以往遺留下來之某程度的神學要素，任何的法原則須與依理性被認識之自然法則相一致，以之承認其效力，故近代的自然法思想，完全由神的自然法思想解放。

　　（二）在荷蘭的史賓諾沙（Baruch Spinoza, 1632-1677），認為萬物都要努力保持其存在，人類也是如此，故進一步提出人類之實力行使自然權的想法，來說明人類本能之受國家契約的限制，這種限制應係為人類的福祉來行使；如不追求人民幸福的專制國家，會被革命推翻，以此修正霍布斯的絕對主義。

　　（三）在英國的洛克，亦以自然狀態的觀念，推論出國家狀態之人類本來的自由平等，以及為因應暴力，保障安全而設立國家。洛克的思想以自然狀態、經驗主義的方法，從國家實際的分析出發，捨棄附隨於現實國家而生之東西來構成自然狀態這點，以及在內容上，主張人類在為達成共同安寧生活目的上，將自由及權力委託與國家。如果國家濫用權力，不當侵害壓迫人民的權利自由時，須依革命來請求救濟，此與霍布斯的見解一

樣。洛克的這種自由主義國家觀，成爲光榮革命後，英國立憲政治確定與發達的思想根底。

（四）在法國的孟德斯鳩，將洛克的自由主義思想與笛卡兒以來之合理主義相結合，對法的一般理論體系化，謂人類在社會生活以前的狀態，即在自然狀態裡，受自然法的支配，以後因每個人須遂行社會生活，爲了謀求共同的安全與發展，由自然法產生實證法。這種實證法乃各種人民固有的東西，此與多種多樣的政治型態相對立。孟德斯鳩認爲在這種政治型態裡，應絕對排除權利的濫用，主張以憲法保障政治自由爲其卓越之功績。此爲權利分立之思想，成爲近代憲法上的思想基礎。

（五）盧梭則認爲，國家制度乃含有對個人之拘束，此在外表上視之好像與個人自由相爲矛盾。但國家乃基於國民的意思來組織活動，故不至於成爲自由的侵害。以國民的意思爲總意，這種總意，並非具體上之個人意思的集合，乃是藉國民的立法意思、志向與共同福祉，而成爲公正法的根據。盧梭認爲自然法爲立法之一般目標，成爲確保自由平等之法，以成爲國家倫理之前提，而變爲完全合理化之理性的自然法。這種理性的自然法之觀念，在政治上，已成爲法國革命之推動力。

三、對啓蒙期自然法理論之批評與反省

近代自然法思想，成爲諸國政治革命或立法改革之原動力，以之確立近代市民社會的諸基本原則。尤如確立所有權絕對以及契約自由的原則，將人類從中世的封建身分拘束解放，而具有歷史上偉大的任務。但自19世紀初葉以後，逐漸受到了他說之攻擊。

（一）歷史法學派

歷史法學派，乃從經驗的實證立場，將法與民族及歷史相結合來研究。本學派之代表者薩維尼主張，法者乃基於民族固有的法確信，伴隨歷史，自然生成發展。此乃反映民族精神，隨著民族生滅，不容藉立法者之意思來做人爲的制定。薩維尼的主張乃正對著德國法典的編纂運動而主張。又云，法者並不具有恆久的內容與普遍的妥當性，此如語言的發生，與民族生活直接相關聯，由民眾之意識自然形式，故彼有其理論價值。

惟，法常有從他國移入或由立法者人爲制定，而忽視歷史上現實情形。
且，關於民族精神或國民確信，乃太過抽象，具形而上學性格，因而受到
批評。

（二）一般法學派

一般法學派乃以探求「法律實在性」爲目的，對法律的實在，以純實
證性來探求，對以往之自然法或歷史法學的非實證態度，則懷不滿。一般
法學派不願對所有的法都做價值判斷，而是完全潛心於對實證法各部門之
概念分析。例如，專心於法條、命令、權利主體、行爲，以及法律關係等
之探求；而全然排除法的本質、法的目的，或世界觀等之考察。但這時代
之實證主義的傾向，乃脫離法基礎的社會生活，尤其是經濟生活，而唯以
抽象法律內容之認識爲對象，以注釋解說爲專務；且往往以精密無益的概
念分析來做概念的構成，故被譏爲概念法學。

（三）自由法學派

概念法學乃專心於法條理論上之演繹解釋，而視法官如一自動機械。
對這種傾向，首先在法國有捷尼主張法之科學自由的探求，接著在德國實
際展開了自由法運動。自由法乃主張法的自由發見，澈底排斥以往的偏於
概念構成，強調法典權威的縮小，與之成對比者，即擴大法官的權威。此
如中世的繁瑣哲學（Scholastic Philosophy）解放諸科學，由繁瑣的概念構
成來解放法學，尤其尊重法官的自由人格。

（四）目的法學派

自由法運動者，對於唯賴法條的形式上解釋盲目適用於實際生活之概
念法學，認爲在學問上乃無價值；而且，固定的法條，亦無法包羅萬象，
無足規律具無限發展性或複雜性之社會的實存情形，同時法典中亦包含有
很多的缺點。然自由法學派所主張的法的自由發見，亦欠缺客觀的基準，
而有陷入於恣意獨善的可能性。因此，自由學派爲求保障法的客觀性起
見，提倡發展利益衡量、價值判斷、法的感情、文化貢獻及條理等。此皆
爲得以補充或迴避法條因形式適用的不理想，所須援用之普遍、妥當之基
準。意將法條的形式上條規，附屬於法的目的，因此被稱爲目的法學或利
益法學，其所代表者爲耶林。

（五）新康德學派

自由法學派或目的法學派，面對著社會實存的多樣性，爲求法條適用之客觀基準起見，認爲有尋求普遍妥當性之理念的必要。因此爲法實證主義帶來破綻，於是認爲對於法的形而上學，有再度研究之必要，新康德學派由是而產生。但新康德學派猶未能完全脫離實證主義之傾向，同時又意圖想盡辦法，將自然法的觀念排除，其結果淪爲無實質內容之形式主義。康德之弟子史坦樂（Rudolf Stammler, 1856-1938）所主張之自由意欲的共同體理念或正當法，以及凱爾森（Hans Kelsen, 1881-1973）所主張根究規範中所表現的客觀基準等，便是很明顯的承認，對法非給予何等實質上內容，則實際上會變爲無意義。

（六）法社會學派

法社會學的名稱範圍很廣，前述之利益法學亦應包含於此，立於實用法學之社會工程學亦然。以埃利希爲始之「活法」的研究態度，即認爲與其對既存法條做分析解釋，還不如對實際在社會上已生機能者，當成眞的法規來看待。但此學派非僅重視依習慣、判例等表明出來的法條以外之規範；對於社會上法意識，或對以實力獲得的法秩序，亦當作問題來研究。依此見解，則難免會導致既存法秩序之修正或崩潰。

以上批評自然法之各種立論，雖各有差異，但歸根究底，均採擇普遍妥當的法理念；雖標榜實證主義，但猶未能完全迴避對自然法的承認。歷史法學派的民族精神、目的法學的利益較量、法的感情等文化價值，以及新康德派所稱的法的理念等，無非均爲不同表現方法之自然法。

對自然法思想再生之新傾向中，值得注意者有下列三種：第一種，以自然法思想之復活或再生爲目標；第二種、第三種，則與自然法相對立，對之正面的批評。

（一）新自然法學派

意將湯瑪斯阿奎那之中世的斯哥拉自然法，在近代哲學以及科學的關係上，於必要的限度內予以重新解讀的學派。本學派在19世紀後半之自然法再生的動向裡產生，對法的根本原理，非以抽象的形式，而具有世界觀性質之生命，這點乃具有現代之意義。例如：夏蒙（J. Charmont

Renard）、卡爾（Karl）、派特洛世（Petraschek），以及日本的田中耕太郎等，均被列入本學派。

（二）馬克斯主義的法理論

認爲法制度乃依其上部構造，即以一種觀念上社會經濟的構造來建立。具體以言，以具有生產手段之階級來決定法的上部構造。易言之，在社會辯證法之發展持有最終規定之力量者，爲經濟的構造也，此爲馬克斯和恩格斯之法理論。依此法理論，則對市民社會的矛盾，在市民社會的法秩序上，有澈底變革之必要。在觀念上，因法及法學，均努力於現存法秩序的保存，而強調法及法學之階級性（Bourgeois），故本理論乃主張社會革命。本理論斯後經奧國派馬克斯主義、列寧，以及蘇俄的法學家繼續發展後，成爲馬克斯列寧主義（簡稱馬列主義）的法理，而成爲共產主義國家之理論基礎。

（三）經驗主義的法思想

經驗主義的法學或法思想，目前在我國很少有人介紹過，筆者亦未知其全貌，似與法社會學採取相異的研究方法，將法當成一種的社會現象，採以實證的態度，這點二者爲共通。然前者（經驗學派）乃從經驗科學的立場，著眼於社會統計性的法。例如，利用諸種記號來觀察實證社會秩序之形成過程。此態度與過去之實用主義（Pragmatism）有若干類似之點，受近代美國合理主義的思考與影響下，逐漸被世人所重視，而成爲法解釋學與法社會學的橋樑。

四、自然法理論之現代意義

自然法在現代法思想上，亦以新自然法或自然法再生之方式，擔任有力的角色。惟自然法這一名稱，易被人誤解，又因誤解而受人指責。因爲依格羅秀斯以後自然法意義來解釋啓蒙期的自然法，好像已成爲自然法名稱之獨占，而成爲市民階級資本主義的基本觀念，非常可惜。

實則自然法者，應是在任何的社會裡均可妥當適用之基本原理，其本身之目的在於實現社會的理想正義，以及指導及監視法律生活，故其常在法律的根底裡活躍著。對這種自然法的名稱，代之以正義、衡平、條理、

文化價值、法律常識、法的感情等一般常用的名稱亦無妨。但如爲要強調法的意義或法的性格起見，使用自然法一語仍較妥適。蓋單純地稱之爲正義時，道德上、宗教上意義色彩較濃厚，以致對法律面之模糊。

　　自然法在觀念上、名稱上雖然會受到法實證主義學派之否定，但在實證主義或受實證主義影響較濃厚的新康德主義，即使否定自然法，然其實質結論上亦具承認自然法的內涵。而且其所云：合目的性、利益衡量，或正義法等之觀念，亦均可謂爲外表著不同衣裳之自然法的表現也。

第三章　民主、法治、人權

🏵 法治與國家之現代化

民主與法治社會之根本精神乃「法律與秩序」，就是有組織的民主與有紀律之自由；也就是所謂「法律之前，人人平等；法律之內，人人自由」。因此，論者認爲：「民主不僅是多數人統治的理念，也是一種政治體制，更是一種生活方式。[1]」民主與法治相輔而行，不可偏廢。

在過去，我國儒家學說重人治與德治而輕法治，所謂「爲政在人」、「選賢與能」、「人存政舉，人亡政息」、「徒善不足以爲政，徒法不能以自行」等。同時，我國古時法律也受到禮教的影響，認爲禮教才是社會基本的行爲規範，而法律之作用僅在於補助禮教之不足。例如，孔子曰：「道之以政，齊之以刑，民免而無恥；道之以德，齊之以禮，有恥且格。」孟子亦謂：「徒法不能以自行。」在唐律亦有：「德禮爲政教之本，刑罰爲政教之用。」亦足見，我國古代思想乃以法律爲輔助規範。

這種傳統輕視法律的觀念，在過去農業社會，人際關係單純的時代，自無可議；但在農業社會轉變爲工業社會之今天，由於社會結構起了重大變化，人際間的接觸頻繁，利害關係更爲複雜，人與人間之權利義務，更非人情與道德所能規律，必須繩之以許多複雜而技術性的法規，作爲社會共同生活之規範[2]。進而言之，要治理國家，更需要有一定的法紀和制度爲基礎，法紀是政治所憑藉，沒有法紀，政治便無所準據，甚至人人各行其是，社會敗亂。而現代的國家，都是以「法治」爲本，在法治的前提下，遵循正軌向前邁進。由此可見，法治與國家現代化有密切之關係。

何況，現代民主國家，在民主政治下，政府的一切措施都需要「依法行政」，而不能由官吏擅斷。在另一方面，自20世紀以來，政府的權能比

1　參閱陽明高中，公民與社會，網址：http://tea.ymsh.tp.edu.tw/gallery/375/375-9530.pdf，最後瀏覽日期：2021年11月20日。

2　參閱楊崇森，法治社會與民主憲政，幼獅月刊，第47卷第3期，頁57以下刊載，1978年3月。

過去顯著擴大，人民的各種社會生活與經濟活動，幾乎都由國家以各種法令加以規律或制約，以致我們衣食住行育樂，一舉一動都與法律結下了不解之緣。如果國民沒有守法精神，則勢必影響社會公益，整個社會秩序無從維持，同時使國家制度不能建立。許多良法無意實行起來，就難免大打折扣，影響政令的推行，甚至社會上發生是非不明，黑白不分的現象，成為國家現代化的巨大阻力。韓非子說：「國無恆強，國無恆弱，奉法者強則國強，奉法者弱則國弱。」儒家大師孟子亦云：「入則無法家拂士，出則無敵國外患者，國恆亡。」事實上，歐美先進國家，不論採取民主政體或君主政體，無一不是實行法治，而且國民均富高度之守法精神[3]。

貳 民主政治與法治國家

民主與法治是現代國家的兩大柱石，猶如鳥之兩翼、車之雙輪。歐美西方國家時常強調，「民主與自由」以及「法律與秩序」二者並重，缺一不可。民主與法治必須相結合，密切不可分，一個民主的社會如果沒有法治基礎，必成為暴民政治；反之，一個法治國家如果缺乏民主要素，便成為專制政治[4]。

民主政治是以民意為基礎的政治，民意是國民用和平方式表現出來的多數意見。民主政治是訴諸民意而非訴諸暴力的政治，民主政治是訴諸理智而非訴諸情緒之政治。國民的合理願望即「公意」，就是「民意」。民主國家中，國民的合理願望，就是政府的施政目標，國民與政府追求同一個理想，國民可以用各種不同的方式來表達意見，喚起注意，但卻不能訴諸暴力。民主法治國家禁止訴諸武力。

民主政治是以理性為基礎的政治，是政府遵守法律信賴國民，國民遵守法律信賴政府之政治。理性與容忍密切不可分，英國人常說：「你說的話我一句也不贊同，但我誓死捍衛你有說話的權利。」這是容忍的具體表

---

3 參閱楊崇森，同註2，頁68。

4 參閱施啟揚，民主政治與法治的幾個觀念問題，幼獅月刊，第47卷第3期，頁67以下刊載，1978年3月。

現。不能容忍不同意見，就沒有民主政治可言。

　　一個現代化、進步的理想社會，一定是民主與法治的社會，過分地強調自由、民主與繁榮的可貴，雖可創造經濟的奇蹟與富裕的社會。但如忽略了法治的功能，卻可能形成社會的無秩序，因此，民主與法治在現代社會中，實具相同的重要性。

參　法治與人權

一、概說

　　人權（human rights）觀念，乃從16世紀以後才逐漸發達。這種觀念非常複雜，包含了對於個人自由平等之普遍認識，而且還肯定個人在社會與國家中之基本權利。憲法是國家的根本大法，絕大多數的憲法，對於基本人權有保障規定，而且還將基本人權作為憲法上最重要部分，成為憲法之最高指導理念。

　　要維護人權必須厲行法治。先總統蔣公亦強調「有紀律的自由」；並說：「自由與法治是不可分的。我們的國家要求每一個國民都有自由，所以必須規定每一個人自由的界線，不許他為了他一個人的自由而去侵犯別人的自由。這種自由才是真正的自由。所以自由必須在法定的界線之內，方是自由。若出了法定的界線之外，便是放縱恣肆。人人都可以放縱恣肆，必至於強凌弱，眾暴寡。人人謹守法定的界線，始可達到人人都有自由的境域。要人人都有自由的國家，才可以說是法治的國家。」孟德斯鳩亦云：「法律所許可的行為，人人有權去做，便叫自由。」現代人認為：自律就是自由，唯有紀律才是王道[5]。

　　本來，立憲主義思想是以憲法之存在為前提，而憲法則是保障國民之權利與自由，使其不受政治權力侵犯之規範。因此，憲法之效力高於一般法律與命令，為維持其實效性及優越性，勢必在立法與行政部門以外，另設專門機構職司憲法之維護。因而，司法權獨立之思想與司法權的人權

5　參閱喬可‧威林克（Jocko Willink）著，林步昇譯，自律就是自由：輕鬆取巧純屬謊言，唯有紀律才是王道，經濟新潮社，2018年9月。

保障觀念，就成為立憲主義思想的重要關鍵。而且，立憲主義之基礎在「法治主義」，而法治主義之真諦，則在依據客觀的「法」裁判，避免以「人」而為裁判之「人治」專擅，以資人民之自由與權利不受政治權力之恣意迫害。司法機關為保障基本人權最適當而主要之機關，因此，現在世界各立憲國家之司法機關，在保障基本人權之職能上，居於絕對重要之地位。

二、英國早期之人權思想

人權的觀念，乃發源於古代希臘哲人（Sophist）的「人為萬物之權衡」一類的觀點。亦即，我國孟子說「民為貴，社稷次之，君為輕」之民主思想。羅馬帝政時期就實施主權在民，各人有平等之參政權，當時的皇帝亦由人民選出。但當時之觀念，人民與國家的關係乃屬一元構造，認為個人之團體即國家，所以國家即個人，個人即國家；反之，日耳曼之國家觀與希臘、羅馬者大有不同。日耳曼人把國家認為是由國王與國民所組織而成之二元構造物，因此國民對國王，國王對國民都可互相要求，藉此二者間之協調維持國家之存在。國王之要求若過大，國民得要求其減輕，國王之要求若過苛至不能妥協時，國民亦有抵抗權（jus resistendi）。如斯日耳曼之二元國家觀，導出後世基本人權觀念。

「憲政之母」英國之1215年的《大憲章》（Magna Carta）、1628年的《權利請願書》（Petition of Right），以及1688年的《權利章典》（Bill of Rights）等，均以日耳曼之國家為國王與國民對立相結合之二元構造物為基礎。認為，國民所擁有之權利為國民所既得之習慣上權利，該權利被國王奪去，國民因而受其害，因此，國民與國王間訂立上述各種協定。以求人權之恢復。

1215年的《大憲章》，為世界最早之斷片成文憲法。《大憲章》第36條規定：「今後應免費頒發人命案之調查，及傷害肢體案之令狀，法院不得為此索取，申請人亦不得給予任何費用。人民如有請求，法院不得拒絕頒發此種令狀。」第39條規定：「今後任何自由民，除經當地貴族合法判決，或經本國法判決外，不得加以逮捕、監禁，或沒收其財產，或排斥

受法律保護，或將其放逐，或加以傷害，既不得以朕名義對之提起控訴，亦不得指派官吏對之提起控訴。」又第52條規定：「任何人未經其貴族之依法判決，而遭剝奪其土地、城堡、自由，或權利者，朕均立刻予以恢復。……」可見《大憲章》爲著重於保障人民之生命、身體及財產的基本人權。

1628年的《權利請願書》，係重申《大憲章》所保障的身體等人權，並期見諸實施。其中第三段，係關於釋放或審判被拘禁者之規定，依據國王所發的人身保護狀（Writ of Habeas Corpus），法院應依法予以審判。因身體爲各種人權中最重要人權，所以格外受重視，爲此1679年又制定人身保護律，1816年又補訂了一次。

1688年的《權利章典》，係關於自由等人權之規定，其範圍已比《權利請願書》僅著重於司法保護，較爲擴大，而涉及立法、行政、司法等方面的保護。

上述的《大憲章》、《權利請願書》以及《權利章典》等三部斷片成文憲法，內容雖然簡單，但合而奠定保障人權的基礎。據此，英國的普通法（Common Law），對於人民的各種自由權利，有周詳的保障。嗣後世界各國人民，不僅從英國學得各種自由權利的觀念，並且以之爲嚆矢，在憲法中，設立人民權利的專章，而受憲法的保障[6]。

三、美國獨立宣言及其憲法上對基本人權的保障

在英國本土不堪受壓制之清教徒們，滿懷自由思想，欲在大西洋之彼岸（新大陸），建立新的社會。因此，他們相信既非由國家亦非由國王，而是授自於天之自由與權利。此乃受到洛克及盧梭等諸自然法學派者們所力倡天賦人權說之影響，藉著此一理論推翻不平等、不自由的舊制度，此說對於美國獨立及法國革命的貢獻很大，美國各州憲法及聯邦憲法，均根據此種理論，規定人民自由權利之保障，而奠定現代各國憲法保障人權的基礎。

6　參閱洪進，各國憲法對人權之保障，憲政思潮，第36期，頁135以下，1976年11月。

　　美國憲法對於生命、身體、住所、財產等自由權利及民刑事訴訟等，均加以規定，尤其對刑事訴訟的規定，更爲周詳，以保障人權。即保障被告免受武斷的不公平裁判；人民非經大陪審團提起公訴，不受犯罪審判；不得強迫犯罪者自證其罪；非經正當合法手續，不能使人喪失生命、自由、財產。在刑事訴訟中，被告享有應由發生罪案之州或區域之法院審判，以便利證人作證；准許與對造之證人對質；詢問有利於本人之證人；並受律師辯護幫助的權利；同一犯罪行爲，如已受州法院宣判無罪，原則上不再受聯邦法院的審判（美憲增修第3條至第8條）。美國聯邦最高法院及下級法院均有解釋憲法之權。不過，最高法院有最高的釋憲權。

四、法國人權宣言及其憲法上對基本人權的保障

　　在法國大革命時所發表的《人權宣言》，可說是受到啓蒙思想及天賦人權說之影響，面對舊制度的反抗。因此，天賦人權說，雖倡自美國，但在法國發揚光大，人們高喊「人生而自由平等」。《人權宣言》的重要內容爲，國民大會於至尊神的監臨下，承認並宣布人權及公民權如下：人生而自由、權利平等，永久不替（第1條）；一切政治組織，其目的均在於維持人類之天賦不可讓與之諸權利，此等權利爲自由、財產、生命之安全，以及對於壓制之抵抗（第2條）；其自由，係著重於保障身體自由（第7條至第9條）、思想與意見（言論、著作、出版）自由，並明定財產爲神聖不可侵犯，非因公共需要，並給予適當賠償，不得剝奪之。

　　法國獨立宣言，不僅成爲1791年法國憲法之序文，其自身亦具有獨立存在價值。法國憲法雖屢經變更，但《人權宣言》始終不變。被每次的法國憲法所引用，其對世界各國的影響亦很大。

　　近代各國憲法，多仿效英、美、法等國之憲法，將保障人權之條款規定於憲法中。不過18、19世紀的各國憲法，多受天賦人權說的影響，以反抗舊專制與壓迫，天賦人權上的各種自由仍爲抽象之理論，其須制定憲法，以實體法予以保障。方能成爲現實之自由，故與其謂人類一般之權利，還不如謂比利時《憲法》下之比利時人的權利，或《法蘭克福憲法》下之德國人權利，方較實在。並且，自產業革命以後，社會生活日趨複

雜，人民所需求的各種權利，亦隨之增多，日趨繁複，所以現代各國憲法所保障的人權，其範圍及種類，也比昔日繁多擴大。

五、德國威瑪憲法對基本人權的保障

　　洛克、盧梭及其他自然法學派之天賦人權思想，雖然打倒了歷來的君權思想，而樹立民主政治、保障人權之根基。但是，此一學說之理論，實屬空泛。所以，此派自19世紀以後就受到很多學者之攻擊。直至現代，學者對自由權利的解釋，又別立新論，法國公法學者狄驥（Duguit, 1859-1928）力倡社會聯立說，認為社會各部門均有連帶關係。自由權利是人類相扶相依以圖社會的共存，始受法律的保護，並非單為個人的利益而存在。國家之所以承認個人的自由權利，並非其為一種天賦人權，而是因為發展個人人格，可以促進社會的發展，對社會一般人也得到益處。易言之，即欲求社會的進化，實應給予人民享有各種自由權利[7]。

　　晚近，社會法學派的學者倡導「權衡利益說」（Balance of Interests），認為個人自由權利的利益，固應受到憲法或法律的保障，但是社會秩序公共利益或他人享受自由的利益，也應該受到保障。如果這兩種利益發生衝突而不能並存時，憲法或法律就應該著重於保障比較重大的利益，而犧牲較小的利益。現代各國的憲法或法律對於人民自由權利的保障，無形中亦採納「權衡利益說」。即人民自由權利固然應該受到憲法或法律的保障，但是，如果與國家社會的公共利益發生衝突時，應優先保障國家社會的公共利益，而對個人的自由權利，加以限制。我國《憲法》第23條亦規定人民之自由權利，為公益所需時，得以法律限制之。

　　第一次世界大戰以後，各國的憲法因為受到社會聯立說、權衡利益說，及團體主義思潮的影響，對於人權的保障，已開始一種新的趨勢，從個人本位轉進為社會本位。所有權神聖不可侵的原則，應予修正，即所有權同時含有義務；而人民的契約自由，僅於不妨害他人的生存權或其他自由之前提下，予以保障。德國《威瑪憲法》可謂最能夠代表法律社會化，

7　參閱洪進，同註6，頁140。

亦爲現代憲法之新趨勢。

《威瑪憲法》在人權上保障生存權、財產權及經濟上的自由平等。18、19世紀的憲法，僅注重於保護政治上的自由平等，但是政治上的自由平等，與經濟上的自由平等，是有密切的關係，有了經濟上的自由平等，政治上的自由平等，才可以澈底實現。例如，21世紀資本主義高度化的社會裡，貧富差距懸殊，就日常生活都感到匱乏的一些階層者言，連生存都受到威脅，何足以奢談自由。古代羅馬人倡「給予自由，否則給予死」，惟自20世紀以來，人則曰「給予自由前，先給予麵包」，人類知道自由還是不能充飢的。追求高遠空虛的自由以前，必先求現實生存的保障，諺曰：「衣食足，而後知廉恥」[8]，故一般把生存權亦與自由權同列而作爲基本人權。因此《威瑪憲法》第二編，亦特設「經濟生活」一章，其規定亦開第一次世界大戰後各國憲法之端：（一）對生存權的保障而言，《威瑪憲法》第151條規定：「經濟生活之秩序，以使各人得到人類應得之生活爲目的，並須適合正義之原則。各人之經濟自由，在此限度内予以保障。」即經濟生活之秩序，須適合正義之原則，以求人人各安其生，而免貧富懸殊，違背正義原則。同法第161條又規定：「爲維持健康及勞動能力。保護產婦，及防護因年齡、病弱、與生活變化，以致經濟上結果惡劣起見，聯邦應設置社會保險制度，並使被保險人參與其事。」以加強生存權之保障；（二）對於財產權之保障而言，改變昔日天賦人權說，財產爲神聖不可侵犯之看法。而立於狄驥社會聯立說之觀點，認爲現代國家憲法對於私產的保障，尚係出於「社會利益」或「公共福利」之要求。受社會職務說之影響，《威瑪憲法》第153條規定：「所有權包含義務，所有權之行使，應同時顧及公共福利。」同法第155條也規定：「土地之分配及利用，應由聯邦及邦加以監督，以防止其濫用……。」同法第156條規定：「聯邦得依據法律，準用公用徵收之規定，將私人經濟企業之適於社會化者，移歸公有……。」

生存權之保障與自由權之保障不同，前者爲作爲的、積極性的；反

之，後者則爲不作爲、消極性的。國家爲保障人類的生存權，必求其勵精圖治，非無爲而治，其方法非但要授予「麵包」，更重要要授予如何能夠獲得「麵包」之方法。因此，爲保障生存權而產生勞動權，對於有勞力者授予勞動機會。受教育之權利亦爲生存權終局性的保障，蓋受過教育，有一技之長者，也易於就職。《威瑪憲法》第143條規定：「藝術及學術之研究及講授，應享有自由，聯邦及各邦應予以保障，並促進其發展。」同條文規定：「爲教育少年之必要，應設置公的營造物，其設備應由聯邦各邦及公共團體協力爲之。」同法第145條規定：「就學爲一般之義務……小學暨補習學校之授課暨學業用品，完全免費。」同法第146條第3項又更進一步規定：「爲使資力貧乏者，得入中學及高等學校修業，聯邦各邦及公共團體，應爲必要之處置。對於應受中學及高等學校教育者，應補助其學費，至畢業止。」

六、我國憲法對基本人權的保障

（一）平等權

一切自由權利均以平等爲基礎，因而人生而平等，不分男女、宗教、種族等，法律之前人人平等之原則，亦爲早期憲法所承認，但第二次世界大戰以後，各國憲法所規定的平等權，較前擴大。我國《憲法》第7條規定：「中華民國人民，無分男女、宗教、種族、階級、黨派，在法律上一律平等。」西德《憲法》第3條亦規定，法律之前人人平等。任何人不能因性別、出生、種族、語言、籍貫、血統、信仰、宗教或政治意見之不同，而受到差別。

對於男女平等，除《憲法》第7條外，同法的第134條以及《公職人員選舉罷免法》第67條、第68條等，均規定有保障婦女之當選名額，以求實質上的平等。

聯合國大會於1948年12月10日所通過《世界人權宣言》第2條亦規定，凡人均得享有本宣言所列舉之自由權利，不因種族、膚色……等之分，而有差別，均應一律平等。

（二）自由權

自由權者，人民要求國家機關（或他人），非依法律，不得侵害其自由之權利。我國憲法所規定之自由權有：身體自由、居住及遷徙自由、言論、講學、著作及出版自由（即意見自由）、秘密通訊自由、信仰宗教自由、集會結社自由，同時確立提審制度及刑事補償制度，以及非現役軍人「戰時」犯陸海空軍刑法或其特別法之罪，不受軍事審判的保障[9]。自由權的特色，在於消極地拒絕國家機關之非法行動，為其內容，故稱為「消極的權利」，其與後述具積極內容之受益權，有所不同。

自由權當中，最重要的還是人身自由。我國《憲法》第8條第1項規定：「人民身體之自由應予保障。除現行犯之逮捕由法律另定外，非經司法或警察機關依法定程序，不得逮捕拘禁。非由法院依法定程序，不得審問處罰。非依法定程序之逮捕、拘禁、審問、處罰，得拒絕之。」

昔日憲法對個人自由的保護，係由個人私益出發，20世紀憲法的規定，則由社會公益出發，故現代各國憲法關於自由的規定，對於個人自由的保障，並非絕對漫無限制的，即自由不得妨害他人自由或違反公共福祉，否則憲法或法律得予限制，我國《憲法》第23條規定：「以上各條列舉之自由權利，除為防止妨礙他人自由、避免緊急危難、維持社會秩序，或增進公共利益所必要者外，不得以法律限制之。」《世界人權宣言》第29條規定：「1.凡人對社會均應盡其義務，僅在此社會內其人格得以自由的充分發展。2.凡人在行使其權利與自由時，僅應受法律規定之限制⋯⋯。3.此種權利與自由之行使，在任何之情形下，不得違反聯合國之宗旨及其所揭示之原則。」我國《民法》第16條規定：「權利能力及行為能力，不得拋棄。」第17條又規定：「自由不得拋棄。自由之限制，以不背於公共秩序或善良風俗者為限。」

（三）生存權、財產權及工作權

現代的憲法，不僅保障形式上自由，更進而保障實質上生存。《威瑪憲法》即預先規定賦予保障人民的生存權。第二次世界大戰後，為解決人

9　參照我國《憲法》第8條至第14條及第24條，以及《軍事審判法》第1條。

民生活，新制定的各國憲法，均規定有生存權的保障。如我國《憲法》第15條規定：「人民之生存權、工作權及財產權，應予保障。」並於第十三章第三節「國民經濟」、第四節「社會安全」，及第五節「教育文化」，加強生存權的保障。

對於財產權而言，因受社會職務說及《威瑪憲法》的影響，認為財產權並非一種天賦人權，而是附帶有一種社會職務之權利。我國《憲法》第143條第1項規定：「……人民依法取得之土地所有權，應受法律之保障與限制。……」同條第2項、第3項，以及我國《土地法》第89條及第208條等均有對於土地所有人課予義務之規定。

（四）受益權

受益權者，人民為自己之利益，請求國家作為之權利也。人民若僅有消極的自由權，而無積極的受益權，則在社會生活上，仍不能達到完滿之目的。現行憲法關於受益權之規定有四種：1.教育上之受益權（我國憲法第十三章第五節）；2.經濟上之受益權（我國憲法第十三章第三節）；3.司法上之受益權（我國憲法第16條規定人民有請願、訴願及訴訟之權）；4.行政上之受益權（如前述憲法第16條之請願及訴願權是）。

（五）參政權

參政權者，人民參與政務行使之權利。我國《憲法》第17條規定：「人民有選舉、罷免、創制及複決之權。」第18條規定：「人民有應考試服公職之權。」且我國《憲法》為選舉、罷免、創制、複決設有專門一章（第十二章）規定之（詳略）。

七、司法獨立與人權保障

為立憲主義提供「三權分立論」之孟德斯鳩，論曰：「若司法權未獨立於立法權及行政權之外，人民也無法獲得自由，因為司法權若與立法權結合，則司法官同時就是立法者，人民的生命和自由將給武斷的法律所蹂躪。司法權若與行政權結合，則司法官同時就是行政官，更容易利用暴力，壓迫人民。要是一個人或一個團體兼握三種權力，則自由更掃地無存，不論握這種權力的人是出身於貴族或平民。」孟氏因而以「以權力

 法學入門

抑制權力」之原理，展開其權力分立論。主張將國家權力分爲立法、行政與司法三者，使立法權屬於議會，行政權屬於政府，司法權屬於法院，以免權力過於集中，達成「制衡」（check and balance）之效。但衡諸實際，立法與行政都帶有濃厚的政治色彩。採取內閣制的國家，內閣係由議會中的多數黨組成，內閣須取得議會之信任爲前提，議會與內閣關係至爲密切，爲能發揮制衡之效，以盡保障人權之責。其在不採議會內閣制之國家，在政黨政治發達的現在，立法與行政亦常融而爲一，上下其手，人民的基本人權難免受到威脅。因此，在立憲政治體制中，對於由司法機關主持正義擔任保障人權使命之期待，也就愈加殷切。

現在世界各立憲國家之司法機關都已在保障基本人權之職能上，居於絕對重要之位置。因此，世界各立憲國家的憲法均規定有「司法獨立」，以及司法人員身分保障之意旨，以求司法機關能夠以公平超然立場，發揮保障人權之機能；尤其在英美法系，法官因擁有違憲審查權，其所解釋的法律才是「終局」的法律，可見司法權是優於其他權力。

八、結論

綜上所述，17、18世紀，自然法學派學者如洛克、盧梭等均力倡天賦人權說，藉此說打破了歷來的君權思想，而爲民主政治及保障人權樹立根基，激起了美國的獨立革命及法國大革命。直至20世紀，法國公法學者狄驥力倡社會聯立說，認爲社會各部門均有連帶關係。謂：國家之所以承認個人的自由權利，並非這些權利是一種天賦人權，而是爲了要發展個人人格所必須，因爲個人人格的發展，可以促進社會的發展，對於社會是有益的。接著社會法學派的學者提倡「權衡利益說」，認爲個人自由的利益固應受保障；但是，社會秩序、公共利益，或他人自由權利的利益，也應該受到保障。如果這兩種利益發生衝突，而不能並存時，應犧牲小利益而保障大利益。因此，自20世紀《威瑪憲法》以至現在，各國憲法對人權的保障，係從個人本位，轉而爲社會本位（如我國憲法第23條之規定是）。而且，現代各國憲法，不僅要保障自由權及平等權，同時亦要保障人民的生存權、經濟權與文化生活，及公共福利，內容比昔日更爲擴大充實。

　　現在各國的憲法，不論是西方民主國家的憲法，或昔日蘇聯共產集團國家的憲法，幾乎都有基本人權保障規定。但如果僅有憲法形式上的保障規定，而無獨立司法機關來維護憲法，則人權尚難獲得真正的保障。如美國等西方民主國家，以最高司法機關來維護憲法，憲法所規定的人權，始能獲得切實的保障。相反地，昔日蘇聯等共產集團國家，一切權力都掌握在共產黨的控制之下，司法未能獨立，若黨或政府侵犯了人權，雖然這些人權一一列舉在憲法上，人權還是不能得到真正的保障[10]，斯即法治與人權之密切關聯所在。

　　法律與制度是民主國家的基石，法律之前人人平等。民主國家的法律可能有很多來源依據：成文憲法、法令規章、宗教倫理、文化傳統習俗。無論源於何處，法律都應包含保護公民權利和自由的條文[11]。因此，人權與法治是不可分的，人權由法律予以保障，法律由司法獨立予以確保，人人才能夠享有真正的自由與平等。同時，維護人權必須政府善盡責任，政府不僅應消極地尊重人權，更要積極地善盡其保障人權、維護人權的責任，才能使人權更充實，更能獲得圓滿實現。

10　參閱洪進，同註6，頁156。

11　參閱《Principles of Democracy》，美國在台協會，網址：https://web-archive-2017.ait.org.tw/infousa/zhtw/PUBS/PrinciplesDemocracy/law.htm，最後瀏覽日期：2022年2月5日。

第四章　大陸法與英美法

壹　概說

　　現在世界裡，存在著無數的法秩序。獨立的國家原則上固然有其獨自的法秩序，非獨立國家亦常具有其獨自的法秩序，如在美國此一獨立國家內部，亦含有許多相異的法地域。本來比較法學的任務，乃對這些無數的法秩序，為其研究的對象，然在目前誠難辦到。惟，這無數法秩序相互間，絕非毫無關聯，乃具許多的共通及類似之點。因此，可把它類型化而產生法系（legal system）的概念。

　　法系之分類因學者而不同，廣泛以分，可分為東洋法系與西洋法系，前者如中國法系、日本法系、印度法系；後者如埃及法系、楔形文法系、西伯來法系、希臘法系、羅馬法系、回教法系、日耳曼法系、斯拉夫法系、英國法系、教會法系等等。在今日的文明社會中，以羅馬法系與英國法系最為重要，前者亦可稱為大陸法系；後者為英美法系。

　　大陸法（Continental Law）與英美法（Anglo-American Law），本屬法系之概念。即，世界上並無所謂大陸法之統一法秩序，具體言之，其指被近代歐洲大陸諸國所適用之德國法及法國法等各個的法秩序而言。因要以之與英美法相對比，故稱之為大陸法。關於這點英美法亦然，今日並無英美法之概念，其所存者為英法與美法，此為有力之見解。主要為得強調與大陸法之差異而有其意義，故，大陸法與英美法之稱，乃表示一個法系之概念而已，此為吾等首先應注意之點。

　　對世界的諸法秩序，要以何種法系分類之，諸說紛紜，然大陸法與英美法為其中之二大法系，乃歷久廣泛地被承認，即，大陸法與英美法之字語，廣泛地受到世界各國所應用。尤其在英、美諸國裡，稱大陸法為「Civil Law」；英美法為「Common Law」。這時的「Civil Law」本意為羅馬市民法；「Common Law」本指英美法中之獨自的判例法體系而言，同時偶還泛指英美法全體而言。大陸法與英美法，能成為世界法系論之二大中心者，兩者幾乎包含世界主要國家的法秩序，以及兩者間之在法體系

325

上及思考方法上，迥然相異，由是喚起了學者間的關心。

　　構成大陸法之法秩序中，又可分為法國系與德國系。前者除法國外，還有荷、比、盧、義大利、西班牙、萄葡牙以及中南美諸國等；後者為德國、瑞士、奧國、希臘、日本、中華民國、泰國等。其他在地理上，雖屬歐洲大陸，然從大陸法除外者，有斯堪地那維亞法系，其因受羅馬法之影響極微，而與大陸法區別。再者，為蘇俄法系的問題，二次大戰前，東歐諸國本屬大陸法系，但存立於1922年至1991年間的蘇聯[1]，因其權力高度集中，長期由蘇聯共產黨一黨執政，並且奉行完全的社會主義制度及計畫經濟政策，是否可被認為有獨自的法系不無有疑。在法技術上言，其可能還屬於大陸法系，但就其社會體制及觀念型態言，應把它從大陸法系中割除，而另成獨立之法系為妥。據上所說，今日大陸法系之適用範圍，大致可為西南中歐諸國、中南美諸國，以及東亞之一部矣；反之，屬於英美法系者，乃英、美、加、澳、紐、印屬等，為其主要地域。

　　以上係大陸法與英美法適用地域之大致分布概況，但在若干地域中，不免尚存有兩者被混合之情形。例如，英國內部之蘇格蘭法，本受羅馬法之影響，故顯示出與「Common Law」不同之發展型態。又，在南非聯邦與斯里蘭卡，最初適用受羅馬法影響之荷蘭法，繼而受英國的殖民後，逐漸受英國法之滲透，而形成一個很特殊的法體系。美洲大陸之加拿大的魁北克省則適用法國式的民法；又在美國西南部中，亦留有受西班牙之法國法影響之地域，其中尤以路易斯安那州最為明顯。如以上用在混合地域裡，大陸法與英美法之衝突與融合，時常發生，此乃比較法的研究上所應注意之點。

---

[1]　1991年12月26日，蘇聯通過決議宣布蘇聯停止存在，立國69年的蘇聯從此正式解體，原本15個組成國分別成為主權國家。

貳　大陸法與英美法之比較

一、比較基準

要把大陸法與英美法相比較，首先應提出得為比較基準的問題。德國的比較法學家茨威格特（Zweigert）和海因‧克茨（Hein Kotz）曾經提倡多元性的比較基準[2]，該方法極方便且合乎科學，茲依該基準，試比較大陸法與英美法如下：

（一）歷史傳統

大陸法與英美法之不同，主要以其歷史傳統之相異為其原因，尤其以有無受羅馬法影響為其決定標準。大陸法乃在羅馬法之影響下所形成；反之，英美法則與羅馬法全無關係地作其獨自的發展。但，羅馬法與英美法間亦有其共通性。即[3]兩者的最初結構皆非實體法體系，而為訴權（actio writ）的體系，乃集積無數的具體案件而成；在英美法裡，有對著「Common Law」體系獨自發展之「Equity」體系，羅馬法亦對著嚴格的市民法（ius civile）而有名譽法（ius honorarium）之設。這些共通點亦可視為古代法之共通點也，但在近代法之發展過程中，兩者有很大的差別。

因日耳曼民族之入侵以致一時被銷聲匿跡之羅馬法，自11世紀以後，在義大利之波隆納為中心再度被研究及適用。易言之，歐洲大陸中世之羅馬法學，以義大利的波隆納為中心，經注釋學派以及後期注釋學派的研究，促使它發展起來，其乃採取學校（Scola）哲學的方法，對羅馬法大全（Corpus Juris Civilis，亦稱查士丁尼法典）加以注釋。當時的波隆納大學集聚從歐洲各地來的法律留學生，彼等將在此地習到的羅馬法帶回故里教學或傳播。在近世的法國南部的成文法地帶，適用羅馬法；北部的習慣法地帶，則保留固有的習慣法。法國革命後，拿破崙編纂民法典，受羅馬法之影響甚大，但固有法亦被採用。拿破崙法典影響歐洲，以至中南美諸

2　茨威格特和海因‧克茨在1971年出版的《比較法總論》一書中，對法律制度有詳細的比較。

3　Zweigert, Zur Lehre von den Rechtskreisen, 20th Century Comparative and Conflicts Law, 1961, S. 42 et seq.

國，而形成法國法系。

另一方面，在德國中世的封建制度裡，未能把固有法提高成爲法體系，因此，概括地繼受近世初期的羅馬法，此稱爲羅馬法的繼受（reception），羅馬法在德國，以普通法廣泛地被適用，法律學也以此爲中心而發達。近世德國私法學的任務，爲將雜亂的羅馬法法源加以整理成體系化。極盡其職者爲19世紀之「Pandekten」法學。《德國民法典》（Bürgerliches Gesetzbuch, BGB）便爲該法學所結之果，因此德國民法典受羅馬法之影響甚鉅。屬於德國法系之立法例中，奧國民法典亦爲羅馬法學之生產地，加上受19世紀初葉成立初期之社會風氣的影響，具有近世自然法之色彩。又，瑞士民法典乃調和羅馬法與自己固有法而成。如上所述，形成大陸法諸國之主要法典（民法典），皆受到羅馬法影響甚鉅，然彼此間亦可發現許多共通之要素。

反之，今日英國法之起源，可溯及至11世紀的諾曼第王朝。英國早年之封建制度，具有極濃厚的中央集權色彩。在裁判上也由國王裁判所（King's Bench）來統一習慣法，其在13世紀裡既已確立了「Common Law」爲統一適用之法，如斯能以自力形成統一法者，乃排斥受羅馬法影響之最大的理由。再者，對法律家養成機關來說，不似大陸法之有大學制度，代之而早已有律師學院（Inns of Court）之發達，使之足以阻擋羅馬法之侵入。因此，近代英國法雖具有非合理制度之殘遺，但在另一面形成大陸法上所未有之獨特的法律文化，以資對世界法學做偉大的貢獻。

（二）特殊之法學思考方法

歷史傳統相異之大陸法與英美法，在法的思考方法上亦有顯著的差異。大陸法以法規範之抽象性爲其特色；英美法之法規範則具體地存在於先例當中。如前所述，大陸法學係以研究羅馬法學爲中心發展而成。然，羅馬法本非抽象之規範，形成法源中心之學說彙纂（Digesta）本爲各個案件（case）之集積。近世私法學，把這些無數的法源加以整理體系化，而把它作成抽象的法規範成文化。抽象的法規範既已成立，對其後法規的適用，須採取演繹上之三段論法。即，法規範爲大前提，具體事實爲小前提，要把具體事實配合於法規範時須經包攝過程。其須依賴法規範之解

釋。此時之解釋，本爲確定構成法規範之語文是否含有具體事件之事實關係爲目的，但遺憾者，其往往將法事實所具有之社會性格忽略，而始終於文字論理之分析，於是產生概念法學（Begriffsjurisprudenz）。再者，大陸法把這些抽象的法規範，信之爲能適用於所有事件（所謂法秩序之無欠缺性），偶然對於具體事件找不出適當之適用法規時，則依賴解釋或類推來補充之。

　　反之，在英美法裡不存有如斯抽象的法規範，以「Common Law」及「Equity」之法規範爲先例的中心。對具體事件之裁判裡，法官之首要任務在於探求同種事件之先例，有此先例則可做同一之結論。但實際上，不可能存有兩個全然相同之事件。故，在此以重要事實之是否同一爲問題之核心。重要事實者，無非將與判決之結論有密切關係之某種事實加以定型化而取得。這種根據重要事實之結論，特稱爲「ratio decidendi」[4]，先例之具有拘束力者爲這種「ratio decidendi」之效，此便爲英美法之法規範。因此，英美法之法規範，未以通常一般之形式公布。何者爲「ratio decidendi」，非由其後處理事件之法官在具體的先例中發覺不可，此須採取歸納之方法。又，新事件產生時，因無先例可據，這時法官非憑自己的學識經驗來制定新的規範不可，這時，該規範只不過是爲解決該案而產生，其對將來之事件並不具有得被完全適用之一般形式。

　　這種法思考方法上之差異，亦可由成文法規之不同來表現之。大陸法之法典規範，爲得盡可能適用同種的事實關係而採取抽象的形式。捨去各個交易上之特殊性而確立「買賣」與「租賃」等契約之定型，以之構成一般契約法。由契約產生之債權債務與因其他之原因產生者中，提煉出「債權總論」，又包括契約以外之行爲，而作成「法律行爲」之概念。雖如斯的規定有許多的抽象規範，但偶有對具體的事件還不能完全規律之情形，因此在大陸型的法典中，規定有信義誠實、公序良俗以及權利濫用禁止等極富抽象性的一般條項之規定。

---

[4]　「ratio decidendi」的原意是「原因」，或是「決定的理由」，在法律上通常引申爲「判決理由」。

又，大陸型法典乃法體系化之產物也。這點法國《民法典》並未從羅馬法之形式脫離。19世紀德國「Pandekten」法學完成了這種作業，因此德國《民法典》在債權、物權、親屬、繼承等四編的前面，特設民法總則編，我國《民法》及日本《民法》即採取這種構成，總則編之制定，或許有「矯枉過正」之勢，故比德國《民法典》晚成立之瑞士《民法典》，則不規定總則編，在法西斯主義下有所受限之義大利《民法典》亦然。二次大戰後之法國民法修正，亦對總則編不予規定。德國本身在納粹時代中，民法總則編亦曾被解體，但戰後仍再復活。

英美法，雖採判例形式，但近時對制定法之數量也逐漸在增加中，其中亦有採取法典形式者。但，英、美的制定法本來要把判例法成文化（如動產買賣法），或為得補助判例之不足而被制定，因此，條文欠缺抽象性，然非常的具體而詳細。滔滔地被反覆的地方很多，要把它翻譯來讀幾乎很不易瞭解。故，法官要解釋並適用制定法時，亦須採取適用判例法時一樣的操作。

又，英美法之制定法，一般來說是片片斷斷的，並無一套之體系。能涵蓋民法全體之制定法並不存在，亦可說並不存有所謂民法之一般概念。所存者無非為契約法、侵權行為法、財產法、家屬法……等等之各個法規。關於財產法，在英國存有相當於法典化之制定法，然有關契約法與侵權行為法之重要部分，則採取判例法之型態，制定法則只不過作片斷的存在。這方面的體系化，可說完全歸於學者之領域，但英美法之教科書，缺乏理論之說明而富於具體性之記述。

（三）尤為特殊的法制度

為區別法系之基準，其是否具特殊的法律制度，亦具有重要之意義。因我國之法律是屬於大陸法，故要吾等在大陸法系裡發覺出非常珍奇之法律制度，是有困難的；反之，在英美法系裡，則存有許多吾等所未知的法律制度，因此，英美法對於吾等有不易接近之感。

就「Common Law」之制度言，最能代表者為不動產法。在任何國家裡，封建制度下之不動產法是非常複雜的。但在大陸法上，以法國革命為中心，把封建的土地制度一掃而光；然在保守的英國裡，不動產法之變

革仍在緩慢的進行，因此在其制度或言語上，依然保有古舊的傳統及內涵。例如，表現自由土地所有權之「freehold tenure」一語，充分代表著封建關係，與之相關之「copyhold tenure」（謄本保有權）也繼續保留至近世。又，代表完全不動產所有權之「estate in fee simple」以外，還有限於權利人一生之「estate for life」，以及限制以後處分之「estate tail」等，其在一不動產上並存有種種內容之權利。對這些制度織入種種的將來權，而產生之財產繼承制度「family settlement」，可說已臻複雜之極至，惟這些不動產法，亦因1925年之《財產法》（Law of Property Act）而顯著地被近代化。

　　以上係對英國的不動產法而敘，其實在英國法裡，並無如同大陸法之不動產與動產之區別，大致與之相當者有「real property」與「personal property」之區別，此乃基於救濟手段之不同而產生。在「personal property」之中，含有相當於不動產租賃權之「leasehold」，又因不動產租賃權重要性之提高，把它當成「chattel real」（不動產的動產），以資與純粹之動產加以區別。純粹的動產裡，亦含有債權或無體財產權。英美法之財產法（law of property）如上所述，乃「real property」與「personal property」之總稱，其大致可說相當於大陸法之物權法，但比起大陸法尚欠不動產法與動產法之共通性，並且在英美法裡，把繼承法視為財產法之一部，分別在「real property」或「personal property」中被討論。

　　「Equity」（可翻譯為「衡平」）為英美法所獨有之制度，乃由大法官之裁判所創出，亦為道德對法之影響，本在各種法規裡都能看到之現象，然英國法之「Equity」，把它以獨自之法體系來加以發展為其特色，並且「Equity」也做出許多英美法上特有之法律制度，其所代表者為信託（trust）。在大陸法裡亦有信託行為之概念，同時還有制定信託法者，但在信託上受託人之地位是屬於債權或物權？大陸法之學者亦為之迷惑。本來英美法裡不存有物權與債權之區別，英美信託法之適用範圍較廣，連大陸法上之財團法人制度的權能亦被攝入。又，信託之法理，在很多制度上具有英美法之特色。

　　英、美之擔保物權制度，即等於是吾等之讓與擔保（mortgage），對

擔保權設定人有信託理論之保護。家屬法裡為創造英國特有之夫婦別產制，信託法亦有所貢獻。就繼承言，被繼承人之一切財產一度會被移到人格代表人的手裡，經清理後才交給繼承人，於是，親權人（父母）與監護人並無財產管理權，惟存有身分上之監護權，對親權之概念，大陸法與英美法因此有所不同。

就契約法與侵權行為法言，大陸法與英美法之差異並不大，但在英美法裡亦可發現很特殊的制度。在契約法裡有「Consideration」（約因）之理論，對蓋章契約以外授予效力，但在無償契約裡因不承認「Consideration」，故與大陸法間產生實際上之差異。詐欺與錯誤中間之「innocent misrepresentation」（善意不實表示），以及強迫之一的「undue unfluence」（不當威壓），亦為其特有的制度。在契約之效力方面，本來債務人的免責是絕對不被承認的，但19世紀後半對此有所緩和，而產生「frustration」（契約目的之達成不能）之法理。又，在「Common Law」上，對債務不履行的責任，只限於損害賠償金之給付，但根據「Equity」而承認「specific performance」（特定履行）與「injunction」（禁止命令），這些皆為英美法上特有的制度。

在英美侵權行為法裡，原則上未具有如同大陸法之一般侵權行為的概念。所規定者為各個的侵權行為（a tort），例如「trespass」（對財產或身體之侵害）、「defamation」（名譽毀損）、「nuisance」（生活妨害）等是[5]。

（四）法源之種類與其解釋

法源論亦為大陸法與英美法區別之重要基準。即，近代大陸法之主要法源為成文法，不足部分以習慣法來補充之，判例之法源性原則上是被否定，法官並無依據先例行使裁判之法律上義務。反之，在英美法裡，法官有受先例拘束之法律上義務（stare decisis）。在英國，法官應受同位或上位法院先例之拘束，縱為最高法院之貴族院，亦不得任意變更自己以往所

5　參閱五十嵐清，大陸法と英米法，法學セシナ，第87號，頁4以下；望月禮二郎，比較法，收錄於高柳、柳瀨編，法學概論。

作的判決，有變更權者唯有立法機關。在美國，最高法院可以變更自己的判決，同時這種例子亦很多。總之，在英美法上，判例法為第一次法源，制定法在法源上之地位來說，還在其次。

據上論結，大陸法與英美法之對立，可認為是成文法主義與判例法主義之對立。二者間之利害得失議論紛紜，但可以說，成文法主義長於法之明確性與安定性；判例法主義則優於具體的成長可能性。但因英國之先例變更不可能，有致法律有僵硬之嫌；惟在實際裁判裡，法官得發揮區別理論（即強調事實關係之相異點，以避免受先例之拘束）來防止法之僵硬性，但亦有其界限，故對貴族院之先例拘束性，亦有很多的批評。判例法主義之常被指責的缺點，為大量性與複雜性，其在美國尤被痛惡，因此，乃整理判例或編定制定法來改進之，故在今日之英美法裡，實際上制定法之比重亦相當可觀（如最近美國之統一商法典，UCC）。

大陸法之成文法主義亦免不了受到批評，為補救其弊，在此被強調判例法之重要性。要把抽象的法規範適用於具體之事實時，須靠法官之解釋，經一度判決，其自然會影響後案之解釋。法官藉解釋而具有法的創造性。法國在19世紀末葉、德國在第一次世界大戰以後，就開始迎接這種時代。在大陸法裡，今日大都承認判例之法源性。因此，就法源論言，大陸法與英美法亦有相近之地方。

但法源論之差異亦會影響解釋論。今日在大陸法之解釋方法上，概念法學受批評，代之而提倡自由法學或利益法學。即自由及目的論之利害比較，衡量之方法受到重視與尊重。反之，在英美法之對制定法之解釋，被要求文字上嚴格態度，其立法過程之議論亦不可忽視，此乃將制定法作為判例法的延續之表現。

二、該二法系之新展望

以上就英美法特殊性之強調，比較敘述大陸法與英美法之區別，惟二者均具備西歐法之共通性，法國之比較法學家達維（David）就下列之點強調西歐法之統一性，即：大陸法與英美法皆建立於基督教的道德原理、

自由民主主義的政治社會原理，以及資本主義的經濟構造之基礎上[6]。於是，在觀念體制（ideologie）言，西歐法可與社會經濟體制相異之蘇維埃法系，或相異宗教為基礎之回教法系或印度法系相為區別。

　　大陸法與英美法之間應如何地建築其橋樑，為當前比較法學之最大的課題。二者之差異確由歷史傳統之相異所致，但在政治、社會、經濟基礎共通之現代法生活上，對同一事件之法的解決，在結論上二者間自然會有相一致之傾向。

　　未來，大陸法與英美法在承認彼此的相異下有趨向於統一之可能。目前，二者間之交流亦相當頻繁，對法學方法論亦會互相加以影響。然，大陸法本身中之法國法系與德國法系非先予以調和不可。隨著歐洲聯盟（EU）之發展，使歐洲法之實現可能性漸趨於明朗，大陸法與英美法之橋樑亦更趨於實現，但在歐盟重要成員英國於2020年1月31日退出後，所謂歐洲法的實現，恐已另生阻力。

6　David, Trité élémentaire de droit civil comparé, 1950, p. 224.

國家圖書館出版品預行編目資料

法學入門／劉得寬著. ――五版. ――臺北
市：五南圖書出版股份有限公司，2022.05
面；　公分
ISBN 978-626-317-513-6（平裝）

1.法學

580　　　　　　　　　　　110022201

1Q09

法學入門

著　　者 ― 劉得寬（355）

校 訂 者 ― 吳光明（56.2）

發 行 人 ― 楊榮川

總 經 理 ― 楊士清

總 編 輯 ― 楊秀麗

副總編輯 ― 劉靜芬

責任編輯 ― 呂伊真、許珍珍

封面設計 ― 姚孝慈

出 版 者 ― 五南圖書出版股份有限公司

地　　址：106台北市大安區和平東路二段339號4樓

電　　話：(02)2705-5066　傳　　真：(02)2706-6100

網　　址：https://www.wunan.com.tw

電子郵件：wunan@wunan.com.tw

劃撥帳號：01068953

戶　　名：五南圖書出版股份有限公司

法律顧問　林勝安律師事務所　林勝安律師

出版日期　1986年5月初版一刷
　　　　　2022年5月五版一刷

定　　價　新臺幣450元

五南
WU-NAN

全新官方臉書

五南讀書趣

WUNAN Books since1966

Facebook 按讚

👍 1秒變文青

f 五南讀書趣 Wunan Books 🔍

★ 專業實用有趣
★ 搶先書籍開箱
★ 獨家優惠好康

不定期舉辦抽
贈書活動喔！

經典永恆・名著常在

五十週年的獻禮——經典名著文庫

　　五南，五十年了，半個世紀，人生旅程的一大半，走過來了。
思索著，邁向百年的未來歷程，能為知識界、文化學術界作些什麼？
在速食文化的生態下，有什麼值得讓人雋永品味的？

歷代經典・當今名著，經過時間的洗禮，千錘百鍊，流傳至今，光芒耀人；
不僅使我們能領悟前人的智慧，同時也增深加廣我們思考的深度與視野。
我們決心投入巨資，有計畫的系統梳選，成立「經典名著文庫」，
希望收入古今中外思想性的、充滿睿智與獨見的經典、名著。
這是一項理想性的、永續性的巨大出版工程。
不在意讀者的眾寡，只考慮它的學術價值，力求完整展現先哲思想的軌跡；
為知識界開啟一片智慧之窗，營造一座百花綻放的世界文明公園，
任君遨遊、取菁吸蜜、嘉惠學子！